퀵스타트 SQL

with 챗GPT

퀵스타트 SQL with 챗GPT

AI와 협업해 빠르게 배우는 SQL 작성 · 최적화 · 튜닝 실전 가이드

초판 1쇄 발행 2025년 12월 30일

지은이 정미나 / **펴낸이** 임백준
펴낸곳 한빛미디어 / **주소** 서울시 서대문구 연희로2길 62 콘텐츠2부
전화 02-325-5544 / **팩스** 02-336-7124
등록 1999년 6월 24일 제2017-000058호 / **ISBN** 979-11-7579-004-9 93000

총괄 이복연 / **책임편집** 홍성신 / **기획 · 편집** 박혜원
디자인 표지 윤혜원 내지 박정화 / **전산편집** 다인
영업마케팅 송경석, 김형진, 장경환, 조유미, 한종진, 이행은, 고광일, 성화정, 김한솔, 전차은 / **제작** 박성우, 김정우

한빛미디어는 한빛앤(주)의 IT 출판 브랜드입니다.

이 책에 대한 의견이나 오탈자 및 잘못된 내용은 출판사 홈페이지나 아래 이메일로 알려주십시오.
파본은 구매처에서 교환하실 수 있습니다. 책값은 뒤표지에 표시되어 있습니다.

홈페이지 www.hanbit.co.kr / 이메일 ask@hanbit.co.kr

Published by HanbitN, Inc Printed in Korea

퀵스타트 SQL

with 챗GPT

정미나 지음

한빛미디어

베타리더의 말

기본 SQL 구문부터 튜닝 개념까지 자연스럽게 연결해, 데이터베이스 지식을 빠르게 익힐 수 있게 돕는 훌륭한 안내서입니다. 게다가 생성형 AI를 효율적으로 활용하는 방법을 체계적으로 알려줘 정확한 결과를 얻는 방법을 배울 수 있는 점이 특히 인상적이었습니다. 또한 튜닝 파트에서는 입문자가 어려워하는 용어와 개념을 쉽고 친절하게 풀어줘 부담 없이 따라갈 수 있었고, 실무에서 튜닝에 어떻게 접근해야 하는지 명확한 방향성을 제시합니다. SQL 기본기와 튜닝 기술을 모두 탄탄하게 익히고 싶은 독자에게 강력히 추천합니다.

김준성_쿠프마케팅 웹개발자

'AI를 나만의 SQL 사수로 만드는 방법'을 알려줍니다. AI의 답을 수동적으로 받아들이는 것이 아니라, 마치 사수에게 묻듯 원하는 응답을 정확히 이끌어내고 검토하는 법을 예제를 통해 자연스럽게 익힐 수 있었습니다. SQL 작성과 튜닝이 막막하게 느껴졌던 독자도 이 책을 통해 실용적인 접근법을 배울 수 있을 것입니다. 반복적 작업은 AI 사수에게 맡기고, 우리는 실행 계획을 분석하며 핵심 튜닝에 집중할 수 있도록 이끌어주는 책입니다.

손예지_비전공 백엔드 준비생

기존 SQL 문법 입문서와 튜닝 도서 사이의 애매한 빈틈을 정확하게 채워주는 책입니다. SELECT, JOIN, 인덱스, 실행 계획까지 기본기를 차근히 짚어주면서, 동일 내용을 챗GPT 프롬프트 예시로도 보여주어 '어떻게 물어봐야 실전에 바로 쓸 수 있는지'에 대한 감을 잡을 수 있습니다. SQL을 단순히 작성하는 수준을 넘어, 성능과 구조까지 깊이 고민해보고 싶은 분들에게 강력히 추천합니다.

엄태동_비전공 백엔드 준비생

SQL을 처음 배우는 개발자부터 데이터 분석가까지, 폭넓은 독자를 위한 탄탄한 기본서입니다. 기본 문법, 함수, JOIN, 서브쿼리는 물론 프롬프트 설계와 실전 튜닝까지 단계를 나누어 쉽게 따라갈 수 있도록 구성했습니다. 오라클 아키텍처와 핵심 요소를 각종 도표로 설명해 DB 튜닝 감각을 자연스럽게 익힐 수 있으며, AI와 연계하여 쿼리를 빠르게 생성하고 최적화하는 경험도 얻을 수 있습니다. 풍부한 실습 예제 덕분에 현업 적용도 수월해, 실무 생산성을 높이고 싶은 분께 자신 있게 추천합니다.

윤명식_ EnterpriseDB 데이터베이스 컨설턴트

SQL 학습과 AI 활용을 자연스럽게 연결해주는 실용적인 입문서입니다. SQL을 처음 접하는 독자도 기본기를 쉽게 다질 수 있도록 돕고, 챗GPT를 활용해 쿼리를 이해하고 생성 · 개선하는 학습 방식을 제시합니다. 특히 AI를 단순한 도구가 아니라 '협업 파트너'로 활용하는 관점은 실무에서 SQL 생산성과 품질을 높이려는 분들께 큰 도움이 될 것입니다. 반복 작업을 효율화하고 요구사항을 빠르게 쿼리로 전환하며, 더 나은 SQL을 얻기 위한 질문 설계까지 자연스럽게 익힐 수 있습니다. AI 시대를 맞아 입문자에게는 AI를 활용한 SQL 학습의 출발점을, 실무자에게는 AI를 협업 파트너로 활용하는 새로운 업무 방식을 제안하는 훌륭한 안내서입니다.

이기용_(주)마인씨드 소프트웨어 개발자

베타리더의 말

SQL을 사용한 데이터 활용이 보편화되는 요즘, 이제 단순한 SQL 작성을 넘어 '좋은' SQL을 사용하는 것이 중요한 시대입니다. 이 책은 생성형 AI를 활용해 SQL의 기본 문법부터 튜닝, 실행 계획까지 고급 SQL을 폭넓게 다룹니다. 프롬프트를 활용하여 SQL을 생성하고 실행계획을 분석해, SQL 최적화와 튜닝 포인트를 찾아 '좋은' SQL을 구현하는 과정이 궁금한 모든 분께 추천합니다.

임승민_씨에스리 SI DBA

단순한 SQL 문법 학습서를 넘어, SQL과 생성형 AI를 활용하여 업무 생산성을 극대화하는 방법을 제시하는 훌륭한 가이드입니다. 가장 큰 장점은 초보 개발자들도 쉽게 이해할 수 있도록 구성되어 있다는 점입니다. 기본 문법, 각종 함수, 프롬프트 설계 기초와 본격적인 SQL 튜닝에 이르기까지 차근차근 따라하기 쉽게 구성되어 있습니다. 또한 오라클 아키텍처 전반과 주요 구성요소를 설명해주어 DBMS의 핵심 요소를 기반으로 진정한 SQL 튜닝 감각을 함양할 수 있어 무척 좋았습니다.

SQL을 처음 배우는 개발자나 데이터 분석가, 그리고 반복적인 쿼리 작성 시간을 단축하고 싶은 모든 분에게 강력히 추천합니다. 특히 AI 시대에 대용량 데이터 처리 능력을 한 단계 업그레이드하고 싶다면 꼭 읽어야 할 책입니다. 이 책을 통해 최적화된 SQL 문 생성과 튜닝에 소요되는 시간을 획기적으로 줄일 수 있을 것이라 확신합니다.

전준규_농협정보시스템 프로젝트매니저

"이제는 AI가 SQL 쿼리 작성과 튜닝까지 도와준다고?" AI 시대에 딱 걸맞는 SQL 도서가 나온 것 같습니다. SQL 입문자부터 효율적인 튜닝이 필요한 실무 전문가까지, 단순한 문법 설명을 담은 도서가 아닌 내가 원하는 SQL 문을 정확히 얻을 수 있는 프롬프트 엔지니어링 노하우가 가득 담겨 있습니다. 복잡한 SQL 쿼리 작성 때문에 그동안 막막했다면, 마치 친절한 사수와 같은 LLM 도구를 활용하여 쉽고 빠르게 해결하길 바랍니다. 아니, 분명 그렇게 될 것이라 믿습니다.

최성욱_삼성전자 VD사업부 Security Lab

챗GPT를 사용해 요즘 트렌드에 맞게 SQL을 학습하는 방법을 알려줍니다. SQL이나 챗GPT에 익숙하지 않은 독자들도 쉽게 따라올 수 있게 개념부터 설명해준 뒤 실습을 진행해 체득하는 데 전혀 지루함이 없습니다. 특히 복잡한 기술적 개념을 쉽게 이해할 수 있도록 그림과 표를 세심하게 배치한 점이 인상 깊었습니다. SQL 응용이 어렵게 느껴졌던 입문자여도 챗GPT를 통해 훨씬 쉽게 익힐 수 있게 될 것입니다.

추상원_이스트소프트 인프라보안 부트캠프 멘토

지은이 소개

정미나 usuyoon@naver.com

SQL 입문부터 고급 SQL 작성, SQL 튜닝 및 최적화, 데이터 분석까지 연구하고 가르치는 강사이자 작가, 그리고 크리에이터다.

인하대학교에서 컴퓨터 공학을 전공한 뒤 2006년부터 개발자의 길을 걷기 시작했다. 대우자동차판매 전산실을 출발점으로 SK커뮤니케이션즈, 한화 갤러리아를 거쳐 신세계 아이앤씨에 근무하며 백엔드 개발자로 일했고 SQL 튜닝의 세계에 눈을 뜬 후 SQLP 자격증을 취득하며 데이터 엔지니어로 전향했다. 오랜 기간 'SQL전문가 정미나' 유튜브 채널을 운영하며 다양한 수준의 학습자들과 소통하는 과정에서 학습자들이 어려움을 느끼는 지점과 이해의 단절이 생기는 순간들을 직접 목격해왔고, 이를 책과 교육에 반영하기 위해 꾸준히 연구해왔다. 저서로는 『시대에듀 유선배 SQL개발자(SQLD) 과외노트』, 『내일은 SQL(MySQL)』, 『시대에듀 유선배 데이터분석 준전문가 ADsP 합격노트』가 있다.

- ▶ **유튜브**: youtube.com/@SQL
- ▶ **인스타그램**: instagram.com/sql.god

데이터가 모든 비즈니스의 핵심 동력이 된 시대에 데이터와의 대화 언어인 SQL의 중요성은 계속 커져가고 있습니다. NoSQL이나 새로운 기술들이 끊임없이 등장하는 중에도 관계형 데이터베이스와 SQL은 여전히 전 세계 데이터 저장소의 근간을 이루고 있기 때문입니다.

혹자는 "AI가 쿼리를 대신 짜주는데 굳이 SQL을 깊이 공부해야 할까?"라고 물을지도 모릅니다. 하지만 데이터의 규모와 복잡성이 기하급수적으로 증가하는 이 시점에 SQL 능력은 오히려 이전보다 더욱 중요해지고 있습니다.

단순히 원하는 데이터를 가져오는 것을 넘어 효율적으로, 또 빠르게 가져오는 능력인 SQL 튜닝 능력은 데이터 전문가가 갖춰야 할 필수 역량이 되었습니다. AI가 쿼리의 초안을 만들어줄 수는 있지만 대용량 환경에서 발생한 성능 문제를 진단하고, 복잡한 실행 계획을 분석하며, 최적의 인덱스를 설계하는 일은 여전히 인간의 깊은 이해와 통찰력을 필요로 합니다. 이 책은 바로 그 핵심 역량과 SQL의 기본 원리를 AI의 도움을 받아 탄탄하게 다지고, 나아가 성능 최적화까지 이뤄내는 방법을 제시합니다.

이 책에서는 AI, 특히 챗GPT를 강력한 동반자로 삼았습니다. 이유는 다음과 같습니다.

첫째, 학습의 효율을 극대화하기 위함입니다.
챗GPT는 복잡한 SQL 문법의 초안을 빠르게 생성하고 다양한 상황에 대한 예제를 즉각적으로 제공하며, 마치 개인 튜터처럼 어려운 개념을 쉽게 설명해줍니다.

둘째, 실제 업무 생산성 향상을 위해서입니다.
비즈니스 요구사항을 자연어로 설명하여 쿼리 초안을 얻을 수 있고, 튜닝을 위한 다양한 접근 방식을 제안받을 수 있습니다.

하지만 이 책을 읽는 독자분들께 절대로 AI에 온전히 의지해서는 안 된다는 점을 미리 당부드립니다. 챗GPT와 같은 생성형 AI는 때때로 환각Hallucination 현상으로 인해 문법적으로는 그럴듯하지만 논리적으로 오류가 있거나, 성능상 치명적인 약점이 있는 쿼리를 생성할 수 있기 때문입니다. 특히 복잡한 비즈니스 로직이나 민감한 데이터 환경에서는 AI가 생성한 코드를 인간 전문가가 반드시 검토하고 검증해야 합니다. AI는 훌륭한 '비서'이지만 '주인'이 될 수는 없습니다. 이 책은 AI의 도움으로 더 빠르고 정확하게 작업하되, 최종적으로는 독자 여러분의 깊이 있는 SQL 지식과 판단력을 통해 결과를 완성하는 것에 목표를 둡니다.

핵심은 챗GPT가 SQL 지식을 대체하는 것이 아니라 여러분의 SQL 능력을 가속화하는 도구라는 것입니다. AI 시대에는 내가 무엇을 할 수 있는지를 아는 것만큼이나 AI에게 무엇을 질문해야 효율적인 답변을 얻을 수 있는지를 아는 것 또한 중요합니다. 이 책은 바로 그 질문의 기술, 즉 프롬프트 엔지니어링부터 시작하여 SQL의 실전 활용까지 전 과정을 담고 있습니다.

이 책이 SQL을 처음 접하는 분들에게는 가장 빠르고 흥미로운 입문서가 되고, 이미 SQL을 사용하고 있는 분들에게는 AI라는 강력한 무기를 더해주는 업그레이드 가이드가 되기를 희망합니다. 이 여정을 통해 독자 여러분 모두가 데이터의 가치를 최대한으로 끌어내는 진정한 'AI 기반 SQL 전문가'로 거듭나기를 기원하고 응원합니다.

정미나

꼭 필요한 만큼만 빠르게, 퀵스타트!
AI와 함께하는 SQL 로드맵

왜 '퀵스타트'인가요?

실무에 꼭 필요한 내용만 담아 빠르게 학습할 수 있는 가장 효과적인 방법을 제시합니다. 학업에서든 실무에서든 막연함이 오래 갈수록 자신감은 떨어지고 집중력도 흐려집니다. 빠르게 핵심을 잡고, 빠르게 적용해보고, 빠르게 피드백을 받아야 본격적인 몰입이 시작됩니다. **그래서 우리는 '빠르게'를 강조합니다.**

학습 전략: 핵심만 뽑아 바로 실습

- 군더더기 없는 구성: 배경 설명은 간결하게, 실습과 문제 해결 중심
- 실무에서 자주 겪는 사례 위주: 현실 문제에 직접 연결
- 챕터마다 바로 적용 가능한 예제 제공
- 생성형 AI와의 결합으로 반복 학습 가능

디테일은 'AI'에게 맡깁니다

빠르게 익힌 개념이 잘 이해됐는지, 내 문제에 맞게 응용할 수 있는지는 각 장별로 제시된 AI 활용 예제와 '실전 퀵테스트'를 통해 확인합니다.

AI야 SQL을 작성해줘

- 장마다 제공되는 프롬프트로 AI에게 질문, 요청, 분석을 시도해보세요.
- 반복된 연습으로 실전 감각을 익히고, AI를 '튜터'처럼 활용할 수 있게 됩니다.

실전 퀵테스트

- 각 부가 끝날 때마다 핵심 포인트를 짧고 빠르게 재점검해보세요.
- SQL 작성 감각과 튜닝 사고방식을 단시간에 익힐 수 있습니다.

이 책의 구성

이 책은 챗GPT를 활용해 SQL을 더 빠르고 정확하게 작성하고, 최적화까지 자동화하는 실무형 로드맵을 제공합니다. 단순히 AI에게 쿼리를 시키는 수준을 넘어, 프롬프트 설계부터 성능 최적화까지 전 과정을 AI와 협업하는 방법을 단계적으로 다룹니다.

1부 | SQL 시작하기

SQL이란 무엇인지, 어떤 환경에서 연습할 수 있는지, 그리고 데이터베이스 설치가 어려운 사람을 위해 Oracle Live SQL과 같은 클라우드 기반 실습 환경을 소개합니다. 또한 실무와 동일한 환경에서 연습하고 싶은 독자를 위해 로컬 Oracle Database 설치 방법과 SQL Developer 설정, 사용자 계정 생성 과정까지 상세히 안내합니다. 이 과정을 통해 독자는 단순히 SQL 문법을 배우는 데 그치지 않고, 실제 데이터베이스에 쿼리를 직접 작성하고 실행하는 전 과정을 경험하게 됩니다.

2부 | AI 똑똑하게 사용하는 법

AI에게 SQL을 시키기 전에 반드시 알아야 할 기초를 다집니다. 챗GPT의 작동 원리와 한계를 이해하고 프롬프트 엔지니어링 개념을 익히며, 자연어와 SQL 간의 변환 구조를 설명합니다. 또한 좋은 질문과 나쁜 질문의 차이를 비교하고, SQL 자동 생성을 위한 프롬프트 템플릿과 활용 패턴을 제시합니다. 마지막으로 VS Code와 코파일럿을 연동하여 개발 환경에서 바로 쿼리를 생성하는 방법을 실습합니다.

3부 | AI야, SQL을 작성해줘

AI를 활용한 SQL 생성의 전 과정을 따라갑니다. 기본 SELECT 문부터 JOIN, 서브쿼리, 집계 및 분석 쿼리까지 AI가 SQL을 자동으로 생성하는 흐름을 단계별로 실습합니다. 또한 매출, 주문, 회원 데이터 등 실제 비즈니스 시나리오를 기반으로 요구사항을 SQL로 변환하는 과정을 다루며 실무에 활용할 수 있는 다양한 쿼리를 제공합니다.

4부 | AI야, SQL을 튜닝해줘

AI를 SQL 튜닝 파트너로 활용하는 고급 단계를 다룹니다. 실행 계획과 옵티마이저 작동 원리를 이해하고, 챗GPT를 통해 실행 계획을 분석하고 개선 방향을 제안받는 방법을 익힙니다. 인덱스 설계, 조인 전략, 정렬 및 그룹핑 최적화 등 핵심 튜닝 기법을 AI와 함께 실습하며, 실제 SQL을 챗GPT와 협업하여 리팩터링하는 프로젝트로 마무리합니다. AI가 단순한 보조 도구를 넘어 SQL 성능 개선의 동반자가 될 수 있음을 체감하게 됩니다.

선수 지식 체크리스트

이 책을 시작하기 전, 자신이 얼마나 준비되어 있는지 점검해보세요. SQL은 개념보다 '감각'이 중요합니다. 아래 항목을 통해 자신의 현재 수준을 자가 진단하고, 부족한 부분이 있다면 추천 자료로 먼저 보완해보세요.

질문	1점	3점	5점
1. SELECT, WHERE, JOIN 등 기본 SQL 문법을 작성할 수 있다.	□ 전혀 아니다.	□ 가끔 찾아보며 한다.	□ 익숙하게 작성할 수 있다.
2. 다양한 옵션을 활용하여 윈도우 함수를 작성할 수 있다.	□ 전혀 아니다.	□ 가끔 찾아보며 한다.	□ 익숙하게 작성할 수 있다.
3. 서브쿼리나 집계 함수 등을 활용하여 분석 쿼리를 작성할 수 있다.	□ 전혀 아니다.	□ 가끔 찾아보며 한다.	□ 익숙하게 작성할 수 있다.
4. 쿼리를 실행했을 때, '왜 느린지'에 대해 고민해본 적 있다.	□ 전혀 없다.	□ 그런 적이 있다.	□ 자주 고민한다.
5. 인덱스가 쿼리 성능에 영향을 미친다는 사실을 알고 있다.	□ 처음 듣는다.	□ 대략 안다.	□ 잘 알고 활용한다.
6. 실행 계획(EXPLAIN PLAN)을 본 적 있고, 일부 내용을 이해할 수 있다.	□ 처음 본다.	□ 한두 번 본 적 있다.	□ 익숙하게 분석할 수 있다.
7. 조인 방식(Nested Loop, Hash Join 등)에 대해 들어본 적이 있다.	□ 처음 듣는다.	□ 이름은 들어봤다.	□ 차이를 설명할 수 있다.
8. SQL 작성 시 테이블 구조(데이터 양, 인덱스 유무 등)를 고려한다.	□ 거의 안 한다.	□ 가끔 고려한다.	□ 항상 고려한다.
9. 생성형 AI에게 SQL 관련 질문을 해본 적이 있다.	□ 해본 적 없다.	□ 간단한 질문만 해봤다.	□ 튜닝 질문도 해본다.
10. SQL 쿼리를 개선하거나 튜닝하려 노력한 적이 있다.	□ 전혀 없다.	□ 한두 번 있다.	□ 자주 해봤다.

- **40점 이상** → 실무에서 SQL을 많이 써본 분! 이 책을 통해 고급 SQL 및 튜닝에 대한 감각을 빠르게 정리하고 AI 활용으로 확장할 수 있습니다.
- **20~39점** → 실무 경험은 있지만 SQL 작성에 아직 자신이 없다면 지금이 바로 감각을 익힐 기회입니다. AI와 협업하는 방식이 큰 도움이 될 거예요.
- **20점 이하** → 걱정 마세요! 이 책은 SQL 입문자도 쉽게 이해할 수 있게 처음부터 차근차근 진행됩니다. AI의 도움과 함께 SQL 기본 감각부터 튜닝까지 체계적으로 익혀보세요.

선수 지식 보완 자료

SQL 생기초 다지기

- **저자 유튜브 [SQL 기초 강의]**
  https://youtube.com/playlist?list=PLyQR2NzLKOCa5UujnJIFR7wOVOD0lS6EB&si=ZnASXQ-rGdwJ1TvJ
- **도서** 『혼자 공부하는 SQL』(한빛미디어, 2021)

예제 스크립트

- **링크** https://drive.google.com/drive/folders/1uV4SQ1KURo4PqHcRlrNj0jgQ2_dZyZyN

목차

Part 1

SQL 시작하기

SQL을 처음 배우는 사람이라면 가장 먼저 '어디서 어떻게 실행해볼 수 있을까?'라는 의문을 갖게 된다. 이 책의 1부는 바로 그 질문에 답한다. SQL이란 무엇인지, 어떤 환경에서 연습할 수 있는지, 그리고 데이터베이스 설치가 어려운 사람을 위해 Oracle Live SQL과 같은 클라우드 기반 실습 환경을 소개한다.

또한 실무와 동일한 환경에서 연습하고 싶은 독자를 위해 로컬 Oracle Database 설치 방법과 SQL Developer 설정, 사용자 계정 생성 과정까지 상세히 안내한다. 이 과정을 통해 독자는 단순히 SQL 문법을 배우는 데 그치지 않고, 실제 데이터베이스에 쿼리를 직접 작성하고 실행하는 전 과정을 경험하게 된다.

- Oracle Live SQL 사용법과 활용 팁
- SQL 실습 환경의 종류와 특징
- Oracle Database 설치 및 기본 설정
- SQL Developer 설치와 연결 설정

Chapter 1

Oracle Live SQL 사용하기

Oracle Live SQL은 오라클Oracle에서 공식 제공하는 클라우드 기반 SQL 실습 환경이다. **설치나 별도의 프로그램 없이 웹 브라우저에서 바로 SQL을 작성하고 실행할 수 있으며 Oracle Database의 실제 동작을 그대로 체험**할 수 있다.

즉, 내 PC에 데이터베이스를 설치하지 않아도 인터넷만 가능하면 Oracle SQL을 실습할 수 있는 온라인 학습 공간이라고 할 수 있으며 간단한 테스트를 위한 목적이라면 꽤 유용하게 활용이 가능하다. 지금부터 설명할 설정 안내는 2025년 버전의 Oracle Live SQL로 향후 변경될 수 있다.

1.1 Oracle Live SQL 설정

01 Oracle Live SQL 사이트에 접속하면 다음과 같은 첫 화면이 나타난다. 이 페이지는 사용자가 어떤 버전의 데이터베이스 환경에서 SQL을 실행할 것인지를 선택하는 화면이다.

https://livesql.oracle.com

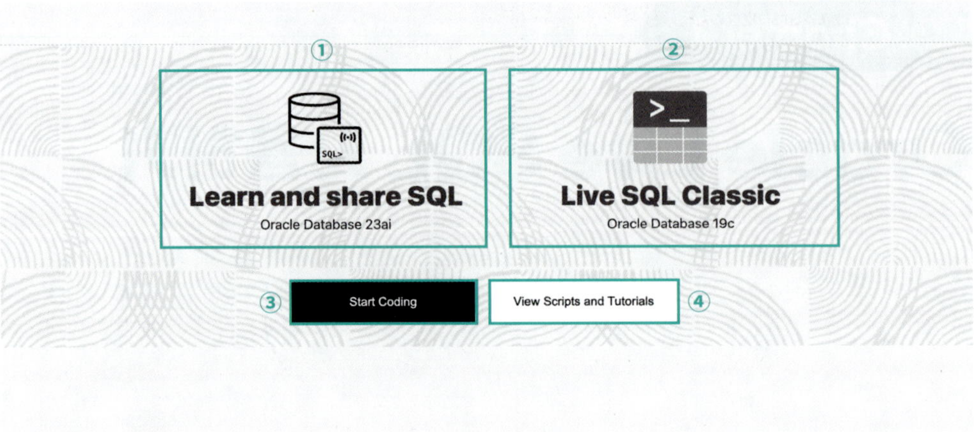

① **Learn and share SQL(Oracle Database 23ai)**: 현 시점(25년 11월 기준) 최신 버전(23ai)의 Oracle Database를 기반으로 하는 실습 환경이다. AI 기능이 일부 통합되어 있으며 최신 SQL 문법과 함수를 지원한다. 신규 사용자나 학습자에게 권장되는 기본 환경이다.

② **Live SQL Classic(Oracle Database 19c)**: 이전 버전(19c)의 데이터베이스 환경으로 기존 예제나 레거시 SQL을 실습할 때 유용하다. SQLD 등 자격시험 대비용 쿼리도 대부분 이 버전에서 검증이 가능하다.

③ **Start Coding**: 선택한 환경에서 바로 SQL Worksheet로 이동하여 쿼리를 작성 · 실행할 수 있다.

④ **View Scripts and Tutorials**: 오라클이 제공하는 예제 스크립트와 튜토리얼 목록으로 이동한다. 기초 문법, JOIN, 서브쿼리, 함수 예제 등을 즉시 실행해볼 수 있다.

빠른 이해 **특정 테이블 생성**

별도로 특정 테이블 생성이 필요하지 않다면 'Learn and share SQL' 옵션을 선택하면 된다. 해당 옵션은 샘플 테이블을 제공해주어 이를 이용하여 SQL을 연습할 수 있다. 만약 특정 테이블 생성이 필요한 경우라면 별도의 로그인 후 My Schema를 구성할 수 있다.

02 Learn and share SQL **환경**부터 살펴보자.

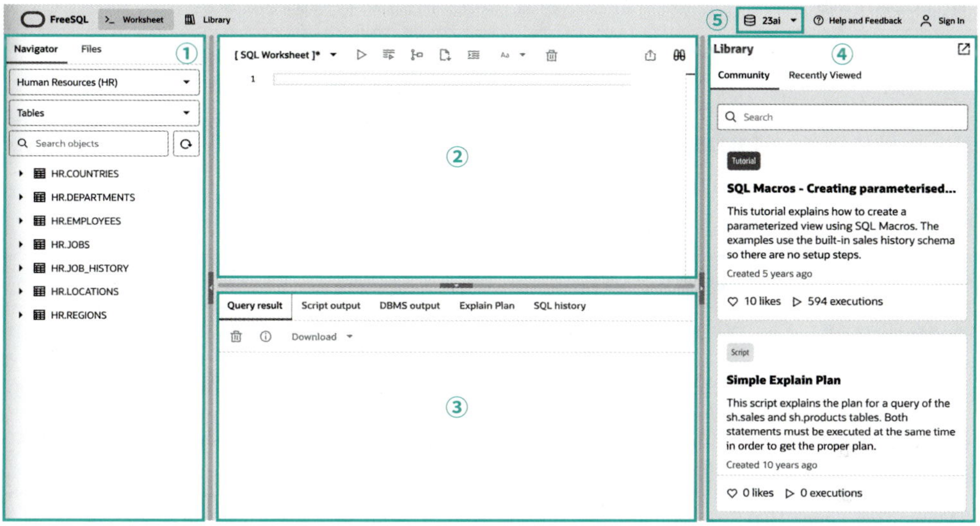

화면은 크게 ① **탐색 영역**, ② **SQL 편집 영역**, ③ **결과 영역**, ④ **라이브러리**로 구성되어 있다. 추가로 ⑤ **Oracle Database 버전**도 확인할 수 있다.

① Navigator(탐색 영역)

현재 접속 중인 데이터베이스 계정을 선택하고 테이블 목록을 확인할 수 있는 영역이다. 테이블 이름 왼쪽의 ▶ 아이콘을 클릭하면 칼럼명을 확인할 수 있다. SQL 문을 작성할 때 테이블 구조를 바로 확인할 수 있다는 점이 큰 장점이다. 기본적으로 Human Resources(HR) 계정이 제공되며 다음과 같은 주요 테이블이 포함되어 있다.

표 1-1 주요 테이블 설명

테이블명	설명
HR.COUNTRIES	국가 정보 테이블. 각 국가 코드와 국가명이 저장됨
HR.DEPARTMENTS	부서 정보 테이블. 부서명, 부서 ID, 관리자를 포함
HR.EMPLOYEES	직원 정보 테이블. 직원 ID, 이름, 직무, 급여, 소속 부서 등의 데이터 포함
HR.JOBS	직무(Job) 코드와 직무명, 최소 · 최대 급여 정보가 저장된 테이블

HR.JOB_HISTORY	직원의 과거 근무 이력(이전 직무, 부서, 기간 등)을 관리하는 테이블
HR.LOCATIONS	근무지(지점) 정보 테이블. 도시명, 우편번호, 국가 코드 등을 포함
HR.REGIONS	대륙이나 지역 단위의 구분 정보 테이블. (예: Europe, Americas, Asia 등)

참고로 다음은 HR 계정과 함께 제공되는 다른 계정들에 대한 설명이다.

표 1-2 기타 계정 설명

계정	주요 내용 / 용도
Academic(AD)	학술 관련 데이터 예제. 교수, 학생, 강의 등의 교육 도메인 중심 데이터 구조를 포함
Analytic Views(AV)	분석 뷰(Analytic View)와 큐브 구조를 학습하기 위한 고급 분석용 스키마
Customer Orders(CO)	고객 주문(Customer-Order) 데이터 중심의 비즈니스 예제. 주문/상품/고객 관계 연습에 적합
Human Resources(HR)	인사관리(Human Resources) 예제 스키마. 직원, 부서, 직무, 급여 등의 기본적인 관계형 구조 학습에 가장 많이 사용됨
Order Entry(OE)	주문 처리(Order Entry) 및 재고 관리 시나리오를 다루는 상거래 예제 스키마
Olympic Data(OLYM)	올림픽 경기, 선수, 국가별 메달 통계 데이터를 포함한 예제 스키마
Projects(PROJECTS)	프로젝트 관리(Project Management) 관련 데이터 구조. 프로젝트, 작업, 담당자 등의 관계 모델 학습용
EMP and DEPT(SCOTT)	오라클의 가장 오래된 기본 예제 스키마. EMP(직원), DEPT(부서) 테이블을 포함하며 SQL 입문 교재에서 자주 사용됨
Sales History(SH)	판매, 매출, 고객 세그먼트 등 데이터 분석 및 집계 학습용 스키마. GROUP BY, 집계 함수, 분석 함수 실습에 적합

② SQL Worksheet(편집 영역)

SQL을 직접 작성하고 실행하는 코드 입력창이다. 쿼리를 입력한 뒤 [실행 ▷] 아이콘 또는 [Ctrl + Enter] 키를 누르면 결과가 하단에 표시된다.

③ Result Panel(결과 영역)

SQL 실행 결과가 표시되는 영역으로 기본 탭 구성은 다음과 같다.

표 1-3 Result Panel 탭 구성

탭	설명
Query Result	SELECT 결과를 테이블 형태로 표시
Script Output	DDL, DML 실행 결과 메시지 표시
DBMS Output	DBMS_OUTPUT 패키지의 출력 확인
Explain Plan	실행 계획 확인
SQL History	최근 실행한 SQL 문 목록 조회

Tip. 실행 결과는 필요에 따라 [Download] 버튼을 눌러 CSV 형식으로 내려받을 수도 있다.

④ Library(라이브러리)

오라클이 제공하는 예제 스크립트와 튜토리얼을 탐색할 수 있는 영역이다. Community 탭에는 다른 사용자가 공개한 SQL 예제가, Recently Viewed 탭에는 최근에 열어본 예제가 표시된다. 각 예제는 클릭하면 바로 Worksheet에 불러와 실행할 수 있다.

⑤ Oracle Database 버전

상단 메뉴의 23ai 표시는 현재 사용하는 Oracle Database 버전을 의미하며 필요에 따라 다른 버전으로 변경이 가능하다. Help and Feedback 메뉴를 통해 문서나 튜토리얼 링크로 이동할 수 있고, [Sign In] 버튼을 통해 계정 로그인 시 스크립트를 저장하거나 공유할 수 있다.

03 이번에는 첫 화면의 오른쪽에 있던 **Live SQL Classic 환경**을 살펴보겠다. 해당 옵션을 사용하기 위해서는 로그인이 선행되어야 한다(오라클 계정이 있다면 그대로 로그인, 계정이 없다면 [계정 생성] 버튼을 클릭하여 무료로 생성 가능).

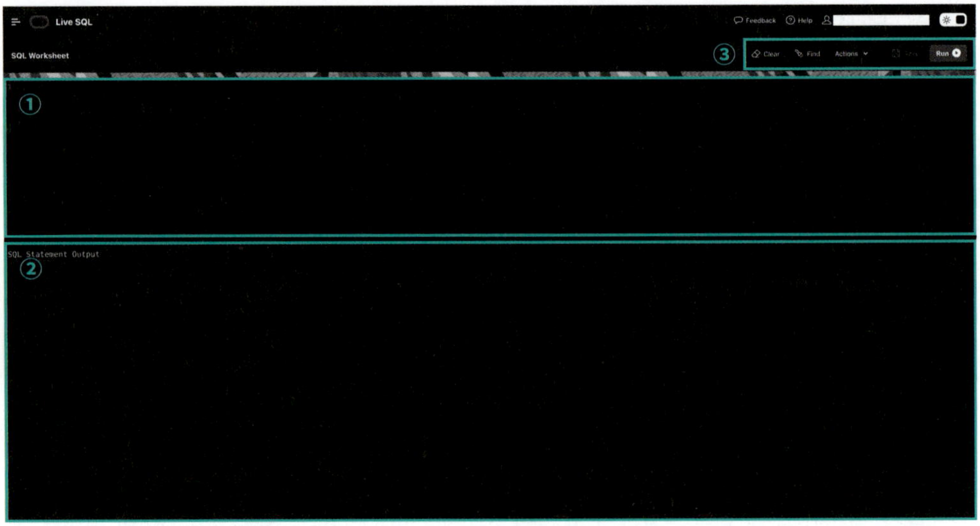

① SQL Worksheet(입력 영역)

SELECT, INSERT, UPDATE, DELETE, CREATE TABLE 등 원하는 SQL 문을 입력한다.

- 실행 방법: 오른쪽 상단의 [Run] 버튼 클릭 또는 단축키 [Ctrl + Enter]
  (단, SELECT할 테이블과 데이터는 미리 생성해두어야 한다.)

② SQL Statement Output(결과 출력 영역)

SQL 실행 결과 또는 메시지 출력 창이다. SQL 실행 시 결과가 다음과 같이 표시된다.

- SELECT 문 → 조회 결과(테이블 형태 데이터)
- DDL / DML 문 → 실행 성공 메시지("Table created", "1 row updated" 등)
- 오류 발생 시 → 에러 코드 및 원인이 표시됨

③ 사용자 스크립트 관리

[Save] 버튼을 누르면 자신이 작성한 쿼리를 저장할 수 있으며 저장된 스크립트는 [My Scripts] 메뉴에서 다시 열어 수정과 실행이 가능하다(왼쪽 상단 [목록 ≡] 버튼 클릭). Share 기능을 이용하면 다른 사용자와 SQL 예제를 링크로 공유할 수도 있다.

Oracle Live SQL은 별도의 설치 없이 브라우저에서 바로 SQL을 실행할 수 있는 훌륭한 학습 도구이지만 모든 상황을 완벽히 구현할 수 있는 것은 아니다. 다음과 같은 경우라면 본인의 PC에 직접 데이터베이스 환경을 설정하는 것이 더 유리하다.

- **대량의 데이터로 성능에 대한 실습이 필요한 경우**: Live SQL은 클라우드 환경 특성상 대용량 데이터를 업로드하거나 성능 테스트를 수행하는 데 제한이 있다. 예를 들어 수십만 건 이상의 트랜잭션이나 실행 계획 튜닝을 연습하려면 로컬에 데이터베이스를 직접 설치하는 것이 좋다.
- **데이터 구조(DDL) 변경 실습이 필요한 경우**: Live SQL은 공용 환경이다. 그렇기 때문에 일부 DDL 명령(CREATE USER, ALTER SYSTEM 등)이 제한될 수 있다. 스키마 생성, 사용자 권한 부여, 테이블스페이스 관리와 같은 DBA 관련 실습을 진행하려면 반드시 로컬 환경을 구축해야 한다.
- **JDBC, 스프링, 파이썬 등 외부 연동 실습이 필요한 경우**: AI, 백엔드, 데이터 분석 프로젝트에서 SQL은 단독이 아닌 애플리케이션 코드와 함께 동작한다. Live SQL은 외부 연결을 지원하지 않으므로 JDBC 연결 테스트, 스프링 부트나 파이썬 연동 실습 등의 경우 반드시 PC 환경에서 데이터베이스를 직접 구동해야 한다.
- **오프라인 상태에서도 학습해야 하는 경우**: Live SQL은 인터넷 연결이 반드시 필요하기 때문에 출장 중이거나 네트워크가 불안정한 강의실, 또는 보안상 폐쇄망 환경에서는 접근이 불가능하다. 그러므로 이런 경우에도 데이터베이스 환경 설정이 필요하다.

Chapter 2

Oracle 실습 환경 설정

2.1 Windows

Oracle Database 설치

01 Oracle Database 설치를 위해 먼저 공식 웹사이트에 접속한다. Windows x64 버전을 선택하여 설치 파일을 다운로드한다.

https://www.oracle.com/database/technologies/xe-downloads.html

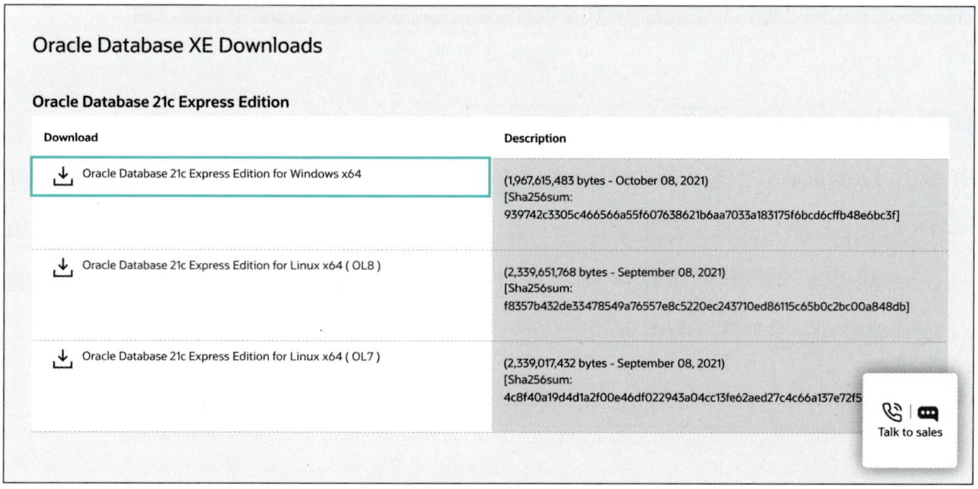

02 다운로드 받은 설치 파일(setup.exe)을 **관리자 권한**으로 실행한다. 설치 경로는 한글이 포함되지 않은 경로로 설정한다. 설치 과정 중 SYSTEM 계정의 비밀번호를 입력하게 되는데 데이터베이스 접속 시 필요하므로 반드시 기억해둔다.

03 설치가 완료되면 cmd 창을 열어 다음 명령어를 입력해 정상적으로 설치가 되었는지 확인한다. 접속에 성공하면 완료가 된 것이다.

```
sqlplus "/ as sysdba"
```

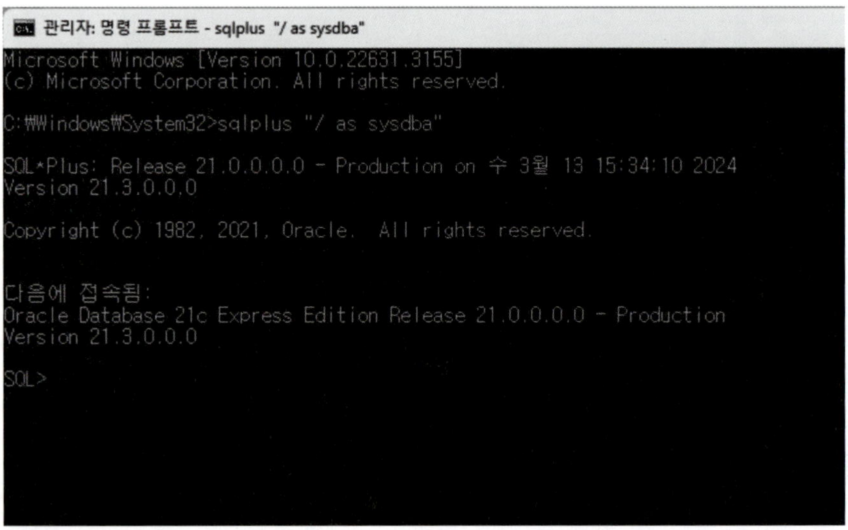

SQL Developer 설치

01 SQL Developer는 별도의 설치 과정 없이 실행이 가능한 툴이다. 다음 사이트에서 SQL Developer를 다운로드한다. ZIP 파일을 다운로드하고 압축을 해제한 후 sqldeveloper.exe 파일을 실행한다. 만약 PC에 JDK가 설치되어 있지 않다면, JDK가 포함된 버전을 선택해서 다운로드하는 것이 좋다.

🔗 https://www.oracle.com/database/sqldeveloper/technologies/download/

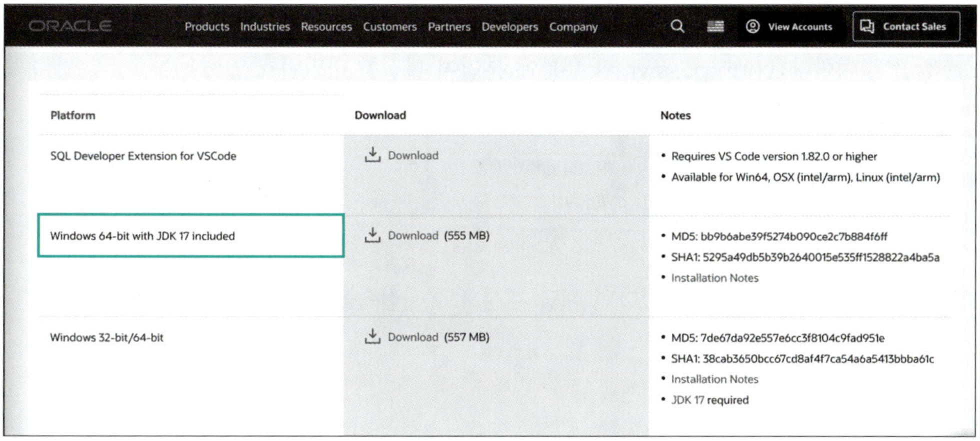

02 SQL Developer를 실행한 뒤 왼쪽 상단의 초록색 [새 접속 +] 버튼을 클릭한다. 사용자 이름에는 system을 입력하고, 비밀번호는 오라클 설치 시 설정한 값을 입력한다. 호스트는 localhost, 포트는 1521, SID는 xe로 설정한 후 ① [테스트] 버튼을 눌러 연결이 되는지 확인한 뒤 ② [접속]을 클릭한다.

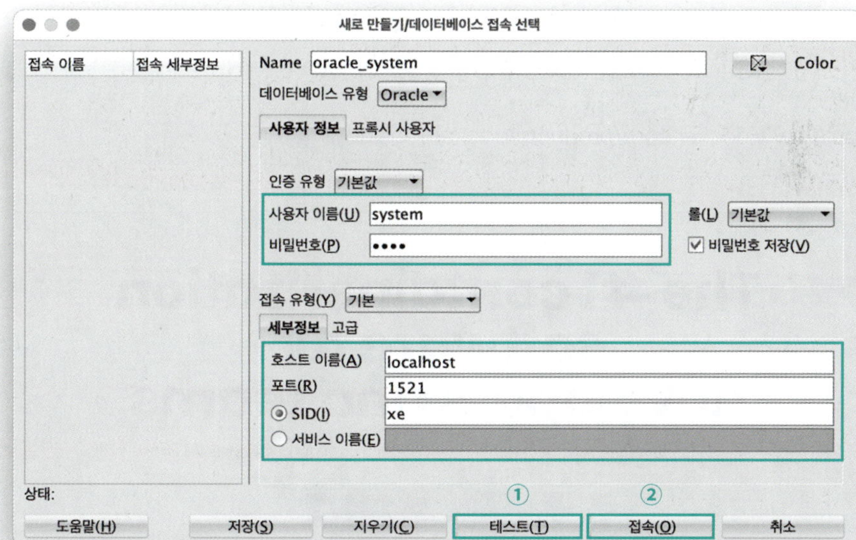

03 system 계정으로 접속한 상태에서 다음 SQL 문을 실행하여 사용자 계정을 생성하고 권한을 부여한다(your_password 부분에 본인이 설정할 비밀번호 입력).

```
CREATE USER c##dev IDENTIFIED BY your_password;
GRANT CONNECT, RESOURCE, DBA TO c##dev;
```

생성 후 권한 부여까지 완료되었다면 해당 계정으로 재접속을 한 뒤 실습을 시작한다.

2.2 macOS

macOS에서는 Oracle Database XE가 직접 설치되지 않기 때문에 Docker를 이용한 대체 환경을 구성해야 한다.

Oracle Database 설치

01 먼저 Docker Desktop 설치 파일을 다운로드한 뒤 설치를 진행한다. 다음 사이트에 접속하여 [Download Docker Desktop] 버튼을 클릭한다.

🔗 https://www.docker.com/products/docker-desktop/

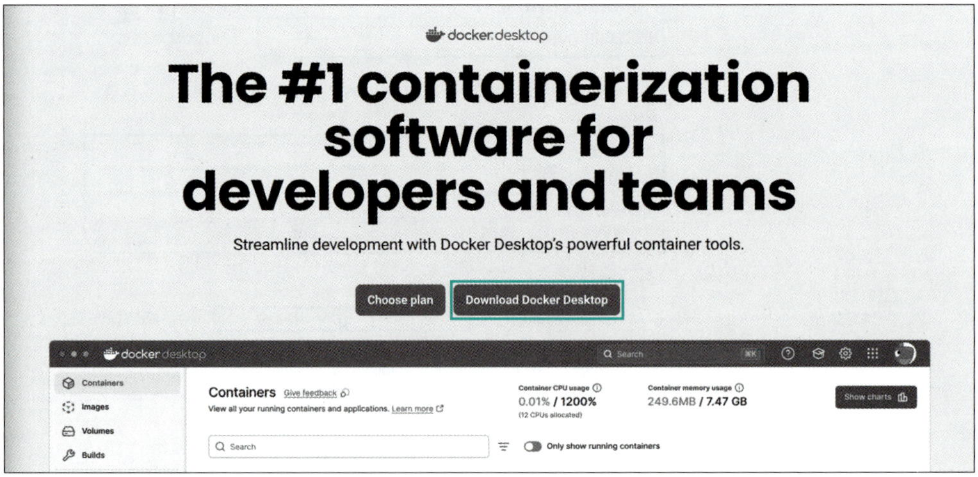

02 이후 터미널에서 다음 명령어를 실행하여 Oracle Database XE 이미지를 다운로드하고 컨테이너를 실행한다. 여기서 ORACLE_PWD 값은 system 계정의 비밀번호로 원하는 값으로 변경하여 사용하면 된다.

```
docker pull container-registry.oracle.com/database/express:21.3.0-xe
docker run -d --name oracle-xe -p 1521:1521 -p 5500:5500 -e ORACLE_PWD=Oracle123
container-registry.oracle.com/database/express:21.3.0-xe
```

SQL Developer 설치

01 SQL Developer는 별도의 설치 과정 없이 실행 가능한 툴이다. 다음 링크에서 SQL Developer를 다운로드한다.

🔗 https://www.oracle.com/database/sqldeveloper/technologies/download/

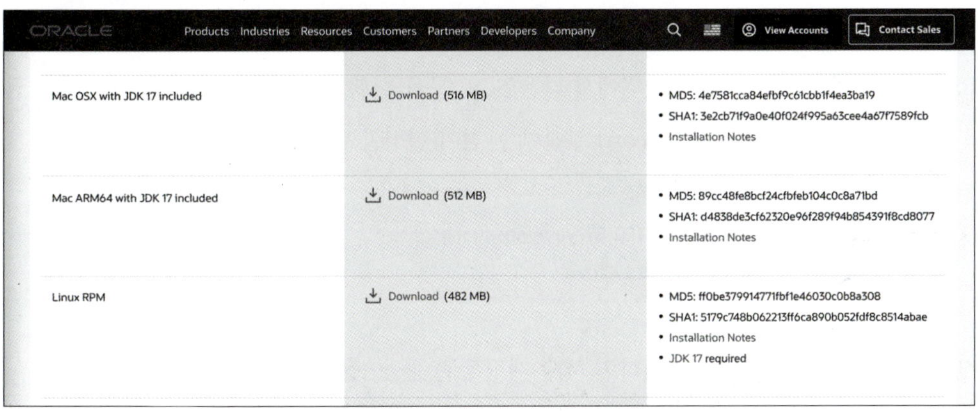

02 다운로드한 파일을 압축 해제하고, SQLDeveloper.app 파일을 실행한 뒤 왼쪽 상단의 초록색 [새 접속 +] 버튼을 클릭한다. 사용자 이름에는 system을 입력하고, 비밀번호는 오라클 설치 시 설정한 값을 입력한다. 호스트는 localhost, 포트는 1521, SID는 xe로 설정한 후 ① [테스트] 버튼을 눌러 연결이 성공하는지 확인한 뒤 ② [접속]을 클릭한다.

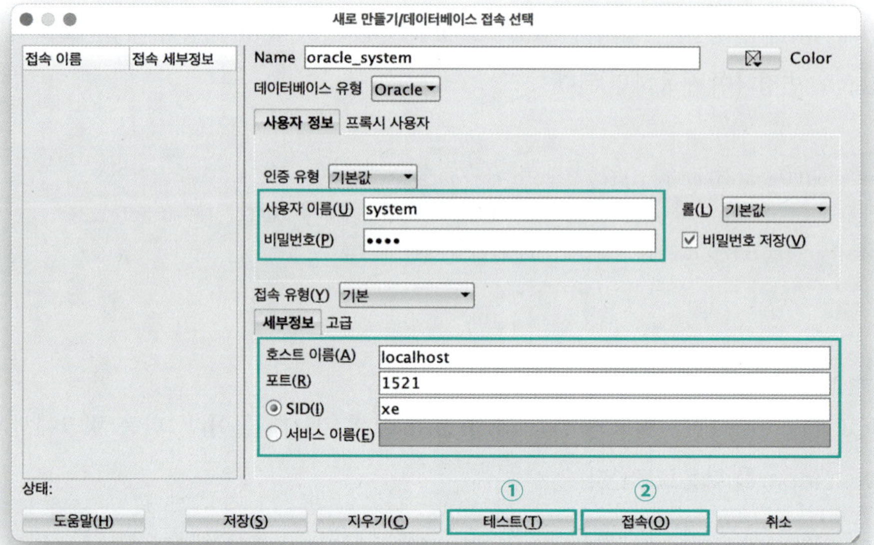

03 system 계정으로 접속한 상태에서 다음 SQL 문을 실행하여 사용자 계정을 생성하고 권한을 부여한다(your_password 부분에 본인이 설정할 비밀번호 입력).

```
CREATE USER c##student IDENTIFIED BY your_password;
GRANT CONNECT, RESOURCE, DBA TO c##dev
```

생성 후 권한 부여까지 완료되었다면 해당 계정으로 재접속을 한 뒤 실습을 시작한다.

Part 2

AI 똑똑하게 사용하는 법

챗GPT가 등장했을 때 많은 개발자는 '이제 쿼리문도 AI가 대신 써주네?'라며 놀라움과 동시에 불안함을 느꼈다. 실제로 챗GPT는 SQL처럼 구조가 명확한 언어를 꽤 정확히 생성하지만, 실무에서는 종종 틀린 쿼리나 비효율적인 결과를 내놓기도 한다. 그 이유는 대부분 AI에게 충분하고 명확한 정보를 주지 않았기 때문이다.

2부에서는 AI를 단순한 자동화 도구가 아닌 SQL 작성과 튜닝의 파트너로 활용하기 위해 꼭 알아야 할 핵심 원리를 다룬다. 챗GPT의 작동 방식, 언어 모델의 한계, 그리고 정확하고 효율적인 SQL을 얻기 위한 프롬프트 엔지니어링의 중요성을 구체적인 예시와 함께 설명한다. 또한 실무에서 자주 쓰이는 AI 활용 패턴(모델링 기반 SQL 생성, 요구사항을 쿼리로 변환, 튜닝 보조 등)과 VS Code 등 도구와의 연동 방법을 소개해, 실제 업무 환경에서도 바로 적용할 수 있도록 구성했다.

- 챗GPT의 작동 원리와 언어 모델의 한계
- SQL 생성을 위한 좋은 질문 작성법
- 실무에 적합한 AI 활용 패턴 및 프롬프트 템플릿
- SQL 작성 도구와의 연동 방법

Chapter 3

챗GPT 이해하기

왜 챗GPT인가?

AI를 기반으로 한 도구는 지금 이 순간에도 무수히 쏟아져 나오고 있다. SQL을 자동으로 생성하는 서비스, 자연어 명령으로 데이터 시각화나 분석을 수행하는 인터페이스, 머신러닝 기반으로 예측 모델을 적용하는 솔루션까지 선택지는 과히 폭발적이다. 제미나이Gemini, 클로드Claude, 미스트랄Mistral, 코파일럿Copilot 등 다양한 생성형 AI 모델들이 등장했고, 지금 이 순간에도 진화하고 있다. 그럼에도 이 책은 수많은 AI 도구들 중에서 **챗GPT**ChatGPT를 중심으로 SQL 자동화와 튜닝을 다루기로 했다. 가장 유명하다는 이유도 있지만 더 근본적인 이유는 챗GPT가 현 시점에서 SQL 업무에 가장 안정적이고 강력하게 활용할 수 있는 실전형 LLM이라고 판단되었기 때문이다(물론 시간이 지나면 달라질 수도 있다).

첫째, GPT 모델은 SQL 문법과 패턴에 대한 이해 수준이 매우 높다.

OpenAI의 GPT 모델은 다양한 RDBMS 문법(PostgreSQL, Oracle, MySQL, SQL Server 등)에 대한 학습이 충분히 이루어져 있어 SELECT, JOIN, GROUP BY 같은 기본 쿼리뿐만 아니라 복잡한 서브쿼리, 윈도우 함수, CTECommon Table Expression, 그리고 데이터 분석 및 튜닝에 필요한 고급 SQL까지 문맥에 맞게 생성할 수 있다. 다른 범용 모델(제미나이, 클로드 등) 역시 SQL 생성이 가능하지만 복잡한 비즈니스 시나리오나 튜닝 문맥에서는 여전히 GPT가 생태계의 우위를 점하고 있다는 평가를 받고 있다.

둘째, 챗GPT는 현재 가장 많이 사용되는 LLM 도구다.

2025년 기준, 챗GPT는 월간 8억 명 이상이 사용하는 세계 최대의 생성형 AI 서비스이며 스택 오버플로Stack Overflow 설문에서도 개발자들이 가장 자주 사용하는 AI 도구 1위로 꼽혔다. GPT 기반의 API는 이미 수천 개의 개발 플랫폼, IDE, 분석 도구에 통합되어 있으며 ChatGPT Enterprise는 모건 스탠리Morgan Stanley, PwC, 듀오링고Duolingo, 캔바Canva 등 대기업에서도 실제로 사용되고 있다. 따라서 이 책에서 배우는 챗GPT 활용법은 개인의 학습을 넘어서 팀과 조직 단위의 실무 환경에서도 곧바로 적용할 수 있는 경쟁력이 될 것이다.

셋째, 챗GPT는 사용자와 대화형으로 SQL을 함께 만들어갈 수 있는 파트너다.

SQL을 잘 모르는 사용자가 "지난달 매출 보여줘"라고 단순히 요청해도 챗GPT는 필요한 테이블 구조를 물어보고 누락된 조건을 채워가며 점진적으로 쿼리를 완성해나갈 수 있다. 또한 실행 계획 기반 튜닝, 인덱스 추천, 쿼리 리팩터링까지 지원하여 초보자부터 고급 사용자까지 폭넓게 대응할 수 있는 AI 도우미라고 할 수 있으며 특히 프롬프트 하나로 쿼리 생성 → 설명 → 성능 개선 → 포맷 정리까지 단번에 가능하다는 강력한 실용성을 보여준다.

넷째, 챗GPT는 접근성과 연동성이 뛰어나다.

챗GPT는 브라우저만 있으면 바로 사용할 수 있으며 VS Code, Jupyter Notebook, 노션Notion, 슬랙Slack, 옵시디언Obsidian, 엑셀Excel 등 다양한 실무 도구와도 쉽게 연동된다. 따라서 복잡한 SQL 시나리오, 실행 계획 비교, 문서 기반 분석에도 매우 적합하다고 판단되며 코딩, 문서 요약, 시각화, 보고서 자동 생성 등 다양한 업무에도 연계되어 SQL 생성 이상의 통합 업무 파트너로 활용이 가능하다.

물론 챗GPT도 100% 완벽하지는 않으므로 대용량 트랜잭션 처리나 실행 계획의 정밀 분석 등에서는 여전히 사람의 판단이 필요하며 특히 가끔은 틀린 정보를 사실처럼 제시할 수도 있기 때문에 복잡한 DB 환경에서는 추가 검증이 반드시 필요하다. 하지만 반복적인 SQL 작성, 요구사항 기반 쿼리 생성, 튜닝 추천, 쿼리 리팩터링과 같은 작업에서 챗GPT는 실무자에게 확실한 시간 절약과 생산성 향상을 제공할 수 있는 '믿을 수 있는 AI 조력자'가 되어줄 것이다.

3.1 챗GPT의 작동 원리와 한계

챗GPT는 어떻게 작동하는가?

챗GPT는 OpenAI에서 개발한 대규모 언어 모델Large Language Model(LLM)로 인간처럼 자연스러운 언어를 이해하고 생성할 수 있는 능력을 갖추고 있다. 핵심 기술은 트랜스포머Transformer라는 딥러닝 기반 구조인데 2017년 구글Google에서 발표한 이 아키텍처는 현재 거의 모든 최신 LLM의 기반이 되고 있다. 트랜스포머는 단어와 단어 사이의 관계를 어텐션 메커니즘을 통해 계산하며 입력된 문장의 전후 맥락을 고려해 다음에 나올 단어를 예측하는 방식으로 작동한다. 예를 들어 사용자가 다음과 같은 프롬프트를 입력했다고 가정해보자.

> 지난 3개월 동안 서울 지역의 매출 데이터를 분석할 수 있는 SQL을 생성해줘.

이 문장은 단순한 질문이 아니라 시간 조건 + 지역 조건 + 분석 요청이라는 복합적인 요소를 포함하고 있다. 챗GPT는 이러한 입력을 처리하면서 다음과 같은 과정을 거친다.

1. 문장을 토큰 단위로 나눈다.
2. 각 단어의 위치, 의미, 주변 단어와의 관계를 벡터(숫자)로 변환한다.
3. 내부 신경망이 이 벡터들을 조합하여 다음에 생성될 토큰(예: SELECT, FROM 등)을 예측한다.
4. 가장 확률이 높은 단어를 선택하고 이어지는 문장을 계속 생성한다.

이러한 방식은 단순히 단어를 이어 붙이는 것이 아니라 수많은 데이터로부터 학습한 패턴을 바탕으로 문법적, 의미적으로 자연스럽고 타당한 문장을 생성하도록 해준다.

빠른 이해 LLM이란?

LLM은 방대한 양의 텍스트 데이터를 학습하여 사람처럼 자연어를 이해하고 생성할 수 있는 AI 모델이다. 이 지능형 시스템은 단순한 문장 생성 도구를 넘어서 질문에 답변하고 문서를 요약하며 번역, 코드 생성, SQL 작성, 지식 탐색, 대화 등 다양한 언어 기반 작업을 자동화할 수 있다. 이런 이유로 LLM은 흔히 '생성형 AI'의 핵심 엔진으로 불린다.

SQL 작성에 왜 챗GPT가 적합한가?

챗GPT는 정형화된 문법과 패턴을 가진 언어에 특히 강한 성능을 보인다. 따라서 SELECT, FROM, WHERE, JOIN, GROUP BY 등과 같은 키워드 및 일정한 구조를 기반으로 하는 SQL은 GPT 계열 모델에게 매우 익숙한 언어라고 할 수 있다. 게다가 챗GPT는 단순히 쿼리를 생성하는 데 그치지 않고 다음과 같은 기능까지도 수행이 가능하다.

- SQL 쿼리의 의미 해석 및 설명
- 쿼리의 리팩터링 및 성능 개선 제안
- 오류 메시지에 대한 해석과 해결책 제안
- 자연어 요구사항을 SQL로 변환

즉, SQL을 잘 모르는 사용자도 비즈니스 요구사항만 자연어로 입력하면 챗GPT가 이를 이해하고 쿼리로 바꿔주는 것이 가능하며 SQL을 잘 아는 전문가 역시 챗GPT를 통해 반복적인 생성 · 튜닝 작업을 훨씬 빠르게 수행할 수 있다.

작동 원리만큼 중요한 한계점 파악

그러나 아무리 강력한 AI라도 100% 완벽할 수는 없다(적어도 현재는). 따라서 챗GPT를 SQL 작업에 활용 시 반드시 인지해야 할 기술적 한계와 주의해야 할 사항들이 존재한다.

① 환경 인식의 한계

챗GPT는 사용자의 실제 DB 환경, 즉 스키마 구조, 인덱스 유무, 데이터 양, 제약조건, 트랜잭션 처리 방식 등에 대해 아무런 정보를 알지 못한다. 이는 곧 챗GPT가 생성한 쿼리가 실행 계획상 비효율적일 수 있고 성능을 저하시키는 구조를 가질 가능성이 있다는 의미이다.

또한, 특정 DBMS의 문법적 차이를 인식하지 못하고 PostgreSQL 스타일로 작성한 쿼리를 MySQL에서 사용하려 하거나 오라클 전용 함수를 다른 DBMS에서 사용하는 등의 오류도 발생할 수 있다(물론 프롬프트에 명확하게 지시를 해놓으면 이와 같은 실수를 저지를 확률은 미미하다고 본다).

② 실시간 반영 불가

챗GPT는 학습된 데이터에 기반한 모델이기 때문에 현재의 테이블 상태나 실시간 데이터 흐름을 반영할 수 없다. 사용자가 테이블 구조를 변경했거나 새로운 조건이 생겼더라도 이를 직접 설명하지 않는 이상 챗GPT는 이를 알 수 없으며 자연어로 충분한 정보를 제공하지 않으면 잘못된 데이터를 출력할 가능성이 높다.

협업 파트너로서 챗GPT 활용하기

챗GPT는 어디까지나 SQL 작성자를 대신하는 존재가 아니라 작성자를 보조하는 강력한 조력자이다. 특히 다음과 같은 목적에 한해 큰 효과를 발휘할 수 있다.

- 반복적인 SQL 생성 자동화
- 초안 쿼리 생성 및 설명
- 성능 향상을 위한 대안 제시
- 프롬프트 기반 튜닝 시나리오 구성

따라서 사용자는 챗GPT의 작동 원리와 한계를 이해한 상태에서 다음과 같은 전략을 취할 필요가 있다.

- 쿼리에 필요한 정보(테이블 구조, 칼럼명, 조건 등)를 명확하게 제공하기
- 챗GPT가 작성한 SQL을 무조건 반영하지 말고 반드시 검토하기
- 복잡한 쿼리일수록 챗GPT와 점진적으로 협의하며 생성하기
- 실행 계획을 비교 분석하여 튜닝 여부 결정하기

챗GPT는 자연어를 이해하고 SQL을 생성해주는 강력한 도구이지만 그것을 어떻게 쓰느냐에 따라 성과는 완전히 달라질 수 있다. 도구의 작동 원리를 이해하고, 한계를 정확히 파악하고, 전략적으로 질문을 구성하고, 결과를 올바르게 해석하는 사용자가 결국 챗GPT를 가장 잘 활용하는 사람이 될 것이다. 이제 지금까지 배운 내용을 바탕으로 질문을 어떻게 구성하면 챗GPT가 더 정확하고 실용적인 SQL을 생성할 수 있는지에 대해 본격적으로 살펴보도록 하자.

3.2 프롬프트 엔지니어링 개념

AI가 인간의 언어를 이해하고 응답하는 시대에 '무엇을 묻느냐'는 '어떻게 답을 받느냐'보다 훨씬 더 중요해졌다. 특히 챗GPT 같은 대화형 인공지능 모델은 사용자의 입력 문장(프롬프트)을 바탕으로 다음에 이어질 텍스트를 예측하여 응답을 생성하기 때문에 프롬프트가 어떻게 구성되는가에 따라 아웃풋의 품질, 방향성, 정확도가 극적으로 달라질 수 있다.

프롬프트란?

프롬프트Prompt는 **AI에게 주는 '지시문' 또는 '명령문'**을 의미한다. 이는 간단한 질문일 수도 있고 구체적인 지시가 담긴 명령문일 수도 있다. 다음 문장들은 모두 프롬프트가 될 수 있다.

- "SELECT 쿼리를 작성해줘."
- "매출 데이터를 기준으로 지난 3개월의 평균을 구하는 SQL을 PostgreSQL 문법으로 작성해줘."
- "아래 SQL 쿼리를 튜닝해줘. 그리고 개선 전과 후의 실행 계획 차이를 설명해줘."

겉으로 보기엔 단순한 문장이지만 AI 모델의 동작 방식을 고려하면 이 문장은 그 자체로 모델의 응답 흐름을 결정하는 제어 신호가 된다. 즉, 프롬프트는 단순히 질문하는 방식이 아니라 AI와의 협업을 설계하는 도구라고 볼 수 있는 것이다.

프롬프트 엔지니어링이란?

프롬프트 엔지니어링 Prompt Engineering은 **원하는 결과를 얻기 위해 AI에 입력할 프롬프트를 전략적으로 설계하고 최적화하는 기술**을 말한다. 이 개념은 2022년 이후 챗GPT와 같은 대형 언어 모델(LLM)이 폭발적으로 사용되면서 하나의 직업 기술 수준으로 부각되었다. SQL을 작성하기 위한 프롬프트 엔지니어링의 핵심은 다음과 같다.

- **정확한 목표 설정**: 무엇을 원하는지 명확히 정의한다.
- **구체적인 조건 제시**: 대상 언어, DBMS, 출력 형식 등을 명확히 전달한다.
- **모델 행동 통제**: "예시를 보여줘", "단계별로 설명해줘", "SQL만 출력해" 등 응답 스타일을 제어한다.

예를 들어 다음 두 문장을 비교해보자.

간단한 프롬프트

> 매출 데이터를 분석해줘.

구체적인 프롬프트

> Oracle DB 기준으로 ORDERS 테이블의 월별 총매출을 구하는 SQL을 작성하고 결과를 샘플 테이블 형태로 출력해줘.

누가 봐도 두 번째 문장이 훨씬 더 구체적이고 AI가 이해하기 쉬운 구조로 되어 있음을 알 수 있다. 프롬프트 엔지니어링은 바로 이런 차이를 설계하고 핸들링하는 능력이다.

왜 프롬프트 엔지니어링이 필요한가?

프롬프트 엔지니어링은 단순한 말재주가 아니라 LLM 모델의 성능을 최대한 끌어내는 기술이다. 모델은 똑똑하지만 사용자가 원하는 바를 알아서 정확하게 이해하지는 못한다. 따라서 다음과 같은 이유로 프롬프트를 잘 설계하는 것이 중요하다.

- **응답 속도 향상**: 명확한 요청은 모델이 빠르게 핵심을 파악하게 만든다.
- **반복 작업 자동화**: 잘 설계된 프롬프트는 템플릿처럼 재사용이 가능하여 작업의 생산성을 높인다.
- **에러 방지**: 조건이 불분명하면 모델은 그럴듯하게 잘못된 결과를 만들어내는 환각 현상을 일으킬 수 있다. 프롬프트 하나가 SQL 작성의 성공과 실패를 가르는 분기점이 될 수도 있는 것이다.

빠른 이해 **환각 현상이란?**

환각 현상Hallucination은 인공지능 언어 모델이 실제로 존재하지 않거나 사실이 아닌 정보를 사실인 것처럼 그럴듯하게 생성하는 일종의 오류 현상을 의미한다. 예를 들어 챗GPT에게 SQL 쿼리를 요청했을 때 존재하지 않는 테이블명이나 칼럼명을 포함한 쿼리를 만들어내는 경우가 이에 해당한다. 이는 모델이 정답을 이해하는 것이 아니라 학습된 패턴을 바탕으로 가장 그럴듯한 문장을 예측하는 방식으로 작동하기 때문이다. 따라서 AI의 출력 결과를 활용할 때는 반드시 사용자가 정확성 여부를 검증하고 검토하는 절차가 필요하다.

프롬프트 설계의 기본 구성

프롬프트를 설계하는 데는 다음과 같은 구성 요소가 필요하다.

표 3-1 프롬프트의 기본 구성 요소

구성 요소	설명	예시
명령(Action)	무엇을 할지	"SQL 작성해줘", "튜닝해줘"
대상(Context)	어떤 데이터/도메인인지	"ORDERS 테이블", "매출 데이터"
조건(Condition)	어떤 필터나 기준이 있는지	"지난 3개월", "서울 지역"
형식(Format)	출력 결과의 형식	"SQL만 출력해", "결과 데이터 예시를 표로 보여줘"
역할(Role)	모델에게 역할을 부여	"너는 SQL 전문가야"

구성 요소를 바탕으로 프롬프트를 한번 작성해보자.

> 너는 SQL 성능 튜닝 전문가야.
> 다음 쿼리를 오라클 기준으로 분석하고, 실행 계획을 기반으로 튜닝 방안을 제시해줘.

이처럼 프롬프트는 하나의 요청이자 모델에게 맥락을 부여하는 시나리오라고 볼 수 있다.

SQL 작성을 위한 프롬프트 예시

다음은 SQL 작업에서 활용되는 간략한 프롬프트의 예시이다.

① 단순 쿼리 생성

> PostgreSQL 기준으로 고객 테이블에서 최근 30일 내 가입한 고객 정보를 SELECT 문으로 출력해줘.

② 분석 쿼리 생성

> 매출 테이블에서 카테고리별 월별 매출 합계를 구하는 집계 쿼리를 생성해줘.
> 출력 형식은 CATEGORY, MONTH, TOTAL_SALES 순이야.

③ 튜닝 요청

> 아래 쿼리 수행 시간이 1분 30초야.
> 실행 계획을 검토한 뒤 튜닝 방법을 제안해줘.
> 인덱스 활용 방안도 알려줘.

④ 리팩터링

> 아래 SQL을 윈도우 함수로 리팩터링해줘.
> 그리고 리팩터링 전후의 성능 차이를 설명해줘.

하지만 이런 형태의 프롬프트도 완벽하지는 않다. 앞으로 단순한 요청을 넘어서 SQL 개발의 다양한 상황을 AI에게 정교하게 전달하는 방법에 대해 더 알아볼 것이다.

프롬프트 엔지니어링의 실무 가치

실무에서는 다음과 같은 용도로 프롬프트 엔지니어링을 적극 활용할 수 있다.

- **비즈니스 요구사항을 SQL로 변환**

  예) "전월 대비 이번 달 주문 건수가 증가한 고객 리스트" 같은 문장을 SQL로 자동 전환
- **자동화된 반복 쿼리 생성**

  예) 매일 혹은 매주 생성되는 보고서용 쿼리를 일정 패턴으로 자동화
- **튜닝 피드백 루프**

  예) 실행 계획 → AI 분석 → 리팩터링 → 성능 테스트 → 재튜닝 과정을 반복하며 개선
- **모델링 기반 SQL 요청**

  예) ERD 기반 테이블 구조를 프롬프트에 포함시켜 정확도 높은 쿼리 생성

프롬프트 엔지니어링은 챗GPT와 같은 대형 언어 모델을 생산성 있는 업무 파트너로 승화시키는 핵심 기술이다. 질문을 어떻게 구성하느냐에 따라 결과의 품질은 천차만별이 되며 특히 SQL 생성과 튜닝처럼 구조화된 작업에서는 그 중요성이 더욱 부각된다. 이 장에서 배운 프롬프트 엔지니어링 개념을 바탕으로 이제는 SQL을 자동으로 생성하고 튜닝하는 프롬프트 설계 전략의 세계로 나아가보도록 하자.

3.3 자연어와 SQL 간의 변환 메커니즘

> 지난달 신규 가입한 고객 중 연령대가 2~30대인 고객의 리스트를 보여줘.

사용자 입장에서는 자연스럽고 단순한 이 한 문장을 AI는 어떻게 SQL로 바꾸는 것일까?

AI가 자연어를 해석해 SQL 쿼리를 자동으로 생성해주는 과정을 우리는 **자연어 → SQL 변환** 또는 **NL2SQL**Natural Language to SQL이라고 부른다. 이 장에서는 챗GPT와 같은 대형 언어 모델이 어떻게 자연어 문장을 분석하고 이를 정형화된 SQL 문장으로 바꾸는지를 구체적으로 살펴보도록 하겠다.

자연어를 SQL로 변환하는 과정은 크게 다음과 같은 단계로 이뤄진다.

1. **문장 이해(Semantic Parsing)**: 자연어 문장에서 의미 있는 요소(주어, 조건, 대상)를 추출하고 문맥을 파악한다.
2. **구문 구조 매핑(Query Mapping)**: 의미 요소를 SQL 구조에 맞게 정렬하고 매핑한다(SELECT, WHERE, GROUP BY 등).
3. **문법 생성(SQL Syntax Generation)**: SQL 문법 규칙에 따라 적절한 쿼리 문자열을 생성한다.
4. **출력 형식 최적화(Formatting & Enhancement)**: 들여쓰기, 줄 바꿈, 주석 등 읽기 좋은 형태로 출력하거나 예시 데이터를 함께 생성한다.

이 전체 과정을 이제까지 학습된 패턴과 문맥 이해 능력을 바탕으로 수행하는 것이다.

자연어 이해: 의미를 파악하는 능력

AI가 자연어를 SQL로 바꾸기 위해서는 먼저 '무엇을 하고 싶은지'를 정확히 이해해야 한다. 이때 핵심은 문장에서 다음과 같은 요소를 추출하는 것이다.

표 3-2 문장에서 추출할 요소의 종류

추출 대상 요소	예시 문장에서의 실제 값
대상 테이블	고객 테이블 (예: CUSTOMERS)

조건	신규 가입, 지난달, 2~30대
출력 항목	고객 이름, 가입일, 성별
정렬 방식	가입일 내림차순 (문맥에 따라 생략 가능)

예를 들어, "지난달 신규 가입한 고객 중 연령대가 2~30대인 고객의 이름, 가입일, 성별을 보여줘"라고 프롬프트를 작성한 경우 AI는 다음과 같은 형태로 의미를 추출한다.

- **FROM 절**: 고객 테이블
- **WHERE 절**:
  가입일 – 지난달 1일부터 마지막 날까지
  연령대 – 20살부터 39살까지
- **SELECT 항목**: 이름, 가입일, 성별

이러한 추상적 의미 추출은 GPT 모델이 학습한 수많은 자연어–SQL 쌍(pair) 데이터에서 패턴 인식을 통해 이루어진다.

SQL 구조 매핑: 언어 → 논리 변환

문장에서 의미가 추출되었다면 이를 SQL의 구조로 변환하는 작업이 필요하다. SQL은 일반적인 프로그래밍 언어보다 훨씬 더 정형화된 구문 구조를 갖고 있기 때문에 다음과 같은 기본 패턴을 따라야 한다.

```
SELECT [열 목록]
FROM [테이블명]
WHERE [조건]
GROUP BY [그룹화 기준]
ORDER BY [정렬 기준]
```

자연어 문장에서 추출한 의미 요소는 이 구조에 맞춰 매핑된다. 예를 들어 사용자가 다음과 같이 말할 경우 AI는 이를 다음과 같이 구조화한다.

상품 카테고리별로 월간 매출 합계를 보여줘.

- **SELECT**: CATEGORY, SUM(SALES_AMOUNT)
- **FROM**: SALES
- **GROUP BY**: CATEGORY, MONTH
- **WHERE**: [필요 시] 날짜 조건

이처럼 모델은 의미를 파악한 후 구조화된 쿼리로의 변환을 학습 기반으로 수행한다. 따라서 사용자가 명확한 문장 구조로 말할수록 정확도는 높아진다고 볼 수 있다.

챗GPT가 사용하는 방식: 예측 기반 생성

GPT 계열 모델은 입력된 문장의 의미를 100% 해석하는 것이 아니라 문맥상 다음에 올 단어를 확률적으로 예측하는 방식으로 작동한다. 명령형 프로그래밍과는 근본적으로 다르므로 이를 이해하는 것이 중요하다. 예를 들어 다음과 같은 프롬프트가 주어졌다고 가정해보자.

Oracle 기준으로 지난달 신규 회원 목록을 구하는 SQL을 작성해줘.

모델은 이 프롬프트를 보고 과거 학습 데이터를 기반으로 '아마도 처음에는 SELECT가 올 것이다'라고 예측한 뒤 그다음에는 FROM, WHERE 등의 순서로 이어지는 구문을 생성한다.

```
SELECT *
FROM CUSTOMERS
WHERE JOIN_DATE >= ADD_MONTHS(TRUNC(SYSDATE, 'MM'), -1)
   AND JOIN_DATE < TRUNC(SYSDATE, 'MM');
```

GPT는 이처럼 구조화된 문법 패턴을 수천만 건 이상 학습했기 때문에 실제로는 논리적 분석이라기보다는 통계적 예측에 가까운 방식으로 SQL을 생성한다고 볼 수 있다.

정확도에 영향을 주는 요소

AI가 생성하는 SQL의 품질은 다음 요소에 크게 영향을 받는다.

표 3-3 SQL 품질에 영향을 주는 요소

요소	설명
입력 문장의 명확성	모호한 단어(예: "최근", "많은" 등)는 예측의 정확도를 낮춘다.
DBMS 명시 여부	PostgreSQL, Oracle 등 DBMS 정보를 명시하면 정확한 문법이 적용된다.
테이블 구조 제공 여부	테이블과 칼럼명이 정확히 전달되면 더 정확도 높은 쿼리가 생성된다.
출력 방식 요구	"SQL만 출력해줘", "설명 포함해줘" 등의 요구사항 설정이 필요하다.

실제로 많은 실패 사례는 프롬프트가 부정확하거나 모델이 충분한 맥락을 알지 못해서 발생한다는 점을 꼭 기억하자.

AI가 만든 SQL의 한계와 응용 전략

자연어를 SQL로 바꾸는 과정은 놀랍도록 효과적이지만 몇 가지 한계점도 분명 존재한다.

표 3-4 자연어를 SQL로 변환하는 과정의 한계

한계 유형	설명	예시
테이블 구조를 모른 채 생성	프롬프트에서 테이블 구조를 제공하지 않으면 AI는 칼럼명을 추정해 SQL을 작성한다.	실제 칼럼명은 sales_amount인데 AI가 revenue로 추정해 오류 발생
의미 해석 오류	자연어의 의미를 잘못 해석해 SQL로 변환할 수 있다.	'누적 매출'을 단순 합계(SUM)로 처리하거나, 복합 조건을 하나의 조건으로 단순화
복잡한 논리 구조에서의 오차	JOIN, 서브쿼리, 집계+필터 등 복잡한 구조의 쿼리에서는 정확도가 떨어진다.	3개 이상의 테이블 JOIN, 서브쿼리 포함 시 잘못된 결과 반환
비즈니스 룰 이해 불가	기업마다 다른 개념이나 규칙을 AI가 스스로 파악할 수 없다.	'VIP 고객'이 특정 구매 금액 기준임을 명시하지 않으면 AI가 임의로 정의

따라서 자연어로 SQL을 작성할 때는 다음 전략을 따르면 더 정확한 결과를 얻을 수 있다.

표 3-5 AI에게 SQL을 더 정확하게 요청하는 전략

전략	설명	예시
DBMS를 명시하기	데이터베이스마다 SQL 문법이 조금씩 다르기 때문에, 어떤 DBMS를 기준으로 작성할지 명확히 해야 한다.	"MySQL 기준으로 작성해줘", "PostgreSQL에 맞게 만들어줘"
테이블 · 칼럼 구조 제공하기	AI가 실제 테이블 구조를 모르기 때문에, ERD 일부나 DDL 스니펫을 함께 제공하면 정확도가 높아진다.	"아래는 ORDERS 테이블 구조야. 이 정보를 참고해서 쿼리를 작성해줘." [ORDERS 테이블 스키마]
출력 형식 요구사항 설정하기	원하는 결과물을 명시해야 불필요한 설명이나 잘못된 출력 형식을 피할 수 있다.	"쿼리만 보여줘", "쿼리와 간단한 설명을 함께 보여줘", "결과를 표 형식으로 요약해줘"
단계적으로 요청하기	한 번에 완성된 쿼리를 요구하기보다, 조건 → 필터 → 정렬 → 집계 순으로 점진적으로 생성하면 정확성이 높아진다.	"먼저 조건문만 만들어줘 → 이제 정렬을 추가해줘 → 마지막으로 집계를 넣어줘"
성능 검토 질문 활용하기	단순 쿼리 작성뿐 아니라, 성능 향상과 최적화를 위한 검토를 함께 요청하면 더 유용한 피드백을 받을 수 있다.	"이 쿼리에 성능 병목이 있을까?", "인덱스를 추천해줘"

자연어를 SQL로 변환하는 능력은 챗GPT와 같은 LLM이 실무에서 유용한 주된 이유 중 하나라고 볼 수 있다. 하지만 단순한 기교로 보아서는 안 되며 모델이 어떻게 문장을 분석하고 어떤 구조로 쿼리를 생성하며 어떤 상황에서 오작동할 수 있는지를 이해한 상태에서 사용해야 그 진가를 발휘할 수 있을 것이다.

앞으로는 AI에게 "SQL을 작성해줘"라고 말하는 일이 점점 많아질 것이다. 그럴수록 사용자 또한 자연어와 SQL 간의 메커니즘을 이해하고 AI의 파트너로서 의도를 정확히 전달하는 기술을 갖춰야 한다.

Chapter 4

효율적인 프롬프트 작성법

AI에게 잘 묻는 기술, 즉 프롬프트 작성법은 이제 단순한 요령이 아닌 SQL 생성과 튜닝의 정확도를 좌우하는 실무 역량이 되었다. 이 장에서는 챗GPT에게 SQL을 요청할 때 어떻게 질문하면 더 정확하고 실용적인 결과를 얻을 수 있는지, 그 핵심 전략과 실무형 템플릿을 실제 예제와 함께 살펴볼 것이다.

첫째, 프롬프트는 AI와의 계약서다.

SQL 자동화를 위해서는 DBMS 정보, 대상 테이블의 스키마, 필터 조건, 출력 형식까지 명확히 지정해야 하며 이러한 프롬프트 구조는 챗GPT의 응답 품질을 결정짓는 핵심 요인이 된다.

둘째, 목적과 맥락을 알려줘야 한다.

단순히 데이터를 뽑는 것이 아니라, 왜 뽑는지를 알려주면 AI는 훨씬 더 맥락에 맞는 쿼리를 생성할 수 있다. 예를 들어 "매출을 뽑아줘" 보다는 "주간 리포트 작성을 위한 기간별 누적 매출"이라고 명시하는 것이 집계 방식이나 정렬 방향 등에서 훨씬 실용적인 쿼리를 얻을 수 있게 한다.

셋째, 프롬프트는 반복과 확장이 가능해야 한다.

실무에서는 질문을 통해 하나의 쿼리뿐만 아니라 수십 개의 유사한 쿼리를 만들어야 할 때가 많다. 이럴 때는 다음과 같이 조건만 바꾸면 바로 사용할 수 있는 템플릿형 프롬프트가 매우 유용하다.

> 다음의 테이블 구조를 참고하여 월별 지역별 집계 쿼리를 생성해줘.
> 조건: 기간은 2025년 1월부터 6월까지, 지표는 총 매출, 기준은 지역별.

이렇게 질문을 구조화하면 팀 단위의 SQL 자동화에도 적용할 수 있다.

넷째, AI에게 명확한 역할과 출력을 지정하는 것이 좋다.

챗GPT는 명령을 받는 입장이기 때문에 "너는 지금 SQL 튜닝 전문가야", "이 쿼리의 실행 계획을 오라클 기준으로 분석해줘", "쿼리만 출력하고 설명은 하지 않아도 돼"처럼 역할Role과 출력 제어Output Control를 명확하게 지정하면 훨씬 안정된 결과를 받을 수 있다. 특히 조건이 많은 복합 프롬프트에서는 "결과만 출력"이나 "쿼리와 설명을 구분" 같은 요청이 유용하다.

이 장에서는 SQL 실무에 최적화된 프롬프트를 작성하는 법을 중심으로 질문 하나로 결과가 얼마나 달라지는지를 직접 비교하고 팀과 조직에서도 바로 활용 가능한 질문 템플릿을 만드는 방법을 함께 배워보도록 하겠다.

4.1 좋은 질문과 나쁜 질문 예시

지금부터 AI에게 SQL을 요청할 때 어떤 질문이 좋은 질문이고 어떤 질문이 오해를 불러일으키는지를 구체적인 예시와 함께 알아보도록 하자.

나쁜 질문은 왜 문제가 될까?

> 고객별 매출 쿼리 좀 만들어줘.

이 질문은 겉보기에는 간단해 보이지만, 핵심 정보가 빠져 있다. AI는 누락된 정보를 스스로 추측해야 하며 그 결과 부정확하고 추상적인 쿼리가 생성될 가능성이 높다.

표 4-1 누락된 정보에 따른 문제점

누락된 정보	AI의 추측	문제점
테이블 구조	'고객'과 '매출'이 각각 어떤 테이블에 있는지 추정	존재하지 않는 테이블명이나 칼럼명을 임의로 생성
칼럼 정보	매출 금액이 저장된 칼럼명을 추정	실제 칼럼(sales_amount) 대신 revenue처럼 잘못된 이름 사용
기간 조건	날짜 조건이 필요한지 모름	전체 데이터 집계 등 부정확한 결과 발생
집계 여부	단순 조회인지 합계/평균인지 판단 불가	잘못된 GROUP BY나 SUM 처리
DBMS 정보	사용하는 SQL 문법을 알 수 없음	MySQL · PostgreSQL 등 DBMS별 문법 차이로 오류 발생

결국 이런 질문은 AI가 추측 기반으로 쿼리를 작성하게 만들며 사용자는 그 결과를 다시 수정, 검토해야 하는 번거로움을 겪게 된다.

좋은 질문의 조건

좋은 질문은 다음 4가지 요소를 포함해야 한다.

표 4-2 AI에게 필요한 좋은 질문

요소	내용	예시
명확한 목표	무슨 결과가 필요한지 구체적으로 설명한다.	"상품별 월 매출 합계를 보여줘"
조건 지정	기간, 지역, 필터링 조건 등을 명확히 제시한다.	"2025년 1월부터 6월까지, 서울 지역만"
데이터 구조 공유	테이블 스키마를 제공한다(사용할 테이블과 주요 칼럼 등).	"SALES 테이블: SALE_DATE, REGION, AMOUNT"
출력 요구	형식, 정렬, 집계 방법 등을 구체적으로 지정한다.	"최근 순으로 정렬하고 TOP 10만 보여줘"

그럼 나쁜 질문들을 어떻게 좋은 질문으로 바꿀까? 구체적인 예시로 좀 더 명확하게 이해해 보자.

표 4-3 나쁜 질문을 좋은 질문으로 개선한 예시

나쁜 질문	문제점	개선된 질문
"최근 매출 알려줘"	최근의 기준이 불명확하고, 대상 테이블 정보가 없음.	"ORDERS 테이블에서 30일간의 일별 매출 합계를 보여줘(PostgreSQL 기준)" [ORDERS 테이블 칼럼 정보 제공]
"고객 분석 SQL 작성해줘"	분석 기준, 조건, 지표가 없음.	"CUSTOMERS 테이블에서 2025년 기준 연령대별 고객 수를 집계해줘. 연령대는 10 단위로 구분해줘." [CUSTOMERS 테이블 칼럼 정보 제공]
"이 쿼리 좀 고쳐줘"	어떤 문제가 있는지 설명하지 않음.	"아래 쿼리가 에러가 나는데 이유를 분석해줘. Oracle 기준이고 오류 내용은 다음과 같아…."
"그냥 쿼리만 줘"	컨텍스트 부족으로 불안정한 결과 발생.	"쿼리만 출력해줘. 설명 없이 Oracle 기준 SQL만 주면 돼."

프롬프트를 쓸 때는 다음과 같은 순서를 따르면 AI가 더 정확하게 이해할 수 있다.

1. **역할 지정 및 출력 지시**: "너는 SQL 전문가야", "튜닝 포인트를 함께 설명해줘"
2. **DBMS 명시**: "Oracle 기준", "PostgreSQL에서…"
3. **테이블 구조 공유:** "ORDERS 테이블에는 ORDER_DATE, REGION, AMOUNT 칼럼이 있음"
4. **요청 목적 명시**: "월별 집계", "TOP 10 추출", "이상 거래 탐지"
5. **출력 형식 또는 제한 지정**: "주문일자(YYYY-MM-DD 포맷)", "주문금액의 총합", "최신 순 정렬"
6. **필터링 조건 정의**: "2023 ~2025년 데이터(최근 3년)"

테이블 구조를 공유할 때에는 가능하면 해당 테이블의 DDL 스크립트를 공유하는 것이 가장 정확하다. 이 프롬프트 구조는 챗GPT에게 정확한 입력을 제공함으로써 실무에 바로 적용할 수 있는 SQL 결과를 받을 확률을 높여준다. 다음은 실제 같은 의도를 가지고서 챗GPT에게 각각 다른 질문을 했을 경우의 예이다(참고로 제공되는 스크립트와는 무관하다).

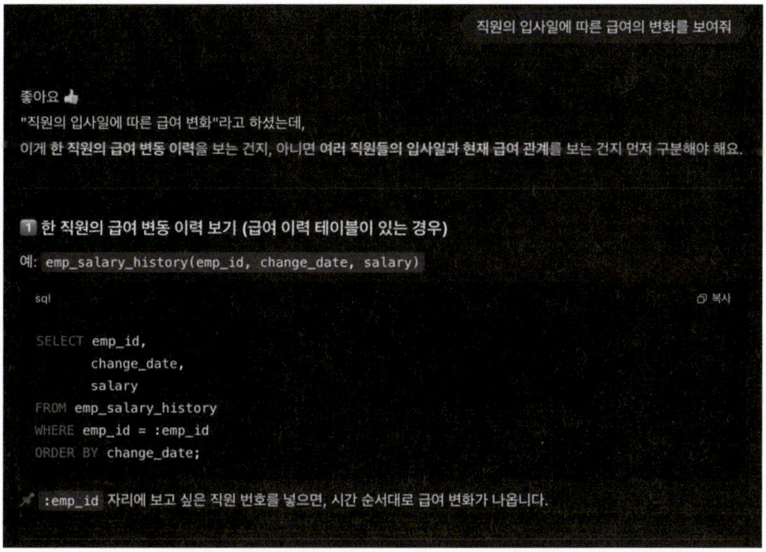

그림 4-1 간단한 질문을 던졌을 때 AI 답변

답변으로 제시한 쿼리가 전반적으로 나쁘지는 않지만 실제로 돌려보면 해당 테이블이 없다는 에러가 발생한다.

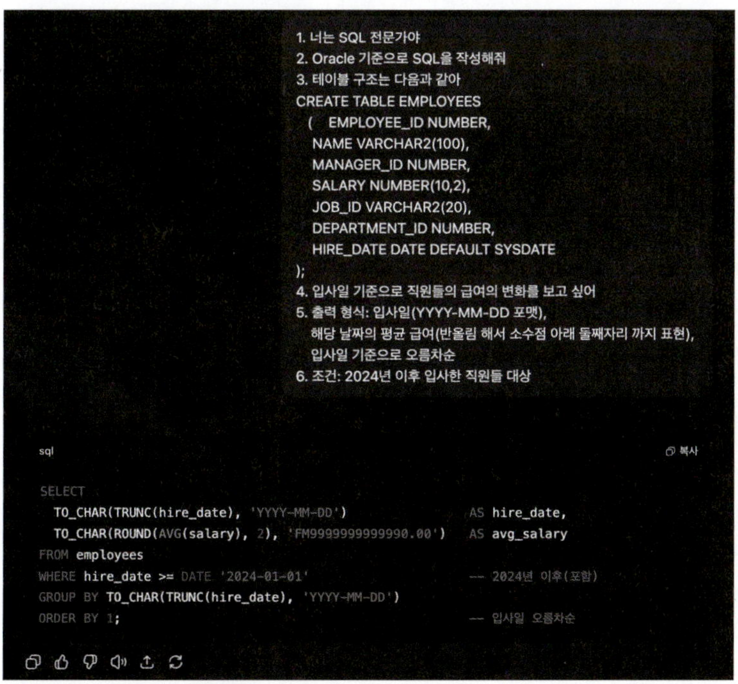

그림 4-2 자세한 요청을 했을 때 AI 답변

AI에게 구체적이고 자세하게 요청해서 얻은 쿼리이다. 이를 그대로 복사해서 붙여넣기한 뒤 실행해보면 원하는 데이터가 출력되는 것을 확인할 수 있다.

4.2 편리한 SQL 작성을 위한 프롬프트 템플릿

여기서부터는 다양한 상황에서 바로 활용할 수 있는 **SQL 생성 프롬프트 예시**를 살펴보자. 앞서 배웠듯 각 예시는 단순한 요청 문장을 넘어, AI가 정확하게 이해하고 실행할 수 있도록 구조화된 형태로 되어 있다. 프롬프트를 구성할 때 어떤 정보가 포함되어야 하는지 함께 살펴보면 좋다.

매출 데이터 월별 집계

이 예시는 기간 집계, 필터 조건, 정렬 기준을 함께 명확히 제시한 전형적인 좋은 프롬프트다. 실제 업무에서도 "월별 매출", "분기별 요약", "지역별 비교" 등으로 쉽게 변형 가능하다.

너는 SQL 전문가야.
PostgreSQL 기준으로 SQL을 작성해줘.
테이블 구조는 다음과 같아.

```
CREATE TABLE SALES (
    SALE_ID SERIAL PRIMARY KEY,
    SALE_DATE DATE,
    REGION VARCHAR(50),
    CATEGORY VARCHAR(50),
    SALES_AMOUNT NUMERIC
);
```

2024년 월별 총 매출 합계를 집계하고, 매출이 높은 순서로 정렬해줘. 결과는 MONTH, TOTAL_SALES 칼럼으로 출력해줘. 모든 지역 데이터를 포함하되, category는 'Electronics'만 포함해줘.

```sql
-- 2024년 월별 총 매출(카테고리: Electronics), 매출 높은 순 정렬
SELECT
  TO_CHAR(DATE_TRUNC('MONTH', SALE_DATE), 'YYYY-MM') AS MONTH,
  SUM(SALES_AMOUNT) AS TOTAL_SALES
FROM SALES
WHERE CATEGORY = 'Electronics'
  AND SALE_DATE >= DATE '2024-01-01'
  AND SALE_DATE <  DATE '2025-01-01'
GROUP BY DATE_TRUNC('MONTH', SALE_DATE)
ORDER BY TOTAL_SALES DESC;
```

Tip. 월이 비어 있어도(매출 0) 모두 보여주고 싶다면 GENERATE_SERIES를 이용해 캘린더를 만들고 LEFT JOIN하면 된다.

```sql
-- 2024년 1~12월 전체 월을 포함(매출 0도 표시)
WITH MONTHS AS (
  SELECT GENERATE_SERIES(DATE '2024-01-01', DATE '2024-12-01', INTERVAL '1 MONTH') AS
M
)
SELECT
  TO_CHAR(M.M, 'YYYY-MM') AS MONTH,
  COALESCE(SUM(S.SALES_AMOUNT), 0) AS TOTAL_SALES
FROM MONTHS M
LEFT JOIN SALES S
ON DATE_TRUNC('MONTH', S.SALE_DATE) = M.M
AND S.CATEGORY = 'Electronics'
GROUP BY M.M
ORDER BY TOTAL_SALES DESC;
```

상위 고객 TOP 10 조회

이번에는 집계, 정렬, 순위 제한이라는 세 가지 핵심 로직을 다루는 좋은 예시다. 특히 정렬 기준을 복수로 지정해 결과의 일관성을 높인 점이 중요하다.

너는 SQL 전문가야. MySQL 기준으로 SQL을 작성해줘.

테이블 구조는 다음과 같아.

```
CREATE TABLE ORDERS (
    ORDER_ID INT PRIMARY KEY,
    CUSTOMER_ID INT,
    ORDER_DATE DATE,
    AMOUNT DECIMAL(10, 2)
);
```

2025년 1월~6월 동안 주문 금액이 가장 높은 고객 TOP 10을 조회해줘.

CUSTOMER_ID, TOTAL_AMOUNT 칼럼으로 출력해줘. TOTAL_AMOUNT 기준 내림차순으로 정렬하고 동점일 경우 CUSTOMER_ID 오름차순으로 정렬해줘.

```
SELECT
    CUSTOMER_ID,
    SUM(AMOUNT) AS TOTAL_AMOUNT
FROM ORDERS
WHERE ORDER_DATE >= '2025-01-01'
AND ORDER_DATE <= '2025-06-30'
GROUP BY CUSTOMER_ID
ORDER BY TOTAL_AMOUNT DESC, CUSTOMER_ID ASC
LIMIT 10;
```

- 복합 정렬과 TOP 제한 조건을 명확히 포함하고 있어 실무 SQL 작성의 기본 패턴으로 활용 가능하다.
- 정확한 결과 재현성이 필요할 때(예: 리포트 자동화, 대시보드 집계)에 유용하다.

주문 데이터에서 이상 거래 탐지

이번 예시는 복합 조건(빈도 + 금액 합계)을 이용해 이상 거래를 판별하는 쿼리를 요청하는 프롬프트다. 단순 집계를 넘어 '특정 기준을 만족하는 고객만 추출'하는 형태로, 데이터 분석과 모니터링 자동화에 유용한 패턴이다.

너는 SQL 전문가야.

Oracle 기준으로 SQL을 작성해줘.

테이블 구조는 다음과 같아.

```
CREATE TABLE TRANSACTIONS (
    TRANSACTION_ID NUMBER PRIMARY KEY,
    CUSTOMER_ID NUMBER,
    TRANSACTION_DATE DATE,
    TRANSACTION_AMOUNT NUMBER
);
```

하루에 3회 이상 거래가 발생하고, 거래 금액 합계가 500만 원 이상인 고객 목록을 조회해줘.

결과는 CUSTOMER_ID, TRANSACTION_DATE, TOTAL_AMOUNT, TRANSACTION_COUNT 칼럼으로 출력해줘.

TRANSACTION_DATE 는 2024년 1월 1일부터 2024년 12월 31일까지로 제한해줘.

```
-- 하루 3회 이상 거래 & 일합계 5,000,000원 이상 (2024-01-01 ~ 2024-12-31)
WITH F AS (
  SELECT
    CUSTOMER_ID,
    TRUNC(TRANSACTION_DATE) AS TRANSACTION_DATE,  -- 일 단위로 묶기
    TRANSACTION_AMOUNT
  FROM TRANSACTIONS
  WHERE TRANSACTION_DATE >= DATE '2024-01-01'
  AND TRANSACTION_DATE <  DATE '2025-01-01'     -- 2024년 전체(시간 포함) 안전 범위
)
SELECT
  CUSTOMER_ID,
  TRANSACTION_DATE,
  SUM(TRANSACTION_AMOUNT) AS TOTAL_AMOUNT,
  COUNT(*)                AS TRANSACTION_COUNT
FROM F
GROUP BY CUSTOMER_ID, TRANSACTION_DATE
HAVING COUNT(*) >= 3
```

```
AND SUM(TRANSACTION_AMOUNT) >= 5000000
ORDER BY TRANSACTION_DATE, CUSTOMER_ID;
```

- 단순 조회가 아닌 '탐지 목적형 SQL'의 대표적인 구조다.
- 집계와 필터링을 동시에 수행하므로 GROUP BY + HAVING 조건을 활용한 쿼리를 생성하도록 유도한다.
- 실제 업무에서는 거래 이상뿐 아니라 로그인 이상, 클릭수 급등, 비정상 패턴 탐지 등에도 변형하여 적용 가능하다.

다중 테이블 JOIN 분석

두 개 이상의 테이블을 조인해 통합 지표를 계산하는 프롬프트다. 특히, 주문이 없는 고객도 분석에서 제외되지 않도록 LEFT JOIN을 활용해 전체 데이터를 포괄하는 패턴을 보여준다.

너는 SQL 전문가야.
PostgreSQL 기준으로 SQL을 작성해줘.
테이블 구조는 다음과 같아.

```
CREATE TABLE CUSTOMERS (
    CUSTOMER_ID SERIAL PRIMARY KEY,
    CUSTOMER_NAME VARCHAR(100),
    REGION VARCHAR(50)
);

CREATE TABLE ORDERS (
    ORDER_ID SERIAL PRIMARY KEY,
    CUSTOMER_ID INT,
    ORDER_DATE DATE,
    AMOUNT NUMERIC
);
```

지역별 고객 수와 총 주문 금액을 함께 조회하는 쿼리를 작성해줘.

REGION, CUSTOMER_COUNT, TOTAL_SALES 칼럼으로 출력해줘.
결과는 REGION 오름차순으로 정렬하고 주문이 없는 고객도 포함해줘.

```
-- 지역별 고객 수와 총 주문 금액 (주문 없는 고객도 포함)
SELECT
    C.REGION AS REGION,
    COUNT(DISTINCT C.CUSTOMER_ID) AS CUSTOMER_COUNT,
    COALESCE(SUM(O.AMOUNT), 0) AS TOTAL_SALES
FROM CUSTOMERS C
LEFT JOIN ORDERS O
ON O.CUSTOMER_ID = C.CUSTOMER_ID
GROUP BY C.REGION
ORDER BY REGION ASC;
```

Tip. COALESCE 함수를 활용하면 주문이 없는 지역도 매출 합계를 0으로 표시할 수 있다.

Chapter 5

SQL을 위한 챗GPT 활용 패턴

AI가 단순히 질문에 답변만 하는 도구로 쓰이던 시기는 이미 지났다. 이제 우리는 패턴화된 활용 방식을 정립함으로써, AI를 활용하여 SQL 작성 · 튜닝 · 리팩터링까지 전 과정에 걸쳐 생산성을 극대화할 수 있게 되었다. 챗GPT를 제대로 쓰는 사람과 그렇지 않은 사람의 차이는 어떤 상황에서 어떤 패턴으로 활용하는가에 달려 있다. 이 장에서는 SQL 업무 흐름에 챗GPT를 접목하는 대표적인 활용 패턴을 소개하고 각 패턴을 실무에 바로 적용할 수 있는 예제까지 함께 살펴보도록 하겠다.

첫째, 모델링 기반 SQL 생성 패턴

업무 초기 ERD나 테이블 설계서만 있는 경우 챗GPT는 이를 기반으로 조회 · 집계 · 분석용 쿼리를 빠르게 생성할 수 있다. 예를 들어, ERD를 텍스트나 DDL로 입력하고 "이 스키마를 기반으로 월별 매출 보고서를 작성해줘"라고 요청하면 기본 집계와 JOIN 구조를 갖춘 SQL을 곧바로 받을 수 있다. 이 패턴의 강점은 초안 생성 속도이며 이후 사람이 조건을 조정해 완성도를 높이면 된다.

둘째, 비즈니스 요구사항 → SQL 변환 패턴

업무 담당자가 "이번 달 신규 고객 수를 지역별로 보여달라"라고 요청하면 챗GPT에게 이 요구 사항을 그대로 전달하고 필요한 경우 DB 구조를 추가 제공해 SQL을 자동으로 생성하는 방식이다. 이 패턴은 특히 SQL을 잘 모르는 기획 · 마케팅 · 운영 부서의 요청을 개발자가 빠르게 처리할 때 유용하다. 다만 챗GPT가 모호한 요구를 그대로 쿼리에 반영할 수 있으므로 기간 · 집계 기준 · 정렬 방향 등 세부 조건을 반드시 명시하는 것이 중요하다.

셋째, SQL 스니펫 라이브러리 생성 패턴

반복적으로 사용하는 WHERE 조건, JOIN 구문, 날짜 필터, 집계 함수 등을 챗GPT를 통해 재사용이 가능한 SQL 조각(스니펫) 형태로 만들어두면 팀 단위로 재활용이 가능하다. 예를 들어, "PostgreSQL 기준, 지난 6개월간 월별 매출을 집계하는 스니펫을 만들어줘"라고 요청하면 이후 비슷한 요청에 해당 스니펫을 불러와 조건만 수정하면 된다. 이 패턴은 SQL 코드 품질을 표준화하는 효과도 있다.

넷째, 튜닝 가이드 패턴

챗GPT는 단순히 SQL을 작성하는 것을 넘어, 기존 쿼리의 성능 개선 방향을 제시할 수 있다. 예를 들어, "아래 SQL의 실행 계획을 분석하고 인덱스 활용 가능성을 높이는 방법을 알려줘"라고 요청하면 실행 계획의 COST와 접근 방식(Index Scan vs Table Full Scan 등)을 분석해 개선 방향까지 제공한다. 이 패턴은 특히 인덱스 튜닝, JOIN 최적화, 불필요한 서브쿼리 제거 등 성능에 직결되는 작업에서 강력하다.

다섯째, 학습 · 교육 패턴

챗GPT는 특정 SQL 구문이나 함수의 동작을 설명할 때도 유용하다. 예를 들면 다음과 같이 활용할 수 있다. "PostgreSQL에서 윈도우 함수 RANK()와 DENSE_RANK()의 차이를 예제와 함께 설명해줘"라고 하면 개념, 문법, 실행 예시까지 단계별로 제공한다. 이 패턴은 신입 개발자 교육, SQL 스터디, 자격증 준비(SQLD · SQLP) 과정에서 활용 가치가 크다.

이제부터 이러한 활용 패턴들을 실습 예제와 함께 다루고 각 패턴에 적합한 상황 · 장단점 · 확장 아이디어를 분석할 것이다. 나아가 단순히 SQL을 만드는 단계를 넘어 챗GPT를 SQL 개발의 전 과정 파트너로 삼아 업무 효율과 품질을 동시에 높이는 방법을 배워보도록 하겠다.

5.1 모델링 기반 SQL 생성

데이터베이스 업무의 출발점은 **모델링**Modeling이다. **ERD**Entity Relationship Diagram나 **스키마 설계서**는 단순한 설계 문서가 아니라 **비즈니스 요구사항이 데이터 구조로 변환된 결과물**이라고 할 수 있다. SQL 작성의 70% 이상은 결국 이 모델을 기반으로 이루어지므로 챗GPT에게 SQL을 생성하도록 요청할 때도 모델링 정보를 제공하는 것이 핵심 사항이 된다.

빠른 이해 모델링이란?

모델링이란 현실 세계의 비즈니스 요구사항과 데이터를 분석하여 이를 논리적 · 구조적으로 표현하는 과정을 의미한다. 즉, 실제 업무에서 다루는 개체(Entity), 속성(Attribute), 관계(Relationship)를 데이터베이스에서 구현 가능한 형태로 설계하는 작업이다. 모델링 과정에서는 업무 규칙과 데이터 흐름을 분석하고 이를 토대로 테이블 구조, 칼럼, 키(Primary Key/Foreign Key), 제약조건 등을 정의한다. 모델링 단계에서는 데이터의 중복을 줄이고 일관성을 유지하며 성능과 확장성을 고려한 구조를 만드는 것이 핵심 목표다.

빠른 이해 ERD란?

ERD란 Entity(개체), 그 개체의 속성(Attribute), 그리고 개체 간의 관계(Relationship)를 시각적으로 표현한 다이어그램이다. ERD는 데이터베이스 설계의 청사진 역할을 하며 모델링 단계에서 가장 널리 사용되는 표현 도구로 일반적으로 사각형(Entity), 타원(Attribute), 마름모(Relationship) 등의 도형과 1:1, 1:N, N:M 같은 관계 표기법을 사용하여 데이터 구조를 한눈에 파악할 수 있게 한다. ERD를 통해 개발자, 기획자, 데이터 분석가 간의 의사소통이 원활해지고 설계된 구조를 기반으로 실제 DDL 명령어를 작성할 수 있다.

여기서 **모델링 기반 SQL 생성**이란, **데이터 모델(ERD, 스키마, 테이블 정의)을 AI에게 제공하여 그 구조를 바탕으로 SQL을 작성하게 하는 방식**을 말한다. 이 방식은 특히 기업 내부 데이터나 복잡한 관계형 모델을 다루는 환경에서 강력한 효율을 발휘한다. 그 이유는 다음과 같다.

- **칼럼명 · 자료형 오류 감소**: AI가 임의로 가정하는 칼럼명이 아닌 실제 스키마에 맞는 칼럼명을 사용하게 된다.
- **관계(Relationship) 반영**: PK · FK 관계를 기반으로 올바른 JOIN 조건을 자동으로 생성할 수 있다.
- **업무 맥락 일관성 확보**: 모델에 정의된 도메인, 제약조건, 데이터 타입을 반영해 쿼리를 설계한다.

모델링 기반 SQL 생성의 단계별 흐름

모델링 기반 접근은 단순히 '테이블 구조를 알려주기'보다, AI가 데이터의 의미를 이해하도록 단계적으로 설계하는 과정이다. 다음 순서를 따르면 안정적이고 정확한 SQL을 얻을 수 있다.

1. **DBMS 환경 명시**: 다음과 같이 먼저 DBMS를 고정해야 문법 호환성이 확보된다.

> 너는 SQL 전문가야. Oracle 기준으로 SQL을 작성해줘.

2. **모델 정보 제공**: ERD 이미지를 설명 형태로 입력하거나 CREATE TABLE 스크립트를 제공한다. 가능하다면 PK, FK, 제약조건까지 함께 전달하는 것도 좋다.
3. **요구사항 기준**: 조회 목적, 집계 방식, 필터 조건, 출력 칼럼과 정렬 기준을 제공한다.
4. **AI의 초기 SQL 생성**: 챗GPT가 모델을 기반으로 쿼리를 작성한다.
5. **검증 및 보완 요청**: 칼럼명, JOIN 조건을 확인하고 불필요한 칼럼을 제거하거나 필요한 조건을 추가한다. 필요시 성능 최적화를 요청한다.

실제 예제를 통해 더 깊이 이해해보자. 고객 수와 총 주문 금액을 조회하는 쿼리이다.

예시 모델 DDL 스크립트

```
CREATE TABLE CUSTOMERS (
    CUSTOMER_ID     VARCHAR2(10) CONSTRAINT CUSTOMERS_PK PRIMARY KEY,
    CUSTOMER_NAME   VARCHAR2(50) NOT NULL,
    REGION          VARCHAR2(30),
    BIRTH_DATE      VARCHAR2(8),
    CUSTOMER_TYPE   VARCHAR2(20)
);

CREATE TABLE ORDERS (
    ORDER_ID        VARCHAR2(10) CONSTRAINT ORDERS_PK PRIMARY KEY,
    CUSTOMER_ID     VARCHAR2(10),
    ORDER_DATE      DATE,
    AMOUNT          NUMBER(10),
    PAYMENT_METHOD  VARCHAR2(20)
);
```

모델링 기반 프롬프트 예시

너는 SQL 전문가야

Oracle 기준으로 SQL을 작성해줘

테이블 구조는 다음과 같아

[예시 DDL 스크립트 첨부]

요청 목적: 지역별 고객 수와 총 주문 금액을 조회

출력 형식: 지역, 고객 수, 총 판매금액

조건: 모든 지역 포함, 주문 없는 고객도 포함

정렬: 지역 기준으로 오름차순

```
SELECT
    C.REGION,
    COUNT(DISTINCT C.CUSTOMER_ID) AS CUSTOMER_COUNT,
    NVL(SUM(O.AMOUNT), 0) AS TOTAL_SALES
FROM CUSTOMERS C
LEFT JOIN ORDERS O
ON C.CUSTOMER_ID = O.CUSTOMER_ID
GROUP BY C.REGION
ORDER BY C.REGION ASC;
```

이때, 다음 사항들을 주의해야 한다. 쿼리의 품질을 바꾸는 과정이므로 숙지하는 것이 좋다.

- **모델 최신성 유지**: 오래된 ERD를 기반으로 하면 존재하지 않는 칼럼이 쿼리에 포함될 수 있다.
- **자료형 확인**: AI는 자료형을 보고 조건식을 설계한다. 숫자형인지 문자열인지에 따라 비교 연산 방식이 달라지기 때문이다.
- **도메인 · 제약조건 반영**: 예를 들어 AMOUNT가 음수가 될 수 없는 제약이 있다면 AI에게 이 정보를 제공하여 불필요한 필터 조건을 생략할 수 있다.

모델링 기반 SQL 생성은 다음과 같은 영역으로 확장될 수 있다.

- **보고서 자동화**: ERD를 기반으로 각종 KPI(매출, 고객 수, 재구매율) 쿼리를 일괄 생성
- **ETL 파이프라인 초기 설계**: 소스 테이블과 목적지 테이블 구조를 주고 변환 · 적재 SQL을 자동 생성
- **데이터 품질 점검 쿼리**: 제약조건 위반, NULL 값 점검, 값 분포 분석 쿼리 생성

모델링 기반 SQL 생성은 챗GPT 활용의 정확도와 효율성을 동시에 끌어올리는 핵심 패턴이다. 실무에서는 모델 정보를 한 번만 제공해도 이후 다양한 분석 · 집계 · 튜닝 쿼리를 생성할 때 재사용할 수 있다. 즉, AI를 단순한 쿼리 생성기가 아니라 데이터 모델을 이해하는 SQL 파트너로 만드는 출발점이 되는 것이다.

5.2 비즈니스 요구사항을 쿼리로 변환하기

SQL 작성의 출발점은 비즈니스 요구사항이다. 예전에는 데이터 분석가, 기획자, 마케터, 경영진이 무엇을 보고 싶은지를 요청하면 개발자가 이를 데이터베이스에서 조회 가능한 SQL로 변환하는 경우가 많았지만 최근에는 직접 SQL을 다루는 데이터 분석가나 기획자, 마케터들이 많아지고 있는 실정이다. 이 절에서는 챗GPT를 활용하여 이러한 요구사항을 구조화된 SQL로 변환하는 방법과 이를 위해 필요한 프롬프트 설계 전략을 다루어보자.

요구사항 분석의 중요성

AI에게 SQL을 요청할 때 요구사항이 불명확하면 다음과 같은 문제가 발생한다.

- **잘못된 칼럼 선택**: AI가 존재하지 않는 칼럼명을 생성하거나 비슷한 이름의 칼럼을 잘못 선택할 수 있다.
- **집계 기준 오류**: '매출'이라는 단어가 총 매출, 순 매출, 할인 적용 매출 중 어떤 지표를 의미하는지 명확하지 않으면 의도치 않은 결과가 도출될 수 있다.
- **기간 · 조건 누락**: 날짜 범위, 지역, 상품 카테고리 등 필터 조건이 빠지면 정확하지 않은 데이터가 출력된다. 따라서 SQL을 작성하기 전에 비즈니스 요구사항을 데이터 관점으로 재해석하는 과정은 필수다.

요구사항을 쿼리로 변환하는 일의 핵심은 비즈니스 언어를 데이터 언어로 번역하는 것이다. 이 과정은 다음 단계로 진행된다.

1. **주체(Subject) 확인**: 무엇을 기준으로 데이터를 볼 것인가? (고객, 주문, 제품, 지역 등)
2. **지표(Metric) 정의**: 어떤 값을 보고 싶은가? (매출액, 거래 건수, 평균 구매 금액 등)
3. **필터(Filter) 설정**: 어떤 조건으로 제한할 것인가? (기간, 카테고리, 지역 등)

4. **출력(Output) 형식**: 어떤 칼럼을 보여줄 것인가? 어떤 칼럼을 기준으로 정렬할 것인가?
5. **집계(Aggregation) 여부**: 단순 조회인지, SUM · AVG · COUNT 같은 집계 연산이 필요한지 결정

이 5단계는 AI에게 SQL을 요청하기 위한 '문장 구조'를 만드는 일종의 설계도다. 이 과정을 거치면 프롬프트가 훨씬 명확해지고, 결과 SQL 또한 재현성과 신뢰성이 높아진다. 즉, 챗GPT에게 요구사항을 SQL로 변환하게 하려면 다음처럼 구조화된 프롬프트를 사용하는 것이 좋다. 그럼 챗GPT는 명확한 스키마와 조건을 기반으로 정확한 쿼리를 생성할 것이다.

너는 SQL 전문가야
Oracle 기준으로 작성해줘
테이블 구조는 다음과 같아
[DDL 제공]
요청 목적: 지난달 지역별 총 매출액 집계
출력 칼럼: 지역, 총 매출액
조건: 주문이 없는 지역도 포함, 총매출은 주문금액의 합계
정렬: 총 매출액으로 내림차순

요구사항 쿼리 변환 실전 예제

① 비즈니스 요구사항

- 2025년 1분기 동안, 카테고리별 판매 수량과 총 매출을 집계해서 매출이 높은 순으로 보고 싶어요.

② 모델 정보

```
CREATE TABLE SALES (
    SALE_ID SERIAL PRIMARY KEY,
    SALE_DATE DATE,
    CATEGORY VARCHAR(50),
    QUANTITY INT,
    SALES_AMOUNT NUMERIC
);
```

③ 프롬프트 변환

너는 SQL 전문가야
PostgreSQL 기준으로 작성해줘
테이블 구조는 다음과 같아
[모델 정보 삽입]
요청 목적: 2025년 1분기 카테고리별 판매 수량과 총 매출 집계
출력 칼럼: 카테고리, 판매 수량, 총 매출액
조건: 2025-01-01부터 2025-03-31까지
정렬: 총 매출액으로 내림차순

④ AI가 생성한 SQL

```
SELECT
    CATEGORY,
    SUM(QUANTITY) AS TOTAL_QUANTITY,
    SUM(SALES_AMOUNT) AS TOTAL_SALES
FROM SALES
WHERE SALE_DATE BETWEEN '2025-01-01' AND '2025-03-31'
GROUP BY CATEGORY
ORDER BY TOTAL_SALES DESC;
```

모호한 요구사항 다루기

실무에서는 요구사항이 명확하지 않은 경우가 종종 있다. 이럴 때 챗GPT와 대화형 질의를 활용하면 좋다. 예를 들면 다음과 같이 활용할 수 있다.

올해 주문이 가장 많은 고객 상위 5명을 보여줘.

기간은 2025년 전체인가요, 아니면 특정 월인가요?

2025년 전체로 해줘.

동점 고객이 있으면 모두 표시할까요, 아니면 임의로 자를까요?

이와 같은 식으로 AI가 반문하게 함으로써 조건을 보완한다. 비즈니스 요구사항을 SQL로 변환하는 것은 단순 번역이 아니라 의도 해석 + 데이터 구조 이해 + SQL 설계의 복합 작업이다. 챗GPT를 활용하면 이 과정을 빠르고 유연하게 진행할 수 있지만 프롬프트 설계 능력이 결과물의 품질을 좌우한다는 것을 꼭 염두해두어야 한다. 나아가 실무에서 요구사항을 표준화된 질문 형태로 변환하는 습관을 들이면 AI 기반 SQL 자동화의 정확도와 재사용성을 크게 높일 수 있을 것이다.

5.3 SQL 스니펫 라이브러리 생성

SQL 개발을 하다 보면 비슷한 쿼리를 여러 번 작성해야 하는 일이 많다. 예를 들어 월별 매출 집계, 특정 기간의 Top N 고객 조회, JOIN 조건이 복잡한 다중 테이블 분석 등은 프로젝트와 관계없이 반복적으로 등장한다. 이럴 때마다 처음부터 쿼리를 새로 작성한다면 시간을 낭비할 뿐만 아니라 오류 가능성도 높아질 것이다.

SQL 스니펫 라이브러리는 이러한 문제를 해결하는 강력한 방법이라고 할 수 있다. **스니펫** snippet이란 **재사용 가능한 짧은 코드 조각**을 말하며 **SQL에서는 특정 목적을 가진 쿼리 패턴**을 의미한다. 챗GPT를 활용하면 이 스니펫을 빠르게 생성하고 조직 표준에 맞게 정리하여 팀 전체가 공유할 수 있는 라이브러리를 만들 수 있다.

SQL 스니펫 라이브러리의 효과와 구성 원칙

스니펫 라이브러리는 반복적으로 사용하는 SQL 패턴을 구조적으로 정리해두는 데이터 분석 · 개발의 '도구 상자'에 가깝다. 잘 설계된 스니펫 라이브러리는 다음 효과를 가져온다.

- **재사용성 극대화**: 한 번 만든 쿼리 구조를 다양한 조건에 맞게 변형하여 재사용할 수 있다.
  예) "2024년 지역별 매출 집계" → WHERE 절 조건만 바꿔 "2025년 지역별 매출 집계"로 변환
- **개발 속도 향상**: 쿼리 작성에 필요한 시간을 절감하고 프로젝트 초기 분석 속도를 높인다.
- **품질과 일관성 확보**: 팀 내에서 동일한 쿼리 구조를 사용하면 보고서나 분석 결과의 일관성이 보장된다.
- **AI 기반 개선 가능**: 챗GPT가 기존 스니펫을 기반으로 더 효율적인 버전을 제안할 수 있다.

스니펫 라이브러리는 단순히 쿼리를 모아둔 폴더가 아니다. 검색 효율성과 유지보수성을 고려한 구조적 설계가 필요하다. 다음 원칙을 기준으로 설계해보자.

① 카테고리별 분류

기능 단위로 구분하면 찾기 쉽고, 중복을 줄일 수 있다. 예를 들어 다음과 같이 분류한다.

- 집계(Aggregation)
- JOIN(Join)
- 조건 검색(Filter)
- 분석 함수(Window Functions)
- 데이터 변환(Data Transformation)
- DDL/DML 스크립트

② DBMS별 구분

같은 SQL이라도 DBMS마다 문법이 조금씩 다르다. 예를 들어 LIMIT(PostgreSQL, MySQL)과 ROWNUM(Oracle), 날짜 함수(DATE_TRUNC vs TO_CHAR) 등이 달라 호환성이 깨질 수 있다. 따라서 DBMS별로 폴더를 분리하거나, 문법 차이를 주석으로 명시하는 것이 좋다.

③ 메타데이터 포함

스니펫에 다음과 같은 메타 정보를 함께 기록하면 유지보수가 쉬워진다. 이 정보는 팀원 간 협업이나 코드 리뷰 시 큰 도움이 된다.

- 스니펫 작성일 및 작성자
- 테스트 여부
- 성능 고려 사항(인덱스 사용 여부, 예상 처리량 등)
- 예시 데이터셋 등

④ 변수화

WHERE 절, 날짜 범위, LIMIT 값 등을 변수(placeholder) 형태로 지정하면 재사용성이 극대화된다. 예를 들면 다음과 같이 작성해두면 연도, 지역, 기간만 교체하여 여러 프로젝트에서 반복 활용할 수 있다.

```
SELECT *
FROM sales
WHERE region = {{region}}
  AND sale_date BETWEEN {{start_date}} AND {{end_date}};
```

챗GPT로 스니펫 생성하기

챗GPT에게 스니펫 생성을 요청할 때는 목적, DBMS, 테이블 구조, 조건, 출력 칼럼을 반드시 명시해야 한다.

스니펫 프롬프트 예시

```
너는 SQL 전문가야
PostgreSQL 기준으로 스니펫 작성해줘(변수 표시)
테이블 구조는 다음과 같아

CREATE TABLE ORDERS (
    ORDER_ID SERIAL PRIMARY KEY,
    CUSTOMER_ID INT,
    ORDER_DATE DATE,
    AMOUNT NUMERIC
);

목적: 최근 3개월 간 월별 총 주문 금액 집계
출력: 월, 총 주문 금액
조건: 주문 없는 월도 0으로 표시
정렬: 월로 오름차순
```

```
SELECT
    TO_CHAR(M.{{month_start_expr}}, 'YYYY-MM') AS MONTH,
    COALESCE(SUM(O.{{amount_col}}), 0) AS TOTAL_SALES
FROM (
        SELECT
            DATE_TRUNC('MONTH', CURRENT_DATE) - INTERVAL '{{month_offset}} MONTH'
            + (INTERVAL '1 MONTH' * GENERATE_SERIES(0, 2)) AS {{month_start_expr}}
        ) AS M
LEFT JOIN {{table_name}} O
ON DATE_TRUNC('MONTH', O.{{date_col}}) = M.{{month_start_expr}}
GROUP BY M.{{month_start_expr}}
ORDER BY M.{{month_start_expr}} ASC;
```

표 5-1 변수 설명

변수명	의미	예시 값
{{table_name}}	조회할 테이블명	ORDERS
{{date_col}}	날짜 칼럼명	ORDER_DATE
{{amount_col}}	금액 칼럼명	AMOUNT
{{month_offset}}	몇 개월 전부터 조회할지 (최근 3개월이면 2)	2
{{month_range}}	조회 개월 수 – 1 (최근 3개월이면 2)	2
{{month_start_expr}}	월 시작일 표현용 별칭	MONTH_START

예시 적용 결과

```
SELECT
    TO_CHAR(M.MONTH_START, 'YYYY-MM') AS MONTH,
    COALESCE(SUM(O.AMOUNT), 0) AS TOTAL_SALES
FROM (
        SELECT
            DATE_TRUNC('MONTH', CURRENT_DATE) - INTERVAL '2 MONTH'
            + (INTERVAL '1 MONTH' * GENERATE_SERIES(0, 2)) AS MONTH_START
```

```
) AS M
LEFT JOIN ORDERS O
ON DATE_TRUNC('MONTH', O.ORDER_DATE) = M.MONTH_START
GROUP BY M.MONTH_START
ORDER BY M.MONTH_START ASC;
```

스니펫 예시

다음은 챗GPT를 활용하여 오라클을 기준으로 작성해본 여러 SQL 스니펫의 예시이다. 집계, 조인, 분석 함수 등 자주 사용하는 패턴별로 구성되어 있으며, 각 스니펫의 구조와 변수를 이해하면 원하는 형태로 손쉽게 변형할 수 있다.

① 집계 스니펫 - 월별 평균 주문 금액 집계

특정 기간 동안의 월별 평균 주문 금액을 계산한다. CONNECT BY 구문으로 최근 N개월의 월 시작일을 동적으로 생성하고, LEFT JOIN으로 주문이 없는 달도 0으로 표시한다.

```
SELECT
    TO_CHAR(M.MONTH_START, 'YYYY-MM') AS {{month_alias}},
    NVL(AVG(O.{{amount_col}}), 0) AS {{avg_alias}}
FROM (
    SELECT
            ADD_MONTHS(TRUNC(SYSDATE, 'MM'), -{{month_offset}} + (LEVEL - 1)) AS MONTH_START
    FROM DUAL
    CONNECT BY LEVEL <= {{month_count}}
) M
LEFT JOIN {{table_name}} O
ON TRUNC(O.{{date_col}}, 'MM') = M.MONTH_START
{{where_clause}}
GROUP BY M.MONTH_START
ORDER BY M.MONTH_START {{order_dir}};
```

표 5-2 월별 평균 주문 금액 변수

변수명	설명	예시값
{{table_name}}	조회할 테이블명	ORDERS
{{date_col}}	주문일 칼럼명	ORDER_DATE
{{amount_col}}	주문 금액 칼럼명	AMOUNT
{{month_alias}}	월 칼럼 별칭	MONTH
{{avg_alias}}	평균 금액 칼럼 별칭	AVG_SALES
{{month_offset}}	기준월에서 몇 개월 전부터 조회할지	2
{{month_count}}	조회할 개월 수	3
{{order_dir}}	정렬 방향	ASC 또는 DESC

예시 적용 결과

```
SELECT
    TO_CHAR(M.MONTH_START, 'YYYY-MM') AS MONTH,
    NVL(AVG(O.AMOUNT), 0) AS AVG_SALES
FROM (
    SELECT ADD_MONTHS(TRUNC(SYSDATE, 'MM'), -2 + (LEVEL - 1)) AS MONTH_START
    FROM DUAL
    CONNECT BY LEVEL <= 3
) M
LEFT JOIN ORDERS O
ON TRUNC(O.ORDER_DATE, 'MM') = M.MONTH_START
GROUP BY M.MONTH_START
ORDER BY M.MONTH_START ASC;
```

② JOIN 스니펫 - 고객별 총 매출

이 스니펫은 고객 테이블과 주문 테이블을 조인하여 고객별 총매출을 계산한다. LEFT JOIN을 사용하므로 주문이 없는 고객도 함께 표시된다.

```
SELECT
    C.{{customer_key}} AS {{customer_alias}},
    C.{{customer_name_col}} AS {{customer_name_alias}},
    NVL(SUM(O.{{amount_col}}), 0) AS {{total_sales_alias}}
FROM {{customer_table}} C
LEFT JOIN {{order_table}} O
ON C.{{customer_key}} = O.{{order_fk}}
{{where_clause}}
GROUP BY C.{{customer_key}}, C.{{customer_name_col}}
ORDER BY {{order_col}} {{order_dir}};
```

표 5-3 고객별 총 매출 변수

변수명	설명	예시값
{{customer_table}}	고객 테이블명	CUSTOMERS
{{order_table}}	주문 테이블명	ORDERS
{{customer_key}}	고객 식별자 칼럼	CUSTOMER_ID
{{order_fk}}	주문 테이블의 고객 FK 칼럼	CUSTOMER_ID
{{customer_name_col}}	고객명 칼럼	CUSTOMER_NAME
{{customer_alias}}	고객 ID 별칭	CUSTOMER_ID
{{customer_name_alias}}	고객 이름 별칭	CUSTOMER_NAME
{{amount_col}}	주문 금액 칼럼	AMOUNT
{{total_sales_alias}}	결과로 출력될 총매출 칼럼	TOTAL_SALES
{{where_clause}}	추가 조건절 (옵션)	WHERE O.ORDER_DATE >= ADD_MONTHS(SYSDATE, -3)
{{order_col}}	정렬 기준 칼럼	TOTAL_SALES
{{order_dir}}	정렬 방향	DESC 또는 ASC

예시 적용 결과

```
SELECT
    C.CUSTOMER_ID AS CUSTOMER_ID,
```

```
    C.CUSTOMER_NAME AS CUSTOMER_NAME,
    NVL(SUM(O.AMOUNT), 0) AS TOTAL_SALES
FROM CUSTOMERS C
LEFT JOIN ORDERS O
ON C.CUSTOMER_ID = O.CUSTOMER_ID
WHERE O.ORDER_DATE >= ADD_MONTHS(SYSDATE, -3)
GROUP BY C.CUSTOMER_ID, C.CUSTOMER_NAME
ORDER BY TOTAL_SALES DESC;
```

③ 분석 함수 스니펫 - 고객별 누적 매출

이 스니펫은 SUM(...) OVER()를 이용해 고객별 월별 누적 매출을 계산한다. 기간 조건을 추가하면 최근 6개월, 12개월 등 원하는 범위로 손쉽게 조정할 수 있다.

```
SELECT
    O.{{customer_col}} AS {{customer_alias}},
    TO_CHAR(O.{{date_col}}, 'YYYY-MM') AS {{month_alias}},
    SUM(O.{{amount_col}}) AS {{monthly_sales_alias}},
    SUM(SUM(O.{{amount_col}}))
        OVER (PARTITION BY O.{{customer_col}} ORDER BY TO_CHAR(O.{{date_col}}, 'YYYY-MM'))
        AS {{cumulative_alias}}
FROM {{order_table}} O
{{where_clause}}
GROUP BY O.{{customer_col}}, TO_CHAR(O.{{date_col}}, 'YYYY-MM')
ORDER BY O.{{customer_col}}, TO_CHAR(O.{{date_col}}, 'YYYY-MM');
```

표 5-4 변수 설명

변수명	설명	예시값
{{order_table}}	주문 테이블명	ORDERS
{{customer_col}}	고객 식별자 칼럼	CUSTOMER_ID
{{date_col}}	주문 일자 칼럼	ORDER_DATE
{{amount_col}}	주문 금액 칼럼	AMOUNT

{{where_clause}}	기간 또는 조건절 (선택사항)	WHERE O.ORDER_DATE >= ADD_MONTHS(SYSDATE, -6)
{{customer_alias}}	고객 ID 별칭	CUSTOMER_ID
{{month_alias}}	월별 칼럼 별칭	MONTH
{{monthly_sales_alias}}	월별 매출 칼럼 별칭	MONTHLY_SALES
{{cumulative_alias}}	누적 매출 칼럼 별칭	CUMULATIVE_SALES

예시 적용 결과

```
SELECT
    O.CUSTOMER_ID AS CUSTOMER_ID,
    TO_CHAR(O.ORDER_DATE, 'YYYY-MM') AS MONTH,
    SUM(O.AMOUNT) AS MONTHLY_SALES,
    SUM(SUM(O.AMOUNT))
        OVER (PARTITION BY O.CUSTOMER_ID ORDER BY TO_CHAR(O.ORDER_DATE, 'YYYY-MM'))
        AS CUMULATIVE_SALES
FROM ORDERS O
WHERE O.ORDER_DATE >= ADD_MONTHS(SYSDATE, -6)
GROUP BY O.CUSTOMER_ID, TO_CHAR(O.ORDER_DATE, 'YYYY-MM')
ORDER BY O.CUSTOMER_ID, TO_CHAR(O.ORDER_DATE, 'YYYY-MM');
```

스니펫 및 버전 관리

스니펫을 단순히 메모장에 저장하는 방식은 오래가지 못한다. 깃Git이나 사내 위키, 노션, Confluence 같은 협업 툴을 이용해 버전과 변경 이력을 관리하는 것이 좋다.

깃 리포지터리 구조 예시

```
/sql-snippets
  /oracle
    /aggregation
    /joins
    /window-functions
```

```
  /postgresql
  /mysql
README.md
```

각 스니펫 파일에는 다음 메타 정보를 주석으로 포함한다.

```
-- 스니펫 명: 월별 매출 집계
-- 작성일: 2025-08-11
-- DBMS: Oracle
-- 테스트 데이터: ORDERS (샘플 1,000건)
-- 설명: 주문 없는 월도 0으로 표시
```

챗GPT와의 스니펫 최적화 루프

챗GPT는 스니펫을 처음 생성할 때뿐 아니라 기존 쿼리를 개선하고 최적화할 때도 강력한 도구가 된다. 다음은 챗GPT를 활용해 스니펫 품질을 지속적으로 높이는 일련의 루프이다.

1. **기존 스니펫 전달**: 이미 작성된 SQL 스니펫을 챗GPT에게 그대로 입력한다.
2. **튜닝 요청**: "이 쿼리를 더 효율적으로 튜닝해줘", "이 쿼리를 인덱스를 고려해 최적화해줘", "불필요한 서브쿼리를 제거할 수 있을까?"처럼 구체적인 기준을 제시한다.
3. **AI의 개선 제안 수용**: 챗GPT는 실행 계획 단순화, 조건절 최적화, 인덱스 활용 등 개선 방향을 설명과 함께 제안한다. '왜 그렇게 바꿔야 하는지'에 대한 논리도 함께 제공받을 수 있다.
4. **개선된 스니펫 저장**: AI가 제안한 개선안을 검토 · 테스트한 뒤, 별도 저장한다.

이 과정을 반복하면 시간이 지날수록 라이브러리 품질이 높아진다. SQL 스니펫 라이브러리는 단순한 코드 모음이 아니라 **지식 자산**이라고도 볼 수 있다. 챗GPT를 활용하면 이 자산을 구축 · 확장하는 속도가 크게 향상되며, 스니펫을 잘 관리하면 신규 인력이 투입되더라도 표준화된 쿼리를 즉시 활용할 수 있고 프로젝트마다 반복되는 쿼리 작성 시간을 최소화할 수 있게 될 것이다.

Chapter 6

도구와 통합하기

챗GPT를 단순히 웹 브라우저에서만 사용하던 시대는 지났다. 이제 우리는 다양한 개발 · 분석 도구와 챗GPT를 유기적으로 통합하여 SQL 작성 및 튜닝의 속도와 편의성을 동시에 끌어올릴 수 있게 되었다. 도구와의 연동 여부는 단순 편의성을 넘어 팀 전체의 생산성과 협업 효율을 결정짓는 핵심 요소이다. 이 장에서는 SQL 실무에서 자주 쓰이는 도구와 챗GPT를 어떻게 연결하고 어떤 방식으로 활용하면 좋을지 살펴보자.

첫째, VS Code 연동 패턴

VS Code는 전 세계적으로 가장 널리 쓰이는 코드 편집기 중 하나이며 다양한 플러그인을 통해 챗GPT API 또는 챗GPT 공식 확장 프로그램과 연결할 수 있다. 이를 활용하면 SQL 편집 중 바로 AI에게 쿼리 생성 · 튜닝을 요청하고 수정된 쿼리를 즉시 테스트할 수 있다. 특히 깃과 연계하면 AI가 생성한 SQL의 변경 이력을 추적하며 버전 관리까지 할 수 있어 더욱 효율적으로 활용이 가능하다.

둘째, SQL Developer · DBeaver 등 DB 전용 툴 연동 패턴

오라클 SQL Developer, DBeaver, DataGrip 같은 DB 전용 툴에서도 챗GPT API를 호출하는 방식으로 통합시킬 수 있다. 예를 들어, 실행 계획을 툴에서 추출한 뒤 AI에게 붙여 넣어 분석을 요청하거나 특정 테이블의 스키마를 전송해 바로 쿼리를 생성하게 할 수 있다. 이 방식은 특히 SQL 튜닝과 스키마 기반 쿼리 작성에 효과적이다.

셋째, 노션 · 슬랙 · Teams 등 협업 툴 연동 패턴

업무 중 발생하는 SQL 요청을 슬랙이나 Teams 채널에서 바로 챗GPT와 연결해 처리할 수 있다. 예를 들어, 마케팅팀이 슬랙 채널에 "지난달 신규 가입자 수"라고 메시지를 남기면 챗GPT가 자동으로 SQL을 작성해 DB에 실행하고 결과를 채널에 전송하는 식이다. 노션과 연동하면 SQL 스니펫 라이브러리를 문서화하고 버전별로 관리할 수 있다.

이 장에서는 이러한 통합 패턴의 구체적인 설정 방법과 예제를 다룬다. 또한 각 도구와 연동할 때의 장단점, API 호출 비용, 보안 고려사항 등을 분석하여 독자가 자신의 환경에 맞는 최적의 연동 전략을 수립할 수 있도록 도울 것이다. 나아가, 단순한 SQL 작성 도구를 넘어 챗GPT를 데이터 업무의 핵심 허브로 만드는 실전적인 통합 방법을 배워보도록 하겠다.

6.1 VS Code + 챗GPT 연동

Visual Studio Code(이하 VS Code)는 전 세계 개발자들이 가장 많이 사용하는 무료 코드 편집기로 가벼우면서도 강력한 확장성 덕분에 SQL 개발 환경에서도 폭넓게 쓰인다. 특히 VS Code에 챗GPT를 연동하면 SQL 작성 · 튜닝 · 리팩터링 · 문서화까지 모두 하나의 환경에서 처리할 수 있다. 지금부터 VS Code와 오라클, 그리고 챗GPT를 연동하는 방법과 이를 활용한 실전 SQL 작업 패턴을 살펴보도록 하자.

VS Code와 챗GPT를 연동해야 하는 이유

SQL을 작성하다 보면 종종 다음과 같은 불편을 겪는다.

- DB 툴에서 SQL을 작성하고 실행하지만 문법 오류 사항이나 성능 개선 사항 등은 직접 찾아봐야 한다.
- 반복적인 쿼리 생성, 조건 변경, 스니펫 재활용에 시간이 많이 소요된다.
- SQL을 다른 언어(파이썬, 자바)와 결합할 때 문법 변환 과정이 번거롭다.

VS Code에 챗GPT를 연동하면 이러한 작업 흐름을 다음과 같이 단축할 수 있다. 결과적으로 에디터 안에서 모든 작업을 끝내는 환경이 만들어지는 것이다.

- 쿼리 초안을 AI가 생성 → 사용자가 조건만 수정
- 코드 내에서 바로 실행 계획 분석 요청
- 반복 쿼리를 스니펫 형태로 저장 후 재활용
- SQL 설명, 주석 추가, 다른 언어와 결합된 쿼리 생성까지 자동화

연동하는 방법

우선 VS Code를 설치하고 사용하고 있는 데이터베이스, 챗GPT를 연동해보자. 별도의 복사 붙여넣기를 하지 않고도 바로 챗GPT가 작성해주는 쿼리를 그 자리에서 돌려볼 수 있다.

01 VS Code 공식 홈페이지에 접속하여 OS에 맞는 설치 파일 다운로드 버튼을 클릭한다. 다운로드한 파일로 VS Code 설치를 완료 후 실행한다.

🔗 https://code.visualstudio.com

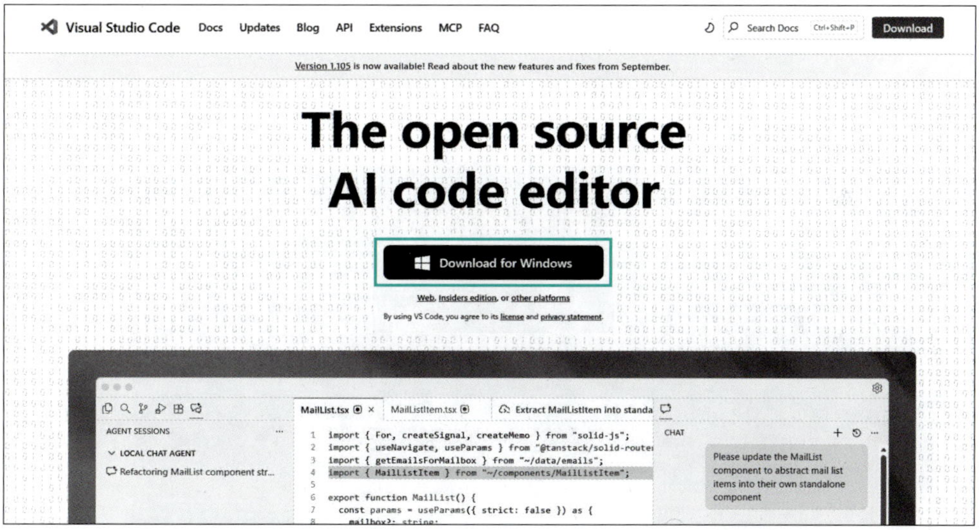

02 오라클 확장 프로그램을 설치해야 한다. 오라클 데이터베이스가 이미 설치되어 있다는 가정하에 VS Code 화면 왼쪽의 [⊞ Extensions(확장)] 아이콘을 클릭한다.

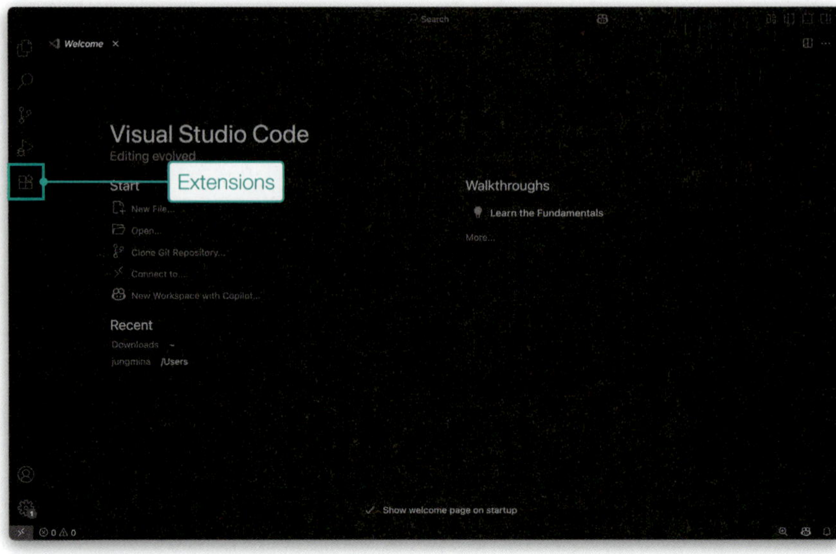

03 'Oracle'을 검색하면 'Oracle SQL Developer Extension for VS Code'가 나온다. [Install] 버튼을 클릭한다.

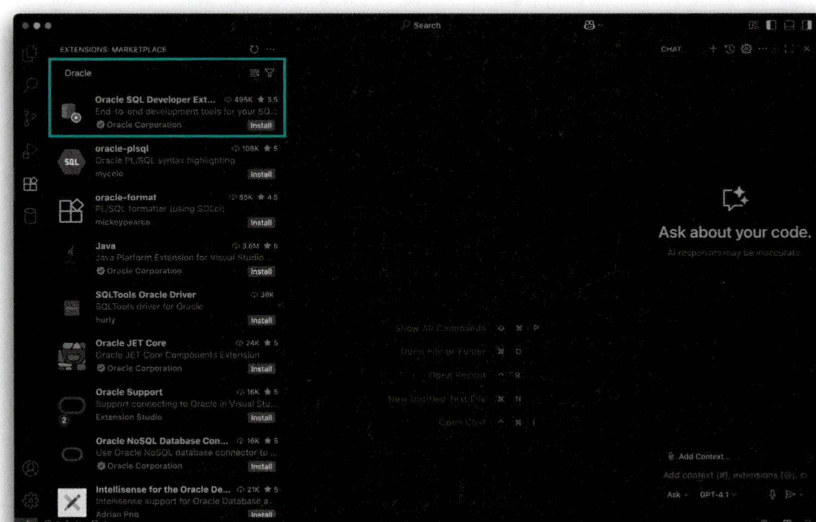

04 이제 Oracle DB를 연결해야 한다. VS Code 왼쪽 메뉴에 새로 생긴 [SQL Developer] 아이콘을 클릭한 후 [Create Connection] 버튼을 클릭한다.

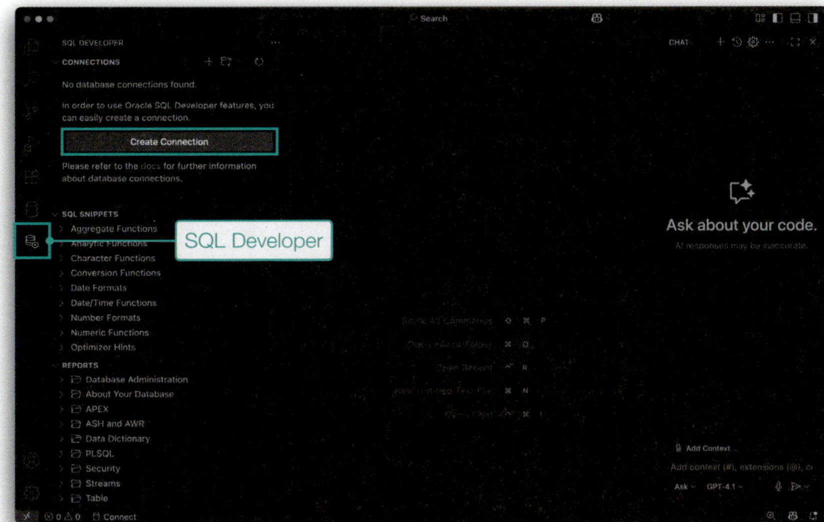

05 접속 정보를 입력한 후 [Test] 버튼을 클릭하여 연결 성공 확인 후 [Connect] 버튼을 클릭하여 DB를 연결한다.

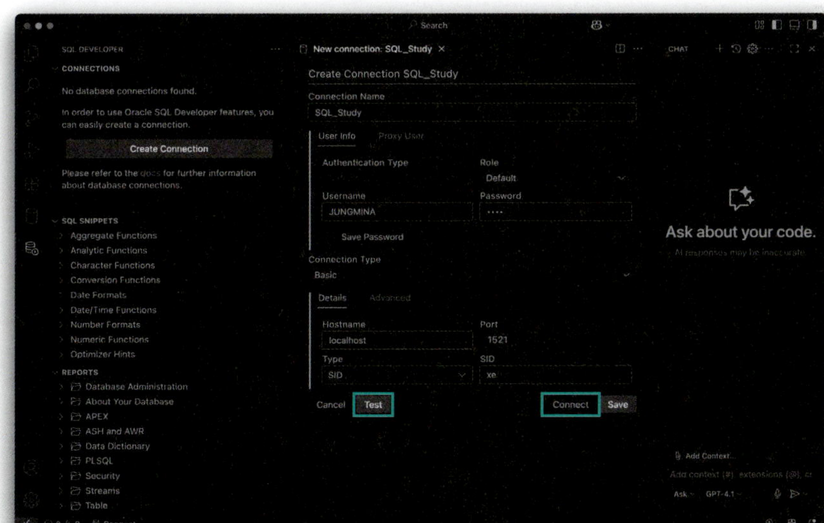

06 이제 GitHub Copilot을 설치해야 한다. VS Code 검색창에 'GitHub Copilot' 입력 후 'GitHub Copilot'과 'GitHub Copilot Chat'을 차례대로 설치한다. 회원 가입 및 로그인까지 진행한다.

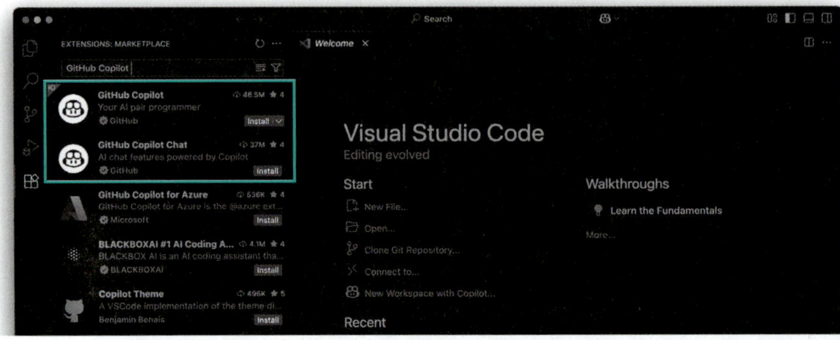

빠른 이해 Copilot이란?

Copilot은 LLM과 연동하여 코드 작성에 도움을 주는 인터페이스 도구로 마이크로소프트와 깃허브가 OpenAI 기술을 기반으로 개발하였다. 본래는 GitHub Copilot이라는 이름으로 2021년 출시되었으며 초기에는 VS Code와 연동하여 프로그래밍 시 자동 완성 이상의 제안을 제공하는 기능으로 시작했다. 현재는 MS Office, Windows, Teams 등 다양한 제품군에 통합되어 Microsoft Copilot이라는 브랜드로 확장 운영되고 있다.

Copilot의 핵심은 실시간 코드 생성과 문맥 기반 제안이다. 사용자가 코드 파일을 작성하면 현재 작성 중인 코드의 언어, 파일 내용, 주석, 함수명, 주변 코드 흐름 등을 분석하여 다음에 들어갈 코드 블록을 예측하고 제안한다. 예를 들어, 파이썬 함수에서 "# 두 수의 합을 계산"이라는 주석을 입력하면 해당 기능을 수행하는 함수를 자동으로 작성해준다. 단순 자동 완성이 아닌, 프로젝트 전반의 패턴과 라이브러리 사용법까지 고려한 맥락 지능형 제안이 가능하다. Copilot은 깃허브에 공개된 방대한 오픈소스 코드와 문서를 학습했다. 이 덕분에 자바, 파이썬, 자바스크립트, C#, SQL 등 수십 개의 프로그래밍 언어를 지원하며 웹 개발, 데이터 분석, 인프라 스크립트, SQL 작성 등 다양한 개발 분야에 활용할 수 있다.

다만 Copilot이 생성한 코드가 항상 정확하거나 최적화되어 있는 것은 아니며 라이선스 문제나 보안 취약점 가능성도 존재하므로 개발자가 결과를 검증하고 보완하는 과정이 필수적이다.

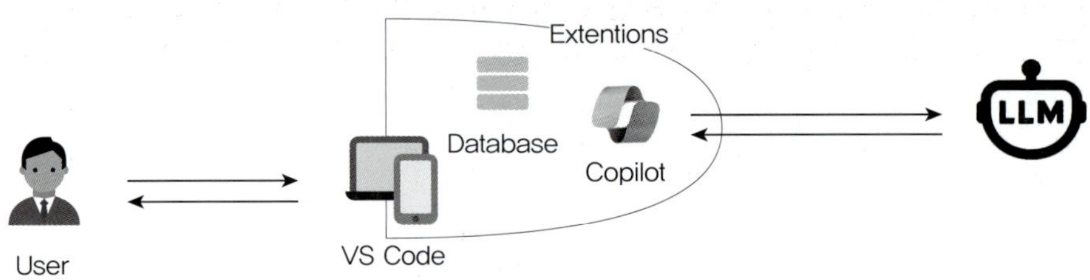

07 설치 후 [GitHub Copilot Free!] 버튼을 클릭한다(우선 무료 버전으로 사용해본 뒤 필요시 유료 버전을 사용할 것을 권장한다).

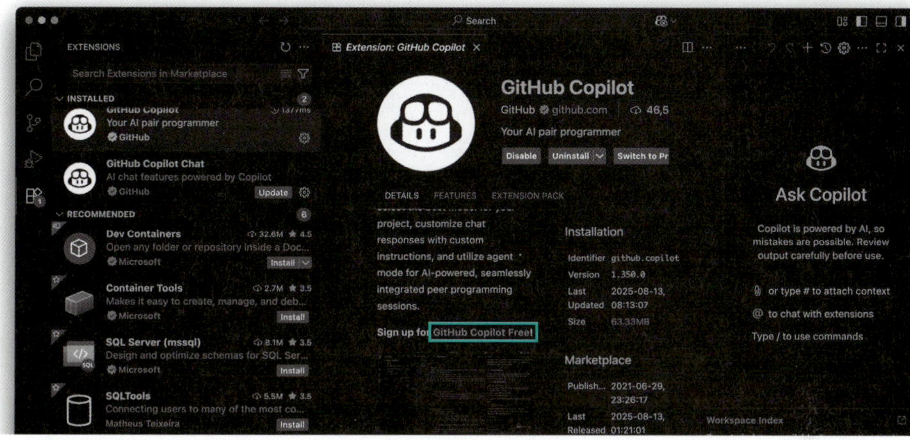

08 GitHub Copilot을 실행해 깃허브 계정으로 로그인한다(기존 계정이 없을 시 가입 후 로그인). 이제 에디터 창 환경 설정을 진행한다. [Start using Copilot Free] 버튼을 클릭한다.

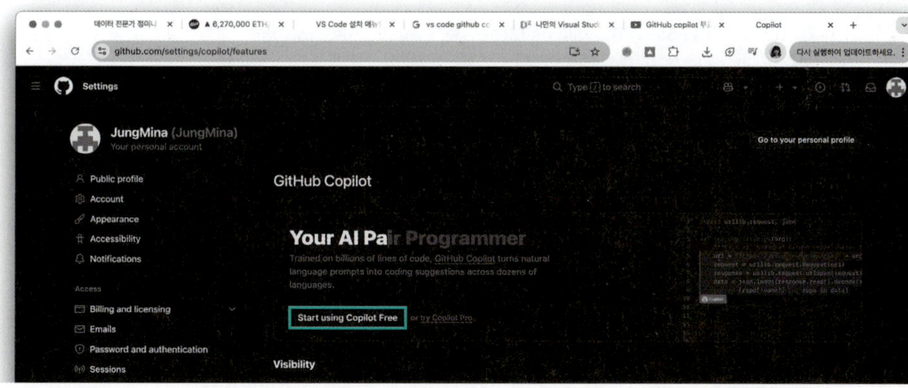

09 단축키(Windows: Ctrl+i / Mac: Command+i)를 눌러 프롬프트 창을 오픈한다.

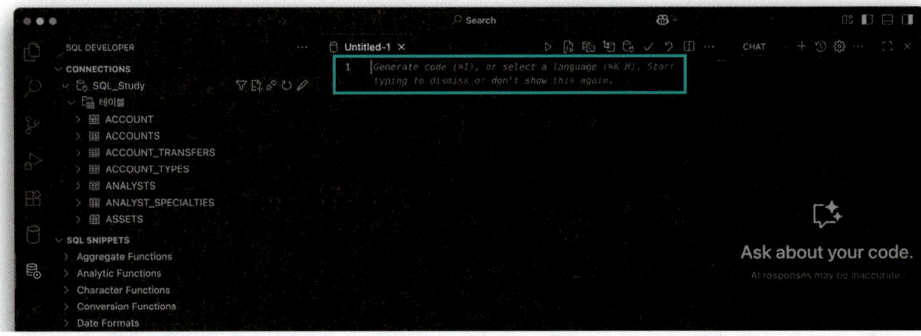

10 다음과 같이 프롬프트를 작성해본다(테이블 구조나 요구하는 SQL의 내용은 독자의 DB에 맞게 작성해야 한다).

너는 SQL 전문가야

Oracle 기준으로 작성해줘

테이블 구조는 다음과 같아

```
CREATE TABLE "JUNGMINA"."CUSTOMERS"
   (    "CUSTOMER_ID" VARCHAR2(64) NOT NULL ENABLE,
        "GRADE_ID" VARCHAR2(64),
        "CUSTOMER_PASSWORD" VARCHAR2(64) NOT NULL ENABLE,
        "CUSTOMER_NAME" VARCHAR2(64) NOT NULL ENABLE,
        "CUSTOMER_GENDER" VARCHAR2(10),
        "CUSTOMER_EMAIL" VARCHAR2(40),
        "CUSTOMER_PHONE" VARCHAR2(20),
        "CUSTOMER_BIRTHDATE" DATE,
        "CUSTOMER_INCOME" NUMBER(19,0),
        "CUSTOMER_RISK_TOLERANCE" VARCHAR2(10),
        "CREATION_TIMESTAMP" TIMESTAMP (6) DEFAULT CURRENT_TIMESTAMP,
        "UPDATE_TIMESTAMP" TIMESTAMP (6) DEFAULT CURRENT_TIMESTAMP );
```

고객 위험 감수 항목 별로 고객 수를 출력해줘

결과는 고객 위험 감수로 오름차순 정렬해줘

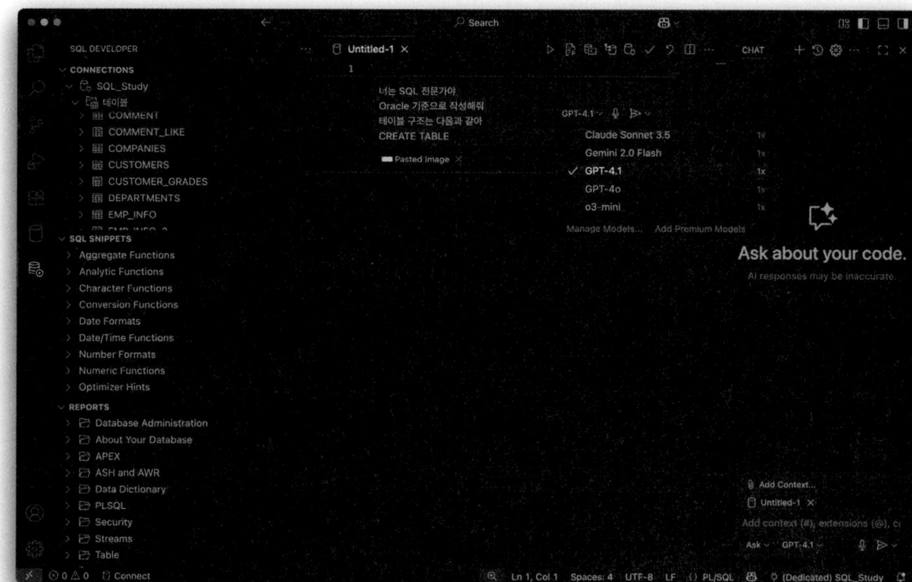

11 [Accept] 버튼을 클릭하면 Copilot이 제시한 SQL이 바로 코드 편집기에 삽입된다.

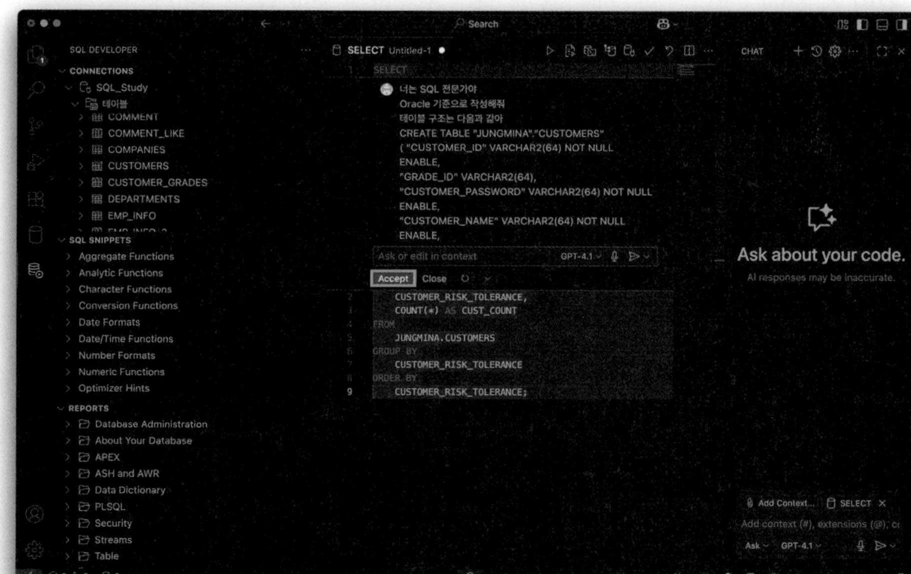

12 바로 [실행 ▷] 버튼을 클릭해 결과를 확인해보자.

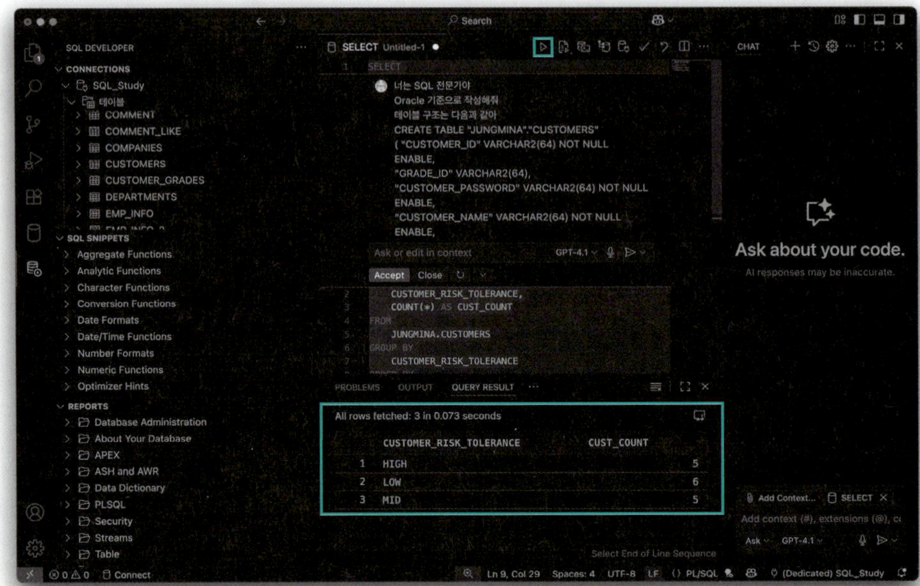

이와 같이 사용하는 방식은 학습과 실무를 모두 포괄하는 균형 잡힌 데이터 분석 환경이다. VS Code는 가볍고 유연한 코드 편집기이며 다양한 언어와 데이터베이스 환경을 동시에 다루기 좋은 개발 중심 도구이다. 여기에 Copilot을 연동하면 SQL이나 파이썬과 같은 언어를 작성할 때 기본적인 구문을 빠르게 제안받을 수 있어(제안받은 코드를 그대로 반영하고자 한다면 [Tab] 키를 누르면 된다) 개발 속도가 향상된다. 특히 SELECT, JOIN, GROUP BY, CASE WHEN 같은 반복적인 SQL 패턴을 실시간으로 완성해주기 때문에 초보자도 구조적인 쿼리를 손쉽게 작성할 수 있다.

챗GPT를 VS Code에 확장 형태로 연결하면 코드 블록 단위로 실행 오류를 분석하거나 쿼리의 논리 구조를 참고하는 식의 대화형 학습이 가능해진다. 코드 작성, 문제 분석, 리팩터링, 문서화까지 한 환경에서 처리할 수 있다는 점은 이 조합의 큰 장점이다.

그러나 VS Code는 데이터베이스 연결 기능이 기본 내장되어 있지 않아 SQL Developer 같은 전용 DB 도구가 필요하다. SQL Developer는 오라클 환경에 최적화된 데이터베이스 관리 도구로 실행 계획, 인덱스, 통계, I/O 비용 등을 시각적으로 분석할 수 있다. 그러므로 VS Code에서 작성한 SQL을 SQL Developer에서 실행하고 결과를 확인한 뒤 그 실행 계획이나 통계를 챗GPT에 붙여넣어 튜닝 방향을 조언받는 방식으로 활용하면 이상적이다.

예를 들어, VS Code에서 챗GPT에게 원하는 SQL을 요청한 뒤 해당 쿼리를 Copilot을 이용해 다듬은 다음 SQL Developer에서 실행 결과를 확인하는 식이다. 이런 흐름으로 코드 자동화를 완벽하게 실현할 수 있다.

AI + SQL 활용 감각 익히기

이제 SQL을 잘 다루려면 먼저 AI를 제대로 이해해야 한다. 챗GPT가 어떻게 SQL을 만들어내는지를 다시 점검해보자. 프롬프트 엔지니어링, 환각 현상, NL2SQL 같은 핵심 개념을 가볍게 복습하면서 'AI를 믿고 써도 되는 이유'와 '어디까지 직접 판단해야 할지'에 대한 감을 잡아보자.

Q1 프롬프트 엔지니어링이란 무엇을 전략적으로 설계하고 최적화하는 기술인가?

정답

AI에게 입력할 지시문

해설

프롬프트 엔지니어링은 원하는 결과를 얻기 위해 AI에 입력하는 문장을 구조적으로 설계하는 기술이다.

Q2 AI가 실제로 존재하지 않는 정보를 사실처럼 만들어내는 오류 현상은?

정답

환각(Hallucination)

해설

챗GPT가 존재하지 않는 테이블명이나 칼럼명을 그럴듯하게 생성하는 경우가 이에 해당한다. 환각 현상이 나타나는 원인은 학습된 패턴을 기반으로 가장 가능성 높은 문장을 예측하기 때문이다.

Q3 **사용자가 자연어로 입력한 "지난달 신규 가입한 고객 중 20~30대 고객을 보여줘" 같은 문장을 SQL로 변환하는 과정을 무엇이라 하는가?**

정답

자연어 → SQL 변환(NL2SQL)

해설

Natural Language to SQL(NL2SQL)은 '의미 파악 → 구조 매핑 → SQL 문법 생성 → 형식화 단계'를 거쳐 쿼리를 완성한다.

Q4 **다음 중 AI가 SQL 작성에 적합한 이유로 적절하지 않은 것은?**

① 정형화된 문법과 패턴을 이해한다.

② 실행 계획을 기반으로 튜닝 제안을 할 수 있다.

③ SQL 실행 중 발생하는 트랜잭션을 실시간 반영할 수 있다.

④ 다양한 DBMS 문법(PostgreSQL, Oracle 등)에 익숙하다.

⑤ 사용자와 대화형으로 점진적 쿼리 완성이 가능하다.

정답

③

해설

AI는 학습 데이터 기반 모델이므로 실시간 테이블 상태나 트랜잭션 정보를 반영하지 못한다.

Q5 다음 중 모델링 기반 SQL 생성의 장점으로 올바른 것은?

① 칼럼명을 AI가 자유롭게 가정할 수 있다.

② 테이블 간 관계를 무시할 수 있다.

③ 실제 스키마에 맞는 칼럼명을 사용하게 된다.

④ 쿼리의 집계 기준을 자동으로 제거한다.

⑤ 문법(Syntax) 오류를 해결할 수 있다.

정답

③

해설

모델링 기반 접근은 실제 데이터베이스 스키마 정보를 활용한다. 따라서 존재하는 테이블명, 칼럼명, 데이터 타입을 정확히 사용할 수 있다.

Q6 챗GPT가 SQL을 생성할 때 통계적 예측을 사용하는 이유로 올바른 것은?

① DB의 실제 실행 계획을 미리 학습하기 때문이다.

② 자연어의 의미를 100% 정확히 해석하기 때문이다.

③ 학습된 패턴을 기반으로 다음 단어를 확률적으로 예측하기 때문이다.

④ 코드 파서를 직접 실행하기 때문이다.

⑤ SQL 엔진 내부 구조를 반영하기 때문이다.

정답

③

해설

GPT는 문맥 기반 확률 예측 모델이므로 논리적 계산이 아닌 패턴 기반 예측으로 쿼리를 생성한다.

Q7 **다음 중 SQL 스니펫 라이브러리 구축의 장점이 아닌 것은?**

① 재사용성을 높일 수 있다.

② 프로젝트별 SQL 품질을 표준화한다.

③ 쿼리 작성 속도를 향상시킨다.

④ 스키마 정보 없이도 복잡한 JOIN 쿼리를 생성할 수 있다.

⑤ AI가 기존 스니펫을 개선하도록 요청할 수 있다.

정답

④

해설

스니펫 라이브러리란 자주 사용되는 SQL 패턴이나 쿼리 템플릿을 미리 작성하여 저장해두고 필요할 때 재사용하거나 조합하는 방식으로 스니펫 라이브러리도 스키마 정보는 여전히 필요하다.

Q8 **"ORDERS 테이블에서 2025년 상반기 지역별 총 매출액을 구해줘"와 같은 요청을 처리하는 챗GPT 활용 패턴은?**

① 모델링 기반 SQL 생성

② 비즈니스 요구사항 → SQL 변환

③ 튜닝 가이드

④ SQL 스니펫 생성

⑤ 학습 · 교육 패턴

정답

②

해설

사용자의 비즈니스 요구사항을 SQL로 직접 변환하는 케이스에 해당한다.

Q9 프롬프트에서 DBMS 정보를 명시하지 않았을 때 발생할 수 있는 문제는?

① 출력 형식이 단조로워진다.

② SQL 문법 오류가 발생할 수 있다.

③ AI가 질문을 거부한다.

④ 실행 계획이 자동으로 튜닝된다.

⑤ 결과가 JSON으로 변환된다.

정답

②

해설

DBMS별 문법 차이(MySQL vs Oracle 등)를 고려하지 않으면 실행 오류가 생길 수 있다.

Q10 다음 중 모델링 기반 SQL 생성 절차에 포함되지 않는 단계는?

① DBMS 환경 명시

② 모델 정보 제공

③ 요구사항 기술

④ SQL 실행 계획 자동 검증

⑤ 생성된 SQL 검토

정답

④

해설

챗GPT는 실행 계획을 직접 검증할 수 없으므로 반드시 사용자가 SQL을 검토 · 보완해야 한다.

Part 3

AI야, SQL을 작성해줘

3부에서는 SQL의 기본 개념 및 챗GPT를 활용하여 기본 SQL부터 복잡한 분석 쿼리까지 자동 생성하는 방법을 다룬다. 실제 비즈니스 요구사항을 SQL로 변환하는 과정과 AI가 제안한 쿼리를 검증 · 보완하는 전략까지 함께 살펴볼 예정이다.

이제부터 AI가 만들어준 SQL을 검증하고 개선할 수 있도록 기본 SQL 작성 능력을 함께 강화해보도록 하자. 이를 통해 여러분은 챗GPT를 SQL 작성 파트너로 삼아, 요구사항 → SQL 초안 → 검증 → 개선의 짧고 효율적인 개발 사이클을 구축하게 될 것이다.

- 기본 SQL 자동 생성
- JOIN과 서브쿼리 생성
- 집계 및 분석 쿼리 생성

Chapter 7

기본 SQL 자동 생성

AI가 작성하는 SQL을 바로 적용할 수 있을까?

챗GPT는 단순한 SELECT 문부터 시작해서 JOIN, 집계 쿼리, 서브쿼리, 윈도우 함수까지 놀라울 정도로 다양한 SQL을 생성해낸다. 하지만 실무 환경에서는 단순히 문법이 맞는 쿼리보다 업무 목적에 부합하고 실행 효율이 좋은 쿼리가 필요하다. AI가 생성한 쿼리는 때에 따라 바로 배포 환경에 적용할 수 있는 경우도 있겠지만 종종 세부 조건이 누락되거나 데이터 양을 고려하지 않은 비효율적인 로직이 포함되기도 한다.

왜 이런 차이가 발생할까? 그 이유는 대부분 **AI에게 업무 목적, 데이터 구조, 성능 제약조건을 충분히 전달하지 않았기 때문**이다. AI는 사람이 주는 정보 범위 내에서만 추론하고 생성할 수 있기 때문에 제한된 정보로는 실무에 최적화된 결과를 만들기 어렵다(그리고 AI가 100% 정확한 SQL 문법을 구사한다고 말하기엔 아직은 2% 부족한 것도 사실이다).

SQL 작성 업무를 AI를 통해 자동화한다고 하더라도 SQL의 개념이나 기본 작성법은 스스로 터득하고 있어야 하는 이유가 여기에 있다. AI가 많은 것을 해주지만 생성된 쿼리의 정확성을 검증하고 성능 저하를 유발하는 부분을 튜닝하며 비즈니스 변화에 따라 쿼리를 수정하는 작업은 여전히 사람의 몫이기 때문이다. SQL 문법과 구조를 이해하지 못하면 AI가 만든 결과물을 그대로 믿고 쓰게 되고 이는 잘못된 데이터 분석이나 보고로 이어져 매우 위험한 상황이 발생할 수 있다. AI는 나의 도우미이지 나를 대신해서 모든 업무의 책임을 져주진 않는다. 따라서 당연히 스스로 기본기를 갖춘 상태에서 AI를 활용해야 효율성과 신뢰성이 동시에 확보될 것이다.

SQL 자동 생성의 시대

SQL을 처음부터 끝까지 손으로 작성하던 시대는 저물고 있다. 챗GPT를 비롯한 LLM 기반 도구들이 보편화되면서 이제는 기본적인 SQL은 AI가 자동으로 생성하고, 사람은 이를 검토 · 보완하는 방식이 점차 표준이 되어가고 있다. 앞으로 SQL 자동 생성은 단순한 편리함을 넘어서 개발 속도와 일관성을 확보하는 핵심 역량으로 자리 잡을 것이다. 이 장에서는 챗GPT를 활용해 기본 SQL을 신속하고 정확하게 생성하는 방법과 실무 적용 패턴을 다룬다.

첫째, 기본 SQL의 개념 이해하기

SQL의 가장 핵심이자 출발점이 되는 구문은 SELECT이며 SELECT 절은 원하는 데이터를 특정 칼럼 단위로 조회하는 역할을 한다. 이를 올바르게 이해해야만 WHERE, ORDER BY, GROUP BY 등 다른 구문과의 조합에서도 정확하고 의도한 결과를 얻을 수 있다.

둘째, SELECT · WHERE · ORDER BY 생성 패턴

챗GPT에 테이블 구조와 조회 조건을 명확히 제공하면 SELECT, WHERE, ORDER BY 구문이 포함된 완전한 쿼리를 자동으로 생성할 수 있다. 이 패턴은 데이터 필터링과 정렬이 필요한 보고서 · 대시보드용 쿼리 작성에 특히 유용하다.

셋째, 매출 데이터 분석 쿼리 생성 예제

비즈니스 환경에서 자주 쓰이는 매출 데이터 분석을 주제로 챗GPT에 프롬프트를 작성하고 월별 · 카테고리별 집계, 정렬, 조건 필터링이 포함된 쿼리를 자동 생성하는 과정을 살펴본다. 이를 통해 SQL 자동 생성이 실무에서 어떻게 적용되는지 구체적으로 이해할 수 있다.

이제부터 기본 SQL 자동 생성을 단순 편의 기능이 아닌 SQL 개발 프로세스의 가속 엔진으로 활용하는 방법을 학습해보도록 하자. 이를 위해 기본 SELECT 구문 개념부터 시작해 WHERE와 ORDER BY를 결합한 자동화 패턴, 그리고 실제 매출 데이터 분석 예제까지 단계별로 살펴볼 것이다. 그리고 각 단계에서는 챗GPT에 제공해야 할 필수 정보, 효과적인 프롬프트 작성법, 생성된 쿼리의 검증 및 개선 절차를 함께 제시하여 단순히 쿼리를 받아쓰기보다는 AI와 협업하며 SQL 개발 속도와 품질을 동시에 끌어올릴 수 있도록 할 것이다.

7.1 기본 SQL 개념 이해하기

SELECT 이해하기

SQL은 기본적으로 데이터베이스에게 무엇을(SELECT), 어디에서(FROM) 가져와달라고 요청하는 언어이다. 데이터는 기본적으로 테이블에 저장이 되어 있는데 테이블의 구조는 엑셀의 표를 떠올리면 이해하기 쉽다. 테이블은 row(가로줄, 행)와 column(세로줄, 열)으로 구성된다. 이 두 가지가 SQL의 뼈대이다.

- **FROM**: "어떤 테이블의 데이터가 필요해?"
- **SELECT**: "그 테이블에서 어떤 칼럼을 조회할까?"

처음에는 테이블의 구조가 궁금할 수 있다. 그럴 땐 전체 칼럼을 한 번에 보기 위한 SQL로 작성을 시작한다.

```
SELECT * FROM CUSTOMERS;
```

여기에서 *는 해당 테이블(여기서는 CUSTOMERS)의 모든 칼럼을 의미한다.

출력 결과

CUSTOMER_ID	CUSTOMER_NAME	REGION	BIRTH_DATE	CUSTOMER_TYPE
C001	김민수	Seoul	19900315	Regular
C002	이수진	Seoul	19880524	Gold
C003	정유라	Seoul	20010425	VIP
C004	오지훈	Seoul	19951109	Silver
C005	박찬호	Seoul	20030303	Regular
C006	윤서현	Busan	20030910	Regular
C007	김서연	Busan	20020214	Gold
C008	이민재	Busan	19980515	VIP
C009	최도현	Busan	19991230	Silver

C010	박지훈	Busan	20010817	Gold
C011	한지훈	Jeju	19850722	VIP
C012	이도현	Jeju	20000125	Regular
C013	김하늘	Jeju	19951120	Regular
C014	정민우	Jeju	20051230	Gold
C015	박서윤	Jeju	20020712	VIP

만약 몇 가지 특정 칼럼들만 보고 싶다면 해당 칼럼들을 콤마로 구분해 나열할 수 있다. 여기서 SELECT 절의 칼럼 순서는 출력 데이터의 순서를 결정한다.

```
SELECT
    CUSTOMER_ID,
    CUSTOMER_NAME,
    REGION
FROM
    CUSTOMERS;
```

출력 결과

CUSTOMER_ID	CUSTOMER_NAME	REGION
C001	김민수	Seoul
C002	이수진	Seoul
C003	정유라	Seoul
C004	오지훈	Seoul
C005	박찬호	Seoul
C006	윤서현	Busan
C007	김서연	Busan
C008	이민재	Busan
C009	최도현	Busan
C010	박지훈	Busan

C011	한지훈	Jeju
C012	이도현	Jeju
C013	김하늘	Jeju
C014	정민우	Jeju
C015	박서윤	Jeju

결과 열 이름 바꾸기

결과 데이터의 가독성을 높이기 위해 칼럼 Alias를 사용할 수 있다.

```
SELECT
    CUSTOMER_NAME AS "고객명",
    REGION AS "거주지역"
FROM CUSTOMERS;
```

출력 결과

고객명	거주지역
김민수	Seoul
이수진	Seoul
정유라	Seoul
오지훈	Seoul
박찬호	Seoul
윤서현	Busan
김서연	Busan
이민재	Busan
최도현	Busan
박지훈	Busan
한지훈	Jeju
이도현	Jeju

김하늘	Jeju
정민우	Jeju
박서윤	Jeju

- AS는 생략 가능
- 한글 alias 사용
  → SQL에서 큰따옴표(" ")를 사용하면 공백, 한글, 대소문자 구분이 있는 별칭 지정 가능
  → 분석 보고서나 실습 결과를 시각적으로 보여줄 때 가장 직관적

상수(리터럴)와 계산 결과도 칼럼이 될 수 있다

SELECT 절에는 테이블 칼럼뿐만 아니라 문자/숫자 상수, 수식, 간단한 함수의 결과도 넣을 수 있다.

```
SELECT
    CUSTOMER_ID,
    'KOREA' AS COUNTRY,     -- 상수 칼럼
    2025 - 2000 AS YEARS,   -- 산술식
    AMOUNT * 1.1 AS TAXED   -- 계산된 칼럼(예: 세금 가산)
FROM ORDERS
WHERE ROWNUM <= 5;
```

출력 결과

CUSTOMER_ID	COUNTRY	YEARS	TAXED
C001	KOREA	25	165000
C001	KOREA	25	253000
C002	KOREA	25	198000
C002	KOREA	25	214500
C003	KOREA	25	108900

- 문자열은 작은따옴표(' ')로 묶는다.
- WHERE ROWNUM <= 5 → 조회 결과 중에서 랜덤으로 5개 행만 출력하라는 의미

함수로 값 변환하기

함수를 사용하면 손쉽게 데이터를 가공할 수 있다. 단, DBMS마다 일부 함수 이름 및 문법이 다르기 때문에 작성 시 확인이 필요하다. 다음은 오라클의 주요 함수에 대한 설명이다.

① 문자 함수

문자 데이터를 처리하거나 조작할 때 사용하는 함수이다.

표 7-1 문자 함수의 종류

함수명	설명	예시
UPPER	소문자를 대문자로 변환	UPPER('seoul') → 'SEOUL'
LOWER	대문자를 소문자로 변환	LOWER('BUSAN') → 'busan'
LENGTH	문자열의 길이를 반환	LENGTH('DAEJEON') → 7
SUBSTR	문자열의 일부분 추출 (첫번째 인수: 추출할 문자의 시작 위치, 두번째 인수: 추출할 문자의 길이)	SUBSTR('IN–CHEON', 1, 2) → 'IN'
REPLACE	문자열 일부 치환	REPLACE('SQL DEVELOPER', 'SQL', 'PL/SQL') → 'PL/SQL DEVELOPER'
TRIM	앞뒤 공백 제거	TRIM(' OpenAI ') → 'OpenAI'

```
-- 테스트를 위한 샘플 테이블
SELECT * FROM SAMPLE_STRING;
```

출력 결과

ORIGINAL_TEXT
seoul
BUSAN

DAEJEON
IN-CHEON
SQL DEVELOPER

(*seoul 앞에 공백 1칸, BUSAN 앞에 공백 2칸 있음)

다음은 데이터에 각 함수를 적용한 쿼리이다.

```
SELECT
    ORIGINAL_TEXT,
    UPPER(ORIGINAL_TEXT) AS TO_UPPER,
    LOWER(ORIGINAL_TEXT) AS TO_LOWER,
    LENGTH(ORIGINAL_TEXT) AS TEXT_LENGTH,
    SUBSTR(ORIGINAL_TEXT, 1, 3) AS FIRST_THREE,
    REPLACE(ORIGINAL_TEXT, 'SQL', 'PL/SQL') AS REPLACED_TEXT,
    TRIM(ORIGINAL_TEXT) AS TRIMMED_TEXT
FROM SAMPLE_STRING;
```

출력 결과

ORIGINAL_TEXT	TO_UPPER	TO_LOWER	TEXT_LENGTH	FIRST_THREE	REPLACED_TEXT	TRIMMED_TEXT
seoul	SEOUL	seoul	6	se	seoul	seoul
BUSAN	BUSAN	busan	7	B	BUSAN	BUSAN
DAEJEON	DAEJEON	daejeon	7	DAE	DAEJEON	DAEJEON
IN-CHEON	IN-CHEON	in-cheon	8	IN-	IN-CHEON	IN-CHEON
SQL DEVELOPER	SQL DEVELOPER	sql developer	13	SQL	PL/SQL DEVELOPER	SQL DEVELOPER

(*seoul 앞에 공백 1칸, BUSAN 앞에 공백 2칸 있음)

② 숫자 함수

숫자 데이터를 연산하거나 포맷을 지정할 때 사용하는 함수이다.

표 7-2 숫자 함수의 종류

함수명	설명	예시
ROUND	지정한 자리수로 반올림	ROUND(1234.567, 2) → 1234.57
TRUNC	지정한 자리수 이하 절삭	TRUNC(1234.567, 2) → 1234.56
MOD	나머지 구하기	MOD(10, 3) → 1
ABS	절댓값 반환	ABS(−100) → 100
CEIL	올림	CEIL(10.2) → 11
FLOOR	내림	FLOOR(10.8) → 10

```
-- 테스트를 위한 샘플 테이블
SELECT * FROM SAMPLE_NUMBER;
```

출력 결과

ORIGINAL_VALUE
1234.567
−98.765
10.2
-10.8
0

다음은 데이터에 각 함수를 적용한 쿼리이다.

```
SELECT
  ORIGINAL_VALUE,
  ROUND(ORIGINAL_VALUE, 2) AS ROUNDED,
  TRUNC(ORIGINAL_VALUE, 2) AS TRUNCATED,
  MOD(ORIGINAL_VALUE, 3) AS MOD_RESULT,
  ABS(ORIGINAL_VALUE) AS ABS_VALUE,
  CEIL(ORIGINAL_VALUE) AS CEIL_VALUE,
  FLOOR(ORIGINAL_VALUE) AS FLOOR_VALUE
```

```
FROM SAMPLE_NUMBER;
```

출력 결과

ORIGINAL_VALUE	ROUNDED	TRUNCATED	MOD_RESULT	ABS_VALUE	CEIL_VALUE	FLOOR_VALUE
1234.567	1234.57	1234.56	1.567	1234.567	1235	1234
–98.765	–98.77	–98.76	–2.765	98.765	–98	–99
10.2	10.2	10.2	1.2	10.2	11	10
-10.8	-10.8	-10.8	-1.8	10.8	–10	–11
0	0	0	0	0	0	0

③ 날짜 함수

날짜 데이터를 처리하고 계산할 때 사용하는 함수이다.

표 7-3 날짜 함수의 종류

함수명	설명	예시
SYSDATE	현재 날짜와 시간 반환	SYSDATE → 2025–12–07 07:46:42
ADD_MONTHS(d, n)	날짜 d로부터 n개월 이후(또는 이전)의 날짜 반환	ADD_MONTHS(SYSDATE, 3) → 2026–03–07 07:46:42
MONTHS_BETWEEN(d1, d2)	두 날짜 사이의 개월 수(소수 포함)를 반환	MONTHS_BETWEEN('2025–08–01', '2025–06–01') → 2
TRUNC(d)	날짜 d에서 시간 정보 제거 (00:00:00으로 설정)	TRUNC(SYSDATE) → 2025–12–07 00:00:00
NEXT_DAY(d, 'DAY')	날짜 d 이후의 가장 가까운 지정 요일을 반환	NEXT_DAY(SYSDATE, 'FRIDAY') → 2025–12–12 07:46:42(DB 설정 언어에 따라 한글('금요일')로 표기해야 할 수도 있음)
LAST_DAY(d)	날짜 d가 속한 달의 마지막 날짜 반환	LAST_DAY(SYSDATE) → 2025–12–31 07:46:42

다음은 SYSDATE에 각 함수를 적용한 쿼리이다.

```sql
SELECT
  SYSDATE AS TODAY,
  ADD_MONTHS(SYSDATE, 3) AS THREE_MONTHS_LATER,
  MONTHS_BETWEEN(SYSDATE, TO_DATE('2025-01-01', 'YYYY-MM-DD')) AS MONTH_DIFF,
  TRUNC(SYSDATE) AS TODAY_TRUNC,
  NEXT_DAY(SYSDATE, 'MONDAY') AS NEXT_MONDAY,
  LAST_DAY(SYSDATE) AS END_OF_MONTH
FROM DUAL;
```

출력 결과

TODAY	THREE_ MONTHS_LATER	MONTH_DIFF	TODAY_ TRUNC	NEXT_ MONDAY	END_OF_ MONTH
2025-10-13 14:25:00	2026-01-13 14:25:00	9.38709677	2025-10-13 00:00:00	2025-10-20 00:00:00	2025-10-31 00:00:00

④ NULL 관련 함수

NULL 값인 데이터를 처리할 때 사용하는 함수이다.

표 7-4 NULL 관련 함수의 종류

함수명	설명	예시
NVL(a, b)	a가 NULL이 아니면 a를, a가 NULL이면 b를 반환	NVL(COMMENTS, 'No comment')
NVL2(a, b, c)	a가 NULL이 아니면 b, NULL이면 c 반환	NVL2(SALARY, 'Paid', 'Unpaid')
COALESCE(a, b, c…)	여러 값 중 NULL이 아닌 첫 번째 값 반환	COALESCE(NULL, ' ', 'Fallback') → 'Fallback'
NULLIF(a, b)	a와 b가 같으면 NULL 반환, 다르면 a 반환	NULLIF('A', 'A') → NULL NULLIF('A', 'B') → 'A'

```sql
-- 테스트를 위한 샘플 테이블
SELECT * FROM SAMPLE_CUSTOMER;
```

출력 결과

CUSTOMER_ID	CUSTOMER_NAME	REGION	SALARY	COMMENTS	NICKNAME
1	Alice	Seoul	5000	Great service	Ally
2	Bob	Unknown	(null)	(null)	(null)
3	Charlie	Busan	3000	(null)	(null)
4	Dana	Daejeon	(null)	VIP	Dee

다음은 데이터에 각 함수를 적용한 쿼리이다.

```
SELECT
    CUSTOMER_NAME,
    NVL(COMMENTS, 'No comment') AS COMMENT_TEXT,
    NVL2(SALARY, 'Paid', 'Unpaid') AS PAYMENT_STATUS,
    COALESCE(NICKNAME, CUSTOMER_NAME, 'Guest') AS DISPLAY_NAME,
    NULLIF(REGION, 'Unknown') AS REGION_CHECK
FROM SAMPLE_CUSTOMER;
```

출력 결과

CUSTOMER_NAME	COMMENT_TEXT	PAYMENT_STATUS	DISPLAY_NAME	REGION_CHECK
Alice	Great service	Paid	Ally	Seoul
Bob	No comment	Unpaid	Bob	(null)
Charlie	No comment	Paid	Charlie	Busan
Dana	VIP	Unpaid	Dee	Daejeon

⑤ 형변환 함수

데이터 타입을 변경할 때 사용하는 함수이다.

표 7-5 형변환 함수의 종류

함수명	설명	예제
TO_CHAR	숫자 또는 날짜 → 문자	TO_CHAR(SYSDATE, 'YYYY-MM-DD')
TO_DATE	문자 → 날짜	TO_DATE('2025-01-01', 'YYYY-MM-DD')
TO_NUMBER	문자 → 숫자	TO_NUMBER('1234')

다음은 각 함수를 적용한 쿼리이다.

```
SELECT
    SYSDATE AS ORIGINAL_DATE,
    TO_CHAR(SYSDATE, 'YYYY-MM-DD') AS DATE_STRING,
    TO_DATE('2025-01-01', 'YYYY-MM-DD') AS CONVERTED_DATE,
    TO_NUMBER('1234') AS NUMERIC_VALUE
FROM DUAL;
```

출력 결과

ORIGINAL_DATE	DATE_STRING	CONVERTED_DATE	NUMERIC_VALUE
2025-10-13 14:35:00	2025-10-13	2025-01-01 00:00:00	1234

중복 제거: DISTINCT

특정 칼럼의 고유한 값에 대한 리스트가 필요할 때 쓰는 옵션이다.

- DISTINCT는 결과 행 중 중복된 행을 제거한다.
- 여러 칼럼에 적용 가능하다.
  예) SELECT DISTINCT REGION, CUSTOMER_TYPE ... → 두 칼럼이 모두 같아야 제거 대상이 됨

다음은 1개의 칼럼을 대상으로 DISTINCT를 적용한 쿼리이다.

```
SELECT
  DISTINCT REGION
FROM CUSTOMERS;
```

출력 결과

REGION
Seoul
Busan
Jeju

다음은 2개의 칼럼을 대상으로 DISTINCT를 적용한 쿼리이다.

```
SELECT
    DISTINCT REGION,
    CUSTOMER_TYPE
FROM CUSTOMERS;
```

출력 결과

REGION	CUSTOMER_TYPE
Seoul	Regular
Seoul	Gold
Seoul	VIP
Seoul	Silver
Busan	Regular
Busan	Gold
Busan	VIP
Busan	Silver
Jeju	VIP

테이블 Alias의 필요성

테이블에 별칭(Alias)을 부여하면 테이블명을 줄여서 사용할 수 있으며 복잡한 쿼리나 여러 테이블을 JOIN할 때 칼럼의 소속 테이블을 명확히 표현하는 데 큰 도움이 된다. 다음은 CUSTOMERS 테이블에 C라는 alias를 부여한 쿼리이다.

```
SELECT
    C.CUSTOMER_NAME,
    C.REGION
FROM CUSTOMERS C;
```

테이블 Alias가 유용한 경우는 다음과 같다.

- **코드 가독성 향상**: 긴 테이블명을 짧은 별칭으로 줄여 쿼리를 간결하게 만들 수 있다.
- **JOIN 시 칼럼 출처 구분 명확**: 동일한 칼럼명이 여러 테이블에 존재할 때 해당 칼럼이 어떤 테이블의 칼럼인지 명확히 구분할 수 있다.
- **중복 방지 및 유지보수 용이**: 협업 시에도 어떤 칼럼이 어떤 테이블에서 왔는지 쉽게 파악할 수 있어 유지보수가 쉬워진다.

다음은 JOIN 쿼리에서 테이블 alias를 사용한 예이다. 아직 JOIN에 대해 배우지 않았으므로 alias의 쓰임새만 확인하고 넘어가도 좋다.

```
SELECT
    C.CUSTOMER_ID,
    C.CUSTOMER_NAME,
    C.REGION,
    MAX(O.ORDER_DATE) AS LAST_ORDER_DATE
FROM CUSTOMERS C
INNER JOIN ORDERS O
ON C.CUSTOMER_ID = O.CUSTOMER_ID
GROUP BY C.CUSTOMER_ID, C.CUSTOMER_NAME, C.REGION;
```

출력 결과

CUSTOMER_ID	CUSTOMER_NAME	REGION	LAST_ORDER_DATE
C001	김민수	Seoul	2025-02-15
C002	이수진	Seoul	2025-04-25
C003	정유라	Seoul	2025-06-14
C004	오지훈	Seoul	2025-07-03

C005	박찬호	Seoul	2025-01-22
C006	윤서현	Busan	2025-04-11
C007	김서연	Busan	2025-06-18
C008	이민재	Busan	2025-07-15
C009	최도현	Busan	2025-03-22
C010	박지훈	Busan	2025-06-10
C011	한지훈	Jeju	2025-10-01
C012	이도현	Jeju	2025-09-02
C013	김하늘	Jeju	2025-07-21
C014	정민우	Jeju	2025-08-14
C015	박서윤	Jeju	2025-08-05

CASE WHEN: 조건에 따른 분기 처리

SQL에서 CASE WHEN 구문은 조건에 따라 서로 다른 값을 반환하고자 할 때 사용한다. 즉, 프로그래밍의 if 문과 같은 역할을 하며 SELECT 절, WHERE 절, ORDER BY 절 등 거의 모든 곳에서 활용할 수 있다.

- CASE WHEN은 여러 조건을 순서대로 평가하며, 가장 먼저 TRUE가 되는 조건의 결과를 반환한다.
- 모든 조건이 FALSE일 경우, ELSE 절의 값을 반환한다.
- ELSE 절이 없고 모든 조건이 거짓이면 NULL을 반환한다.

기본 문법

```
CASE
    WHEN 조건식1 THEN 결과값1
    WHEN 조건식2 THEN 결과값2
    ...
    ELSE 기본값
END
```

다음은 고객 데이터를 CUSTOMER_TYPE 값에 따라 등급을 부여한 쿼리이다.

```
SELECT
    CUSTOMER_NAME,
    CUSTOMER_TYPE,
    CASE
        WHEN CUSTOMER_TYPE = 'VIP' THEN '1등급 고객'
        WHEN CUSTOMER_TYPE = 'Gold' THEN '2등급 고객'
        WHEN CUSTOMER_TYPE = 'Silver' THEN '3등급 고객'
        ELSE '일반 고객'
    END AS CUSTOMER_GRADE
FROM CUSTOMERS
WHERE REGION = 'Seoul';
```

출력 결과

CUSTOMER_NAME	CUSTOMER_TYPE	CUSTOMER_GRADE
김민수	Regular	일반 고객
이수진	Gold	2등급 고객
정유라	VIP	1등급 고객
오지훈	Silver	3등급 고객
박찬호	Regular	일반 고객

다음은 고객 상세 테이블에서 이메일, 주소, 휴대폰 번호 중 하나라도 누락된 고객을 "정보 불완전"으로 표시하는 쿼리이다.

```
SELECT
  CUSTOMER_ID,
  EMAIL,
  ADDRESS,
  MOBILE,
  CASE
    WHEN EMAIL IS NULL OR ADDRESS IS NULL OR MOBILE IS NULL THEN '정보 불완전'
```

```
    ELSE '정보 완전'
  END AS INFO_STATUS
FROM CUSTOMER_DETAIL
ORDER BY CUSTOMER_ID;
```

출력 결과

CUSTOMER_ID	EMAIL	ADDRESS	MOBILE	INFO_STATUS
C001	kimms@example.com	서울시 강남구	010-1234-5678	정보 완전
C002		서울시 서초구	010-2345-6789	정보 불완전
C003	jungyr@example.com		010-3456-7890	정보 불완전
C004	ohjh@example.com	서울시 송파구		정보 불완전
C005		서울시 은평구		정보 불완전
C006	yoonsh@example.com	부산시 해운대구	010-4567-8901	정보 완전
C007			010-5678-9012	정보 불완전
C008	leemj@example.com			정보 불완전
C009				정보 불완전
C010	parkjh@example.com			정보 불완전
C011	hanjh@example.com		010-6789-0123	정보 불완전
C012	leedh@example.com	제주시 애월읍	010-7890-1234	정보 완전
C013	kimhn@example.com	제주시 구좌읍		정보 불완전
C014		제주시 조천읍	010-8901-2345	정보 불완전

다음은 주문 테이블의 결제 수단에 따라 포인트 지급률을 구분하는 쿼리이다.

```
SELECT
  ORDER_ID,
  PAYMENT_METHOD,
  CASE
    WHEN PAYMENT_METHOD = '신용카드' THEN 0.03
    WHEN PAYMENT_METHOD = '간편결제' THEN 0.02
```

```
    WHEN PAYMENT_METHOD = '계좌이체' THEN 0.01
    ELSE 0
  END AS POINT_RATE
FROM ORDERS
WHERE CUSTOMER_ID = 'C006';
```

출력 결과

ORDER_ID	PAYMENT_METHOD	POINT_RATE
O011	신용카드	0.03
O012	간편결제	0.02

CASE WHEN 구문은 단순한 조건 분기 외에도 집계, 분류, 변환, 포맷팅, NULL 처리 등 다양한 튜닝 및 로직 구현에 사용되는 등 활용도가 높으니 잘 알아 두도록 하자.

WHERE: 필요한 데이터만 필터링하기

WHERE 절은 SQL에서 조건을 지정할 때 사용하는 구문으로 원하는 데이터를 필터링하여 조건에 부합하는 행(row)만 조회할 수 있게 해준다. 다음은 서울 지역의 고객만 조회하는 쿼리이다.

```
SELECT
    CUSTOMER_ID,
    CUSTOMER_NAME,
    REGION
FROM CUSTOMERS
WHERE REGION = 'Seoul';
```

출력 결과

CUSTOMER_ID	CUSTOMER_NAME	REGION
C001	김민수	Seoul
C002	이수진	Seoul

C003	정유라	Seoul
C004	오지훈	Seoul
C005	박찬호	Seoul

WHERE 절에서는 다양한 연산자를 사용하여 조건을 지정할 수 있다.

① 산술 연산자

SQL에서는 숫자 데이터를 대상으로 사칙연산(+, −, *, /, %)을 사용할 수 있으며 이를 산술 연산자라고 한다. 이 연산자들을 사용하면 칼럼 값에 계산을 적용하거나 새로운 계산된 값을 생성할 수 있어 데이터 가공과 분석에 매우 유용하다.

표 7-6 산술 연산자의 종류

연산자	의미
+	더하기
−	빼기
*	곱하기
/	나누기
%	나머지

※ % 연산자는 일부 DBMS(MySQL 등)에서만 지원되며 오라클에서는 MOD( ) 함수를 사용한다.

다음은 주문 상품의 가격과 수량을 곱해 총 구매 금액을 계산하는 쿼리이다.

```
SELECT
    ORDER_ID,
    PRODUCT_CODE,
    PRICE,
    QUANTITY,
    PRICE * QUANTITY AS TOTAL_PRICE
FROM ORDER_ITEMS;
```

출력 결과

ORDER_ID	PRODUCT_CODE	PRICE	QUANTITY	TOTAL_PRICE
O001	P1001	30000	2	60000
O001	P1002	45000	1	45000
O002	P1003	230000	1	230000
O003	P1001	60000	1	60000
O003	P1004	90000	1	90000
O003	P1005	30000	1	30000
O004	P1003	230000	1	230000
O005	P1007	50000	1	50000
O005	P1008	49000	1	49000
O006	P1009	125000	1	125000
O007	P1010	105000	2	210000
O008	P1011	87000	1	87000
O009	P1010	105000	1	105000
O010	P1013	165000	1	165000

- 문자형 데이터에는 산술 연산자를 사용할 수 없다(숫자형 칼럼 또는 숫자 리터럴에만 적용 가능).
- 0으로 나누는 연산은 오류가 발생하므로 주의해야 한다.

```
-- 나누는 값이 0인 경우
SELECT 100 / 0 FROM DUAL; -- 오류 발생 (division by zero)
```

산술 연산자는 숫자 데이터를 보다 유연하게 다루기 위한 필수 기능으로 급여 계산, 가격 산정, 통계 처리 등 다양한 분석 업무에 활용된다. 조건절(WHERE), 출력 칼럼(SELECT), 그룹 집계(GROUP BY) 등 다양한 SQL 구문에서 사용할 수 있으므로 꼭 알아두도록 하자.

② 비교 연산자

비교 연산자는 두 값을 비교한 결과가 참(TRUE)인지 거짓(FALSE)인지 판별하는 데 사용된다. 주로 WHERE 절에서 조건을 지정하거나, CASE WHEN 구문처럼 데이터를 분류하거나 필터링할 때 가장 많이 쓰인다. 숫자형, 문자형, 날짜형 데이터 모두 비교 연산의 대상이 될 수 있으며, 비교 결과가 참인 행만 조회된다.

표 7-7 비교 연산자의 종류

연산자	의미	예시
=	같다	WHERE REGION = ‘Seoul’
<> 또는 !=	같지 않다	WHERE REGION <> ‘Seoul’
>	초과	WHERE AGE > 30
<	미만	WHERE AGE < 30
>=	이상	WHERE AGE >= 18
<=	이하	WHERE AGE <= 65

다음은 2000년 1월 1일 이후 출생한 고객을 조회하는 쿼리이다.

```
SELECT
    CUSTOMER_ID,
    CUSTOMER_NAME,
    BIRTH_DATE
FROM CUSTOMERS
WHERE BIRTH_DATE >= DATE '2000-01-01';
```

출력 결과

CUSTOMER_ID	CUSTOMER_NAME	BIRTH_DATE
C003	정유라	20010425
C005	박찬호	20030303
C006	윤서현	20030910
C007	김서연	20020214

C010	박지훈	20010817
C012	이도현	20000125
C014	정민우	20051230
C015	박서윤	20020712

③ 논리 연산자

비교 연산자가 단일 조건의 참/거짓을 판별한다면, 논리 연산자는 여러 조건을 조합하여 더 복합적인 필터링을 수행한다. 즉, "이 조건과 저 조건을 동시에 만족해야 하나?", "둘 중 하나만 맞으면 되나?", "특정 조건을 제외할까?" 같은 논리를 표현하는 도구다.

표 7-8 논리 연산자의 종류

연산자	의미	예시
AND	모든 조건이 TRUE여야 TRUE	WHERE AGE 〉 30 AND REGION = 'Seoul'
OR	조건 중에 하나만 TRUE여도 TRUE	WHERE AGE 〈 20 OR REGION = 'Busan'
NOT	부정	WHERE NOT REGION = 'Seoul'

다음은 서울에 거주하며 2000년 1월 1일 이후 출생한 고객을 조회하는 쿼리이다.

```
SELECT
    CUSTOMER_ID,
    CUSTOMER_NAME,
    REGION,
    BIRTH_DATE
FROM CUSTOMERS WHERE REGION = 'Seoul' AND BIRTH_DATE >= DATE '2000-01-01';
```

출력 결과

CUSTOMER_ID	CUSTOMER_NAME	REGION	BIRTH_DATE
C003	정유라	Seoul	20010425
C005	박찬호	Seoul	20030303

다음은 서울에 거주하거나 2000년 1월 1일 이후 출생한 고객을 조회하는 쿼리이다.

```
SELECT
    CUSTOMER_ID,
    CUSTOMER_NAME,
    REGION,
    BIRTH_DATE
FROM CUSTOMERS WHERE REGION = 'Seoul'
OR BIRTH_DATE >= DATE '2000-01-01';
```

출력 결과

CUSTOMER_ID	CUSTOMER_NAME	REGION	BIRTH_DATE
C001	김민수	Seoul	19900315
C002	이수진	Seoul	19880524
C003	정유라	Seoul	20010425
C004	오지훈	Seoul	19951109
C005	박찬호	Seoul	20030303
C006	윤서현	Busan	20030910
C007	김서연	Busan	20020214
C010	박지훈	Busan	20010817
C012	이도현	Jeju	20000125
C014	정민우	Jeju	20051230
C015	박서윤	Jeju	20020712

④ BETWEEN A AND B

A 이상 B 이하의 범위를 지정할 때 사용한다. 날짜나 숫자 모두 사용 가능하며 경계 값인 A, B를 포함한다. 예를 들어, 다음은 2025년 1월 1일부터 2025년 6월 30일 사이의 주문 데이터를 조회하는 쿼리이다.

```
SELECT
    ORDER_ID,
    CUSTOMER_ID,
    ORDER_DATE,
    AMOUNT
FROM ORDERS WHERE ORDER_DATE BETWEEN DATE '2025-01-01' AND TIMESTAMP '2025-06-30
23:59:59';
```

DATE '2025-06-30'는 2025년 6월 30일 0시를 의미하므로 6월 30일 주문 건을 포함시키기 위해 TIMESTAMP '2025-06-30 23:59:59' 구문을 사용한다.

출력 결과

ORDER_ID	CUSTOMER_ID	ORDER_DATE	AMOUNT
O001	C001	2025-01-10	150000
O002	C001	2025-02-15	230000
O003	C002	2025-03-02	180000
O004	C002	2025-04-25	195000
O005	C003	2025-02-11	99000
O006	C003	2025-05-20	125000
O008	C004	2025-03-28	87000
O010	C005	2025-01-22	165000
O011	C006	2025-03-09	87000
O012	C006	2025-04-11	98000
O013	C007	2025-05-05	134000
O015	C008	2025-02-27	270000
O019	C011	2025-01-08	51000
O020	C011	2025-02-16	74000
O021	C012	2025-05-30	92000
O022	C013	2025-03-12	83000

O023	C014	2025-04-09	126000
O024	C015	2025-02-20	112000
O025	C015	2025-06-27	184000

BETWEEN은 날짜나 금액처럼 연속적인 데이터의 구간을 필터링할 때 자주 쓰인다. 특히 다음과 같은 경우에 유용하다.

- 월별 · 분기별 매출 등 기간 단위 분석
- 금액 구간별 고객 분류(예: 10만 원 이상 50만 원 이하 구매자)
- 이상 거래 탐지 전처리(특정 기간만 제한해 분석)

⑤ IN (값1, 값2, …)

여러 값 중 하나와 일치하는 경우 출력되며 OR 조건을 여러 개 연결하는 것과 동일한 효과가 있지만, 코드가 훨씬 간결해진다.

다음은 거주지가 Seoul, Jeju 중 하나에 해당하는 고객을 조회하는 쿼리이다.

```
SELECT
    CUSTOMER_ID,
    CUSTOMER_NAME,
    REGION
FROM CUSTOMERS
WHERE REGION IN ('Seoul', 'Jeju');
```

출력 결과 예시

CUSTOMER_ID	CUSTOMER_NAME	REGION
C001	김민수	Seoul
C002	이수진	Seoul
C003	정유라	Seoul
C004	오지훈	Seoul

C005	박찬호	Seoul
C011	한지훈	Jeju
C012	이도현	Jeju
C013	김하늘	Jeju
C014	정민우	Jeju
C015	박서윤	Jeju

IN은 특정 집합에 속하는 값을 필터링할 때 유용하다. 특히 다음과 같은 상황에서 자주 사용된다.

- 지역 · 카테고리 · 부서 등 범주형 데이터 필터링
- 상위 고객 · 핵심 제품군 등 특정 그룹 조회
- 서브쿼리와 결합하여 동적으로 그룹을 지정할 때 (WHERE ID IN (SELECT …))

⑥ LIKE(패턴)

문자열에 대한 패턴 검색 시 사용한다.

표 7-8 LIKE 와일드카드의 종류

와일드카드	의미
%	0개 이상의 임의의 문자
_	정확히 1개의 임의의 문자

다음은 이름이 '김'으로 시작하는 고객을 조회하는 쿼리이다.

```
SELECT
    CUSTOMER_ID,
    CUSTOMER_NAME,
FROM CUSTOMERS
WHERE CUSTOMER_NAME LIKE '김%';
```

출력 결과 예시

CUSTOMER_ID	CUSTOMER_NAME
C001	김민수
C007	김서연
C013	김하늘

다음은 이름의 두 번째 글자가 '지'인 고객을 조회하는 쿼리이다.

```
SELECT
    CUSTOMER_ID,
    CUSTOMER_NAME
FROM CUSTOMERS
WHERE CUSTOMER_NAME LIKE '_지%';
```

출력 결과 예시

CUSTOMER_ID	CUSTOMER_NAME
C004	오지훈
C010	박지훈
C011	한지훈

NULL 이해하기

SQL에서 NULL은 값이 없는 상태를 의미하며 0, ' '(공백 문자)와는 전혀 다르다. 예를 들어 고객이 이메일 정보를 입력하지 않은 경우 해당 고객의 이메일 칼럼은 NULL로 표시되며 이는 단순히 공백이나 0으로 치환되지 않는다.

예를 들어, 다음 쿼리는 보너스 정보가 입력되지 않은 직원만 조회한다. 이때, WHERE BONUS = NULL로 조건을 줄 경우 실제 NULL 값을 가진 행은 조회되지 않으므로 주의해야 한다.

```sql
SELECT
    EMPLOYEE_ID,
    NAME,
    SALARY,
    BONUS
FROM EMPLOYEES
WHERE BONUS IS NULL;
```

출력 결과

EMPLOYEE_ID	NAME	SALARY	BONUS
E009	김서연	4600000	NULL

다음 쿼리는 반대로 보너스 정보가 입력된 직원만 조회한다.

```sql
SELECT
    EMPLOYEE_ID,
    NAME,
    SALARY,
    BONUS
FROM EMPLOYEES
WHERE BONUS IS NOT NULL;
```

출력 결과

EMPLOYEE_ID	NAME	SALARY	BONUS
E001	김민수	5000000	10.5
E002	이수진	4800000	9.0
E003	박지훈	5100000	12.0
E004	정유라	4300000	8.0
E005	최도현	4500000	7.5
E006	윤서현	4000000	6.0

E007	한지훈	4200000	6.5
E008	이도현	4700000	0
E010	남궁진	3800000	2.0

데이터 측면에서 NULL은 정보가 아직 존재하지 않는 누락 상태를 의미한다. 문제는 이러한 누락이 너무 많거나 예상치 못한 필드에 다수 존재하는 경우 데이터 분석의 신뢰도에 심각한 영향을 미친다는 것이다. 예를 들어, 고객 테이블에서 EMAIL이 NULL인 경우가 많다면 이메일 마케팅 캠페인을 수행할 수 없고 주문 테이블에서 AMOUNT가 NULL이라면 매출 통계조차 낼 수 없게 된다.

그리고 NULL은 분석 결과를 왜곡시킬 수도 있다. 다음 쿼리를 살펴보자.

```
SELECT
  AVG(BONUS) AS AVG_BONUS
FROM EMPLOYEES;
```

만약 보너스 칼럼에 NULL 값이 다수 포함되어 있다면 이 쿼리는 NULL을 제외한 나머지 값만으로 평균을 계산하게 되고 이로 인해 실제 전체 직원의 보너스 평균이 아닌, 보너스가 입력된 직원만의 평균이 산출되므로 분석 결과가 왜곡될 수 있다. 이처럼 NULL 값은 집계 함수의 연산 결과에 직접적인 영향을 미치므로 분석 전에 반드시 NULL 존재 여부를 점검하고 전략적으로 처리해야 한다.

빠른 이해 **데이터 품질 지표 – NULL 비율**

데이터 품질을 평가할 때 NULL 비율은 주요 지표 중 하나가 된다. 일반적으로 다음과 같은 기준을 활용한다.

1. NULL 비율 5% 이하: 허용 가능
2. 5~20%: 주의 필요
3. 20% 이상: 분석 신뢰도 저하 가능
4. 50% 이상: 해당 칼럼 사용 여부 재검토 필요

AI 기반 SQL 자동화 도구를 사용할 때에도 데이터에 존재하는 NULL 값을 명시적으로 알려주거나 모델이 처리 중 의도치 않게 NULL 값을 포함한 칼럼을 사용하는지 검토해야 한다. 예를 들어, "고객별 평균 주문 금액을 구해줘"라는 프롬프트를 입력할 경우 AMOUNT에 NULL 값이 많다면 결과가 왜곡될 수 있으므로 프롬프트에 다음처럼 조건을 포함해야 한다.

> AMOUNT가 NULL이 아닌 값만 평균에 포함되도록 해줘.
> NULL 값은 0으로 간주하지 말고 제외해줘.

이러한 요청은 AI의 쿼리 정확도를 높일 뿐 아니라 데이터 품질을 감안한 분석 결과를 도출하는 데 도움을 줄 것이다.

ORDER BY

ORDER BY 절은 쿼리 결과를 정렬할 때 사용하는 구문으로 사용자가 원하는 기준에 따라 결과를 오름차순(ASC) 또는 내림차순(DESC)으로 정렬할 수 있다.

ORDER BY의 기본 구조

```
SELECT 칼럼1, 칼럼2, ...
FROM 테이블명
[WHERE 조건]
ORDER BY 정렬기준1 [ASC¦DESC], 정렬기준2 [ASC¦DESC] ...;
```

표 7-9 정렬 방향에 대한 옵션

옵션	의미	기본값
ASC	오름차순 (작은 값 → 큰 값)	O
DESC	내림차순 (큰 값 → 작은 값)	

다음은 고객 데이터를 생년월일을 기준으로 오름차순 정렬한 쿼리이다.

```
SELECT
    CUSTOMER_ID,
```

```
    CUSTOMER_NAME,
    BIRTH_DATE
FROM CUSTOMERS
ORDER BY BIRTH_DATE ASC;
```

출력 결과

CUSTOMER_ID	CUSTOMER_NAME	BIRTH_DATE
C011	한지훈	19850722
C002	이수진	19880524
C001	김민수	19900315
C004	오지훈	19951109
C013	김하늘	19951120
C008	이민재	19980515
C009	최도현	19991230
C012	이도현	20000125
C007	김서연	20020214
C015	박서윤	20020712
C010	박지훈	20010817
C003	정유라	20010425
C006	윤서현	20030910
C005	박찬호	20030303
C014	정민우	20051230

ORDER BY 절은 다음과 같은 상황에서 유용하게 사용된다.

- 정렬 기준에 따라 데이터를 정돈하여 가독성 향상
- 순위, 최신순, 가격순, 이름순 등 정렬 조건이 필요한 리포트나 화면 구현 시 필수
- TOP-N 분석이나 ROWNUM, ROW_NUMBER() 함수, 또는 OFFSET과 FETCH 절과 함께 활용하면 페이징 처리 구현 가능

다음은 2000년 1월 1일 이후 출생한 고객을 대상으로 생년월일 기준 내림차순 정렬한 쿼리이다.

```
SELECT
  CUSTOMER_ID,
  CUSTOMER_NAME,
  BIRTH_DATE
FROM CUSTOMERS
WHERE BIRTH_DATE >= DATE '2000-01-01'
ORDER BY BIRTH_DATE DESC;
```

출력 결과

CUSTOMER_ID	CUSTOMER_NAME	BIRTH_DATE
C014	정민우	20051230
C006	윤서현	20030910
C005	박찬호	20030303
C015	박서윤	20020712
C007	김서연	20020214
C010	박지훈	20010817
C003	정유라	20010425
C012	이도현	20000125

ORDER BY 절에서는 두 개 이상의 칼럼을 기준으로 우선순위 정렬도 가능하다. 다음은 고객의 데이터를 지역으로 오름차순한 뒤 같은 지역 내에서 생년월일로 내림차순한 쿼리이다.

```
SELECT
    CUSTOMER_NAME,
    REGION,
    BIRTH_DATE
FROM CUSTOMERS
ORDER BY REGION ASC, BIRTH_DATE DESC;
```

출력 결과

CUSTOMER_NAME	REGION	BIRTH_DATE
윤서현	Busan	20030910
김서연	Busan	20020214
박지훈	Busan	20010817
최도현	Busan	19991230
이민재	Busan	19980515
정민우	Jeju	20051230
박서윤	Jeju	20020712
이도현	Jeju	20000125
김하늘	Jeju	19951120
한지훈	Jeju	19850722
박찬호	Seoul	20030303
정유라	Seoul	20010425
오지훈	Seoul	19951109
김민수	Seoul	19900315
이수진	Seoul	19880524

칼럼명 대신 SELECT 절에서의 칼럼의 순번을 사용해 정렬하는 것도 가능하다. 단, 가독성과 유지보수 측면에서 권장되지 않는다(예: ORDER BY 1, 2).

ORDER BY 절에서는 산술 연산식으로 계산된 칼럼을 직접 정렬 기준으로 사용할 수 있다. 계산된 칼럼에 alias를 부여한 경우 ORDER BY 절에서는 alias를 사용할 수도, 또는 원래 수식을 사용할 수도 있다. 다음은 상품 가격과 주문 수량을 곱한 총 주문 금액을 기준으로 내림차순 정렬한 쿼리이다.

```
SELECT
  ORDER_ID,
  PRICE,
```

```
  QUANTITY,
  PRICE * QUANTITY AS TOTAL_PRICE
FROM ORDER_ITEMS
ORDER BY TOTAL_PRICE DESC;
-- ORDER BY PRICE * QUANTITY DESC로도 작성 가능
```

출력 결과

ORDER_ID	PRICE	QUANTITY	TOTAL_PRICE
O004	230000	1	230000
O002	230000	1	230000
O007	105000	2	210000
O010	165000	1	165000
O006	125000	1	125000
O009	105000	1	105000
O003	90000	1	90000
O008	87000	1	87000
O003	60000	1	60000
O001	30000	2	60000
O005	50000	1	50000
O005	49000	1	49000
O001	45000	1	45000
O003	30000	1	30000

한 가지 알아두어야 할 사항은 정렬과 관련하여 NULL 값을 처리하는 방식은 DBMS마다 다르다는 것이다. 오라클의 경우 NULL 값을 최댓값으로 간주하는데 별도의 위치 지정을 원한다면 NULLS FIRST 혹은 NULLS LAST 옵션을 활용할 수 있다.

표 7-10 NULL 값 정렬 옵션

옵션	의미
NULLS FIRST	NULL 값을 가장 앞에 정렬
NULLS LAST	NULL 값을 가장 뒤에 정렬

```
-- 테스트를 위한 샘플 테이블
SELECT * FROM SAMPLE_NULL;
```

출력 결과

ID	NAME	SCORE
1	고은아	85
2	박시후	NULL
3	서지민	92
4	남도현	NULL
5	홍서연	76
6	이재훈	88
7	최윤슬	NULL
8	문세윤	90

다음은 SCORE를 기준으로 내림차순 정렬한 쿼리이다.

```
SELECT *
FROM SAMPLE_NULL
ORDER BY SCORE DESC;
```

출력 결과

ID	NAME	SCORE
2	박시후	NULL

4	남도현	NULL
7	최윤슬	NULL
3	서지민	92
8	문세윤	90
6	이재훈	88
1	고은아	85
5	홍서연	76

다음은 NULLS LAST 옵션을 이용하여 SCORE가 NULL인 행을 마지막에 정렬하는 쿼리이다.

```
SELECT *
FROM SAMPLE_NULL
ORDER BY SCORE DESC NULLS LAST;
```

출력 결과

ID	NAME	SCORE
3	서지민	92
8	문세윤	90
6	이재훈	88
1	고은아	85
5	홍서연	76
2	박시후	NULL
4	남도현	NULL
7	최윤슬	NULL

다음은 SCORE를 기준으로 오름차순 정렬한 쿼리이다.

```
SELECT *
FROM SAMPLE_NULL
ORDER BY SCORE;
```

출력 결과

ID	NAME	SCORE
5	홍서연	76
1	고은아	85
6	이재훈	88
8	문세윤	90
3	서지민	92
2	박시후	NULL
4	남도현	NULL
7	최윤슬	NULL

다음은 NULLS FIRST 옵션을 이용하여 SCORE가 NULL인 행을 처음에 정렬하는 쿼리이다.

```
SELECT *
FROM SAMPLE_NULL
ORDER BY SCORE NULLS FIRST;
```

출력 결과

ID	NAME	SCORE
2	박시후	NULL
4	남도현	NULL
7	최윤슬	NULL
5	홍서연	76
1	고은아	85

6	이재훈	88
8	문세윤	90
3	서지민	92

7.2 SELECT, WHERE, ORDER BY 자동화

이제부터 AI를 활용하여 SELECT, WHERE, ORDER BY 쿼리를 자동화하는 방법과 자연어 프롬프트 작성 요령, 그리고 예제별 자동 생성 결과들을 살펴보도록 하자. 앞서 언급했듯이 AI가 정확한 SQL을 생성하기 위해서는 프롬프트가 명확하고 구조적일수록 좋다.

좋은 프롬프트 예시

- 어떤 데이터를 보고 싶은지 구체적으로 말한다.
  예) "서울에 사는 30세 이상 고객의 이름과 나이"
- 필터링 조건을 자연스럽게 포함시킨다.
  예) "최근 6개월 동안 주문한 고객의 나이와 성별을 출력해줘"
- 정렬 조건도 포함하면 더 정확하다.
  예) "주문 금액이 가장 높은 순으로 고객 ID와 금액 보여줘"

SELECT, WHERE, ORDER BY 자동화 예시

① 특정 지역 고객 중 나이가 X세 이상인 사람 조회

프롬프트

```
너는 SQL 전문가야
Oracle 기준으로 작성해줘
테이블 구조는 다음과 같아
CREATE TABLE CUSTOMERS (
    CUSTOMER_ID     VARCHAR2(10) PRIMARY KEY,
```

```
    CUSTOMER_NAME   VARCHAR2(50) NOT NULL,
    REGION          VARCHAR2(30),
    BIRTH_DATE      VARCHAR2(8),
    CUSTOMER_TYPE   VARCHAR2(20)
);
```

요청 목적: 서울 거주 고객 중 나이가 30세 이상인 사람 조회

출력 칼럼: 고객ID, 고객 이름, 지역, 나이

정렬: 나이로 내림차순

```
SELECT
    CUSTOMER_ID,
    CUSTOMER_NAME,
    REGION,
    TRUNC(MONTHS_BETWEEN(SYSDATE, TO_DATE(BIRTH_DATE, 'YYYYMMDD')) / 12) AS AGE
FROM CUSTOMERS
WHERE REGION = 'Seoul'
AND TRUNC(MONTHS_BETWEEN(SYSDATE, TO_DATE(BIRTH_DATE, 'YYYYMMDD')) / 12) >= 30
ORDER BY AGE DESC;
```

- TO_DATE(BIRTH_DATE, 'YYYYMMDD') → 문자형 생년월일을 오라클의 DATE형으로 변환
- MONTHS_BETWEEN(SYSDATE, 생년월일) → 현재 날짜와의 개월 수 차이 계산
- / 12 → 개월 수를 나이(년 단위)로 변환
- WHERE 절에서 서울 지역(REGION = 'Seoul')과 30세 이상 조건을 함께 필터링
- ORDER BY AGE DESC → 나이가 많은 고객부터 출력

출력 결과

CUSTOMER_ID	CUSTOMER_NAME	REGION	AGE
C002	이수진	Seoul	37
C001	김민수	Seoul	35

※ 쿼리 수행 시점에 따라 결과 데이터가 달라질 수 있음

② 특정 지역에 거주하는 고객 정보 조회

프롬프트

너는 SQL 전문가야
Oracle 기준으로 작성해줘
테이블 구조는 다음과 같아

```
CREATE TABLE CUSTOMERS (
    CUSTOMER_ID     VARCHAR2(10) PRIMARY KEY,
    CUSTOMER_NAME   VARCHAR2(50) NOT NULL,
    REGION          VARCHAR2(30),
    BIRTH_DATE      VARCHAR2(8),
    CUSTOMER_TYPE   VARCHAR2(20)
);
```

요청 목적: 서울, 부산에 거주하는 고객 목록 조회
출력 칼럼: 고객ID, 고객 이름, 지역, 나이
정렬: 지역으로 오름차순, 동일한 지역일 경우 나이로 내림차순

```
SELECT
    CUSTOMER_ID,
    CUSTOMER_NAME,
    REGION,
    BIRTH_DATE
FROM CUSTOMERS
WHERE REGION IN ('Seoul', 'Busan')
ORDER BY REGION ASC, BIRTH_DATE DESC;
```

- WHERE REGION IN ('Seoul', 'Busan') → 지정된 두 지역만 필터링
- ORDER BY REGION ASC, BIRTH_DATE DESC → 지역은 오름차순, 같은 지역 내에서는 나이가 적은 고객이 먼저 오도록 정렬

출력 결과

CUSTOMER_ID	CUSTOMER_NAME	REGION	BIRTH_DATE
C006	윤서현	Busan	20030910
C007	김서연	Busan	20020214
C010	박지훈	Busan	20010817
C009	최도현	Busan	19991230
C008	이민재	Busan	19980515
C005	박찬호	Seoul	20030303
C003	정유라	Seoul	20010425
C004	오지훈	Seoul	19951109
C001	김민수	Seoul	19900315
C002	이수진	Seoul	19880524

③ 이메일 주소에 특정 문자가 포함되는 고객 데이터 조회

프롬프트

너는 SQL 전문가야

Oracle 기준으로 작성해줘

테이블 구조는 다음과 같아

```
CREATE TABLE CUSTOMER_DETAIL (
    CUSTOMER_ID   VARCHAR2(10) PRIMARY KEY,
    EMAIL         VARCHAR2(100),
    ADDRESS       VARCHAR2(200),
    MOBILE        VARCHAR2(20)
);
```

요청 목적: 이메일 주소에 'h'가 포함되는 고객 데이터 조회

출력 칼럼: 고객ID, 이메일, 휴대폰 번호

정렬: 휴대폰 번호로 내림차순 정렬하되 휴대폰 번호가 없는(NULL) 고객은 마지막에 정렬

```
SELECT
    CUSTOMER_ID,
    EMAIL,
    MOBILE
FROM CUSTOMER_DETAIL
WHERE EMAIL LIKE '%h%'
ORDER BY MOBILE DESC NULLS LAST;
```

- EMAIL LIKE '%h%' → 이메일에 소문자 'h'가 포함된 고객 필터링
- ORDER BY MOBILE DESC NULLS LAST → 휴대폰 번호 기준 내림차순 정렬, NULL은 마지막으로 정렬

출력 결과

CUSTOMER_ID	EMAIL	MOBILE
C012	leedh@example.com	010-7890-1234
C011	hanjh@example.com	010-6789-0123
C006	yoonsh@example.com	010-4567-8901
C004	ohjh@example.com	NULL
C010	parkjh@example.com	NULL
C013	kimhn@example.com	NULL

④ 주문금액이 특정 범위에 해당하는 주문 데이터 조회

프롬프트

너는 SQL 전문가야
Oracle 기준으로 작성해줘
테이블 구조는 다음과 같아

```
CREATE TABLE ORDERS (
    ORDER_ID     VARCHAR2(10) PRIMARY KEY,
```

```
    CUSTOMER_ID  VARCHAR2(10),
    ORDER_DATE   DATE,
    AMOUNT       NUMBER(10),
    PAYMENT_METHOD   VARCHAR2(20)
);
```

요청 목적: 주문금액이 100,000원 이상 200,000원 이하인 주문 내역 조회

출력 칼럼: 주문ID, 고객ID, 주문금액

정렬: 기준 없음

```
SELECT
    ORDER_ID,
    CUSTOMER_ID,
    AMOUNT
FROM ORDERS
WHERE AMOUNT BETWEEN 100000 AND 200000;
```

- BETWEEN은 두 경계 값(100,000과 200,000)을 모두 포함한다.

출력 결과

ORDER_ID	CUSTOMER_ID	AMOUNT
O001	C001	150000
O003	C002	180000
O004	C002	195000
O006	C003	125000
O009	C004	114000
O010	C005	165000
O013	C007	134000
O016	C008	145000
O023	C014	126000

O024	C015	112000
O025	C015	184000
O027	C012	137000
O029	C014	150000

⑤ 특정 카테고리 상품 중 가격이 X원 이상이고 재고가 Y개 이상인 상품 조회

프롬프트

너는 SQL 전문가야

Oracle 기준으로 작성해줘

테이블 구조는 다음과 같아

```
CREATE TABLE PRODUCTS (
    PRODUCT_CODE      VARCHAR2(20) PRIMARY KEY,
    PRODUCT_NAME    VARCHAR2(100),
    CATEGORY        VARCHAR2(30),
    PRICE           NUMBER(10),
    STOCK_QTY       NUMBER(5)
);
```

요청 목적: 전자기기 카테고리에 속하면서 가격이 100,000원 이상이고 재고가 10개 이상인 상품 조회

출력 칼럼: 전체

정렬: 없음

```
SELECT *
FROM PRODUCTS
WHERE CATEGORY = '전자기기'
  AND PRICE >= 100000
  AND STOCK_QTY >= 10;
```

- CATEGORY = '전자기기' → 상품 분류가 '전자기기'인 데이터만 필터링

- PRICE >= 100000 → 상품 가격이 10만 원 이상인 상품만 포함
- STOCK_QTY >= 10 → 재고 수량이 10개 이상인 상품만 조회
- AND 조건을 사용하여 세 조건을 모두 만족하는 행만 결과로 출력

출력 결과

PRODUCT_CODE	PRODUCT_NAME	CATEGORY	PRICE	STOCK_QTY
P1003	27인치 모니터	전자기기	230000	20
P1006	기계식 키보드	전자기기	195000	15
P1009	게이밍 마우스	전자기기	125000	20
P1010	웹캠	전자기기	105000	10

⑥ 특정 기간 동안의 주문 내역 조회

프롬프트

너는 SQL 전문가야

Oracle 기준으로 작성해줘

테이블 구조는 다음과 같아

```
CREATE TABLE ORDERS (
    ORDER_ID     VARCHAR2(10) PRIMARY KEY,
    CUSTOMER_ID  VARCHAR2(10),
    ORDER_DATE   DATE,
    AMOUNT       NUMBER(10) ,
    PAYMENT_METHOD   VARCHAR2(20)
);
```

요청 목적: 2025년 7월 한 달 동안의 주문 내역 조회

출력 칼럼: 주문ID, 주문일자, 주문금액

정렬: 주문일자로 오름차순

```
SELECT
    ORDER_ID,
    ORDER_DATE,
    AMOUNT
    FROM ORDERS
WHERE ORDER_DATE BETWEEN TO_DATE('2025-07-01', 'YYYY-MM-DD')
AND TO_DATE('2025-07-31 23:59:59', 'YYYY-MM-DD HH24:MI:SS')
ORDER BY ORDER_DATE ASC;
```

- BETWEEN 구문으로 7월 1일부터 7월 31일까지의 모든 주문 데이터를 조회한다.
- TO_DATE() 함수는 문자열을 Oracle의 날짜 형식으로 변환한다.
- ORDER BY ORDER_DATE ASC

  → 주문일자 기준 오름차순 정렬, 즉 7월 1일 주문이 위에 7월 31일 주문이 마지막에 위치하게 된다.

출력 결과

ORDER_ID	ORDER_DATE	AMOUNT
O009	2025-07-03	114000
O016	2025-07-15	145000
O028	2025-07-21	64000

⑦ 특정 고객들의 주문 데이터 조회

프롬프트

너는 SQL 전문가야
Oracle 기준으로 작성해줘
테이블 구조는 다음과 같아

```
CREATE TABLE ORDERS (
    ORDER_ID     VARCHAR2(10) PRIMARY KEY,
    CUSTOMER_ID  VARCHAR2(10),
```

```
    ORDER_DATE   DATE,
    AMOUNT       NUMBER(10) ,
    PAYMENT_METHOD    VARCHAR2(20)
);
```

요청 목적: 고객 C001, C002, C005의 주문 데이터 조회

출력 칼럼: 주문일자, 고객ID, 주문금액

정렬: 주문 금액으로 내림차순

```
SELECT
    ORDER_DATE,
    CUSTOMER_ID,
    AMOUNT
FROM ORDERS
WHERE CUSTOMER_ID IN ('C001', 'C002', 'C005')
ORDER BY AMOUNT DESC;
```

특정 고객 ID 목록을 조건으로 주면 AI는 자동으로 IN 절을 사용해 여러 고객의 주문 정보를 한 번에 조회하도록 쿼리를 구성한다. 필터 기준이 명확할수록 정렬 기준까지 안정적으로 반영한 SQL을 생성한다.

출력 결과

ORDER_DATE	CUSTOMER_ID	AMOUNT
2025-02-15	C001	230000
2025-04-25	C002	195000
2025-03-02	C002	180000
2025-01-22	C005	165000
2025-01-10	C001	150000

⑧ 보너스를 포함한 총 급여 계산

프롬프트

너는 SQL 전문가야
Oracle 기준으로 작성해줘
테이블 구조는 다음과 같아

```
CREATE TABLE EMPLOYEES (
    EMPLOYEE_ID    VARCHAR2(10) PRIMARY KEY,
    NAME           VARCHAR2(50) NOT NULL,
    DEPARTMENT_ID  VARCHAR2(10),
    SALARY         NUMBER(10),
    BONUS          NUMBER(5, 2)
);
```

요청 목적: 보너스를 포함한 총 급여 계산
출력 칼럼: 직원ID, 이름, 부서ID, 총 급여
정렬: 총 급여로 내림차순

```
SELECT
    EMPLOYEE_ID,
    NAME,
    DEPARTMENT_ID,
    SALARY + (SALARY * NVL(BONUS, 0) / 100) AS TOTAL_SALARY
FROM EMPLOYEES
ORDER BY TOTAL_SALARY DESC;
```

급여 계산 로직을 명확히 주면 AI는 산식(SALARY * 보너스)을 SQL 내부에서 자동 계산하도록 구성한다. 특히 보너스가 NULL일 수 있는 경우 NVL 처리 등도 AI가 안정적으로 반영한다.

출력 결과

EMPLOYEE_ID	NAME	DEPARTMENT_ID	TOTAL_SALARY
E003	박지훈	D10	5712000
E001	김민수	D10	5525000
E002	이수진	D10	5232000
E005	최도현	D20	4837500
E008	이도현	D10	4700000
E004	정유라	D20	4644000
E009	김서연	D20	4600000
E007	한지훈	D30	4473000
E006	윤서현	D30	4240000
E010	남궁진	NULL	3876000

⑨ 특정 기간 동안의 X 고객의 주문 내역

프롬프트

너는 SQL 전문가야

Oracle 기준으로 작성해줘

테이블 구조는 다음과 같아

```
CREATE TABLE ORDERS (
    ORDER_ID     VARCHAR2(10) PRIMARY KEY,
    CUSTOMER_ID  VARCHAR2(10),
    ORDER_DATE   DATE,
    AMOUNT       NUMBER(10) ,
    PAYMENT_METHOD   VARCHAR2(20)
);
```

요청 목적: 'C015' 고객의 주문 중 2025년 6월 ~ 8월 데이터만 조회

출력 칼럼: 고객ID, 주문일자, 주문금액

정렬: 주문일자로 오름차순

```
SELECT
    CUSTOMER_ID,
    ORDER_DATE,
    AMOUNTFROM ORDERS
WHERE CUSTOMER_ID = 'C015'
AND ORDER_DATE BETWEEN TO_DATE('2025-06-01','YYYY-MM-DD')
                    AND TO_DATE('2025-08-31 23:59:59','YYYY-MM-DD HH24:MI:SS')
ORDER BY ORDER_DATE ASC;
```

출력 결과

CUSTOMER_ID	ORDER_DATE	AMOUNT
C015	2025-06-27	184000
C015	2025-08-05	99000

기간 조건과 특정 고객 ID가 함께 주어지면 AI는 자연스럽게 BETWEEN 조건을 구성해 날짜 범위 필터링을 수행한다. 정렬 기준도 명확히 주어지면 SQL에 안정적으로 반영된다.

⑩ 이메일과 휴대폰 번호가 모두 없는 고객 데이터 조회

프롬프트

```
너는 SQL 전문가야
Oracle 기준으로 작성해줘
테이블 구조는 다음과 같아

CREATE TABLE CUSTOMER_DETAIL (
    CUSTOMER_ID   VARCHAR2(10) PRIMARY KEY,
    EMAIL         VARCHAR2(100),
    ADDRESS       VARCHAR2(200),
    MOBILE        VARCHAR2(20)
);
```

요청 목적: 이메일과 휴대폰 번호가 모두 없는 고객 데이터를 조회

출력 칼럼: 모든 칼럼

정렬: 고객ID로 오름차순

```
SELECT *
FROM CUSTOMER_DETAIL
WHERE EMAIL IS NULL
AND MOBILE IS NULL
ORDER BY CUSTOMER_ID ASC;
```

결측값 기반 조회 조건을 제시하면 AI는 NULL 체크를 자동 구성하여 누락된 정보만 정확히 필터링한다. '모든 칼럼 출력' 같은 요구도 그대로 SELECT * 형태로 반영한다.

출력 결과

CUSTOMER_ID	EMAIL	ADDRESS	MOBILE
C005	NULL	서울시 은평구	NULL
C009	NULL	NULL	NULL

Chapter 8

JOIN과 서브쿼리 생성

단순 조회 중심의 SQL에서 한 단계 도약하려면 JOIN과 서브쿼리를 이해하고 활용할 수 있어야 한다. 실무 데이터 분석에서 하나의 테이블만으로 의미 있는 정보를 얻는 경우는 거의 없다. 대부분은 고객, 주문, 상품 등 여러 테이블의 데이터를 조합한 통합적인 관점에서의 분석을 필요로 하며 이때 핵심이 되는 것이 바로 JOIN과 서브쿼리이다. 특히 챗GPT와 같은 LLM 기반 도구를 활용하면 복잡한 JOIN이나 중첩 서브쿼리 등도 빠르게 구성할 수 있으며 복잡도 높은 쿼리 구조를 시각적으로 파악하고 수정하는 데에도 큰 도움이 될 것이다.

이 장에서는 JOIN과 서브쿼리를 자동 생성하는 패턴과 실무 적용을 위한 예시들에 대해 알아보도록 하겠다. 다음 사항들을 중점으로 알아볼 예정이다.

첫째, JOIN의 개념 이해

JOIN은 서로 다른 테이블 간의 관계를 설정하고 데이터를 결합하는 SQL 구문이다. 실무에서는 INNER JOIN, LEFT OUTER JOIN이 가장 자주 사용되는데 JOIN 시 대상 칼럼의 값이 일치하는 경우뿐만 아니라 범위 조건이나 불일치 조건을 활용할 수도 있으며 이러한 조건 설정 방식에 따라 원하는 데이터를 정확히 필터링할 수 있다. 테이블 간 관계형 구조를 이해하지 못하면 JOIN은 단순한 문법이 아닌 오류의 원인이 되기 쉽기 때문에 어떤 칼럼을 기준으로 JOIN할 것인지, 누락된 데이터(NULL)를 포함할 것인지 여부를 명확히 이해하는 것이 중요하다.

둘째, 챗GPT를 활용한 JOIN 구문 생성 패턴

JOIN은 테이블 구조와 관계를 기반으로 동작하기 때문에 챗GPT에 정확한 테이블명, 관계 칼럼(FK), 필요한 출력 칼럼 등을 제공하면 원하는 JOIN 구문을 빠르게 자동 생성할 수 있으며 다중 테이블 분석 보고서, 대시보드 데이터 소스 쿼리 등에 활용될 수 있다.

셋째, 서브쿼리의 개념 이해

서브쿼리는 하나의 SQL 문장 안에서 또 다른 SELECT 문을 중첩하여 사용하는 구문을 말한다. 즉, 메인 쿼리의 결과를 제한하거나 특정 값을 계산하기 위해 내부적으로 또 다른 쿼리를 수행하는 방식이다. 서브쿼리는 보통 소괄호 ( ) 안에 작성되며 메인 쿼리의 WHERE 절 조건식, SELECT 절 칼럼식, FROM 절의 가상 테이블 등 다양한 위치에서 활용될 수 있다. 이를 통해 단일 SQL 문으로도 복잡한 데이터 탐색이나 다단계 조건 검증을 수행할 수 있기 때문에 서브쿼리는 SQL의 표현력을 크게 확장해주는 도구라고 할 수 있다.

넷째, 서브쿼리 자동 생성 및 활용 방식

챗GPT는 특정 조건에 해당하는 데이터만 집계하거나 TOP N 결과를 필터링할 때 매우 유용한 서브쿼리를 자동으로 구성할 수 있다. 예를 들어 다음과 같은 프롬프트를 통해 복잡한 중첩 쿼리도 손쉽게 얻을 수 있다.

> 2025년 상반기 중 주문금액이 가장 높은 고객 5명의 고객ID, 이름, 총 주문금액을 서브쿼리를 사용해서 구해줘.

챗GPT는 문맥에 따라 FROM 절, WHERE 절, SELECT 절 등 적절한 위치에 서브쿼리를 삽입해주므로 쿼리 구조를 학습하는 데에도 도움이 될 것이다.

이제부터 JOIN과 서브쿼리를 단순한 문법 요소가 아닌 데이터 간 관계를 연결하고, 고도화된 분석을 가능하게 하는 핵심 도구로 인식해보도록 하자. 챗GPT를 활용하면 복잡한 JOIN 관계나 중첩 구조를 빠르게 시각화하고 다양한 시나리오에 따라 SQL을 테스트해볼 수 있다. 이를 위해 우리는 테이블 간 관계를 정의하고 필요한 조건을 명확하게 기술하며 AI가 그에 따라 적절한 JOIN 또는 서브쿼리를 제안할 수 있도록 프롬프트를 설계하는 역량을 갖춰야 할 것이다.

JOIN과 서브쿼리 자동 생성은 SQL 초보자가 고급 분석가로 성장하기 위한 디딤돌이 될 수 있다. 이제부터 JOIN과 서브쿼리의 구조를 익히고 챗GPT와 함께 복잡한 데이터 분석 쿼리를 유연하게 생성하고 검토하는 방법을 실전 중심으로 학습해보도록 하겠다.

8.1 JOIN 개념 이해하기

관계형 데이터베이스에서는 데이터를 효율적으로 관리하기 위해 정규화를 수행한다. 정규화의 결과, 고객 정보, 주문 정보, 상품 정보 등의 개별 데이터들이 별도의 테이블에 저장되도록 설계되는데 이는 중복을 최소화하고 데이터 무결성을 보장한다는 장점이 있다. 하지만 이로 인해 의미 있는 데이터 분석을 하고자 할 때 하나의 테이블만으로는 원하는 정보를 모두 얻을 수 없는 경우가 많이 발생하게 된다. 왜냐하면 고객 테이블에는 고객의 인적 사항만 저장되어 있고, 주문 테이블에는 고객이 실제로 구매한 주문 정보만 저장되어 있기 때문이다. 따라서 이 두 정보를 결합하여 "어떤 고객이 어떤 상품을 얼마에 구매했는가?"와 같은 질문에 답하기 위해서는 JOIN 구문이 반드시 필요하다.

JOIN은 관계형 데이터베이스의 가장 핵심적인 기능 중 하나로 **두 개 이상의 테이블을 특정 조건에 따라 결합하여 하나의 결과 집합으로 만들어주는 역할**을 한다. 특히 실무에서는 테이블 간의 관계를 명확히 이해하고 올바른 JOIN을 수행하는 것이 매우 중요한데 그렇지 않을 경우 의도치 않은 결과가 도출될 수 있기 때문에 반드시 주의가 필요하다. 이 절에서는 JOIN의 주요 유형인 EQUI JOIN, NON-EQUI JOIN, INNER JOIN, OUTER JOIN을 구체적으로 살펴보며 전반적인 개념을 이해해보도록 하겠다.

EQUI JOIN(등가 JOIN)

EQUI JOIN은 **두 테이블의 특정 칼럼 값이 동일한 경우에만 데이터를 결합하는 방식**이다. 가장 일반적으로 사용되는 JOIN의 형태로 JOIN 조건으로 =(equal) 연산자를 사용하며 관계형 데이터베이스에서 외래 키(FK)와 기본 키(PK) 관계를 연결할 때 주로 사용된다. EQUI JOIN은 다음과 같은 특징을 가진다.

- JOIN 조건에 =(equal) 연산자를 사용한다.
- 가장 직관적이며 기본적인 JOIN 패턴이다.
- 실무에서 고객-주문, 주문-상품 테이블 등을 연결할 때 자주 쓰인다.

다음은 고객 정보와 해당 고객의 주문 정보를 조회하는 쿼리이다.

```
SELECT
    C.CUSTOMER_ID,
    C.CUSTOMER_NAME,
    O.ORDER_ID,
    O.ORDER_DATE,
    O.AMOUNT
FROM CUSTOMERS C
INNER JOIN ORDERS O
ON C.CUSTOMER_ID = O.CUSTOMER_ID
ORDER BY C.CUSTOMER_ID;
```

출력 결과

CUSTOMER_ID	CUSTOMER_NAME	ORDER_ID	ORDER_DATE	AMOUNT
C001	김민수	O001	2025-01-10	150000
C001	김민수	O002	2025-02-15	230000
C002	이수진	O003	2025-03-02	180000
C002	이수진	O004	2025-04-25	195000
C003	정유라	O005	2025-02-11	99000
C003	정유라	O006	2025-05-20	125000
C003	정유라	O007	2025-06-14	210000
C004	오지훈	O008	2025-03-28	87000
C004	오지훈	O009	2025-07-03	114000
C005	박찬호	O010	2025-01-22	165000
C006	윤서현	O011	2025-03-09	87000
C006	윤서현	O012	2025-04-11	98000

C007	김서연	O013	2025-05-05	134000
C007	김서연	O014	2025-06-18	89000
C008	이민재	O015	2025-02-27	270000
C008	이민재	O016	2025-07-15	145000
C009	최도현	O017	2025-03-22	64000
C010	박지훈	O018	2025-06-10	208000

※ 쿼리 결과 후반부는 생략

NON-EQUI JOIN(비등가 JOIN)

NON-EQUI JOIN은 **두 테이블 간의 JOIN 조건으로 등호(=)가 아닌 연산자(〈, 〉, BETWEEN, LIKE 등)를 사용하는 방식**이다. 예를 들어, 특정 점수 범위에 따라 등급을 부여하거나 가격대 구간별 상품을 연결할 때 사용할 수 있다. NON-EQUI JOIN은 다음과 같은 특징이 있다.

- 범위 조건, 불일치 조건에 따라 매칭할 수 있다.
- 데이터 구간 매핑(예: 점수-등급, 가격-세금구간 등)에 자주 사용된다.
- 실무에서 구간별 분류 로직을 구현할 때 유용하다.

예를 들어 다음과 같이 상품 가격의 등급을 설정해놓았다고 가정해보자.

```
SELECT * FROM PRICE_GRADE;
```

출력 결과

GRADE	MIN_PRICE	MAX_PRICE
A	100000	1000000
B	50000	99999
C	10000	49999

다음은 상품 정보와 해당 상품의 가격에 따른 등급을 조회하는 쿼리이다.

```
SELECT
    P.PRODUCT_CODE,
    P.PRODUCT_NAME,
    P.PRICE,
    G.GRADE
FROM PRODUCTS P
INNER JOIN PRICE_GRADE G
ON P.PRICE BETWEEN G.MIN_PRICE AND G.MAX_PRICE
ORDER BY P.PRODUCT_CODE;
```

출력 결과

PRODUCT_CODE	PRODUCT_NAME	PRICE	GRADE
P1001	무선 키보드	30000	C
P1002	무선 마우스	45000	C
P1003	27인치 모니터	230000	A
P1004	노트북 받침대	90000	B
P1005	USB 허브	30000	C
P1006	기계식 키보드	195000	A
P1007	블루투스 스피커	50000	B
P1008	보조 배터리	49000	C
P1009	게이밍 마우스	125000	A
P1010	웹캠	105000	A
P1011	외장 SSD 1TB	87000	B
P1012	프린터 토너	114000	A
P1013	잉크젯 프린터	165000	A

INNER JOIN

INNER JOIN은 두 테이블에서 JOIN 조건을 만족하는 행만 반환하는 방식이다. 즉, 양쪽 테이블에 일치하는 데이터가 모두 있어야만 결과에 포함된다.

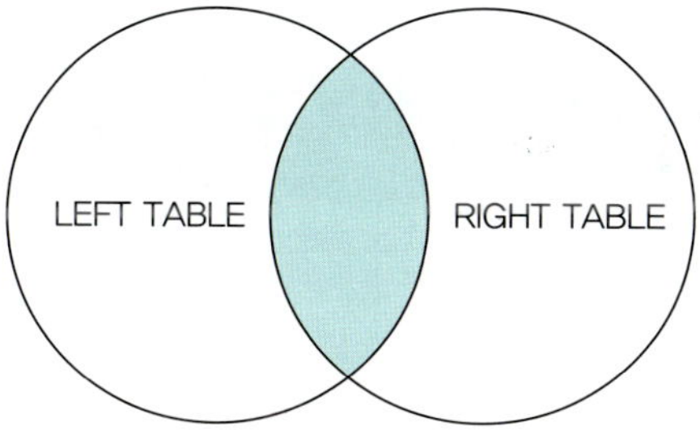

그림 8-1 INNER JOIN

- JOIN 조건을 만족하지 않으면 해당 행은 결과에서 제외된다.
- 불필요한 데이터가 포함되지 않기 때문에 성능상 효율적인 경우가 많다.

다음은 각 고객의 주문 내역과 주문 상품의 정보를 조회하는 쿼리이다.

```
SELECT
    C.CUSTOMER_ID,                                   -- 고객 ID
    C.CUSTOMER_NAME,                                 -- 고객 이름
    O.ORDER_DATE,                                    -- 주문 일자
    P.PRODUCT_NAME,                                  -- 주문한 상품명
    OI.QUANTITY,                                     -- 주문 수량
    P.PRICE,                                         -- 상품 단가
    (OI.QUANTITY * P.PRICE) AS TOTAL_AMOUNT          -- 총 금액(수량 × 단가)
FROM CUSTOMERS C
INNER JOIN ORDERS O
ON C.CUSTOMER_ID = O.CUSTOMER_ID       -- 고객과 주문 연결
INNER JOIN ORDER_ITEMS OI
ON O.ORDER_ID = OI.ORDER_ID            -- 주문과 주문상세 연결
INNER JOIN PRODUCTS P
ON OI.PRODUCT_CODE = P.PRODUCT_CODE; -- 주문상세와 상품 연결;
```

위 쿼리는 총 네 개(CUSTOMERS → ORDERS → ORDER_ITEMS → PRODUCTS)의 테이블을 INNER JOIN하여 고객이 주문한 상품에 대한 데이터를 한 번에 출력한다.

출력 결과

CUSTOMER_ID	CUSTOMER_NAME	ORDER_DATE	PRODUCT_NAME	QUANTITY	PRICE	TOTAL_AMOUNT
C001	김민수	2025-02-15	27인치 모니터	1	230000	230000
C001	김민수	2025-01-10	무선 키보드	2	30000	60000
C001	김민수	2025-01-10	무선 마우스	1	45000	45000
C002	이수진	2025-04-25	27인치 모니터	1	230000	230000
C002	이수진	2025-03-02	무선 키보드	1	30000	30000
C002	이수진	2025-03-02	노트북 받침대	1	90000	90000
C002	이수진	2025-03-02	USB 허브	1	30000	30000
C003	정유라	2025-06-14	웹캠	2	105000	210000
C003	정유라	2025-05-20	게이밍 마우스	1	125000	125000
C003	정유라	2025-02-11	블루투스 스피커	1	50000	50000
C003	정유라	2025-02-11	보조 배터리	1	49000	49000
C004	오지훈	2025-07-03	웹캠	1	105000	105000
C004	오지훈	2025-03-28	외장 SSD 1TB	1	87000	87000
C005	박찬호	2025-01-22	잉크젯 프린터	1	165000	165000

OUTER JOIN

OUTER JOIN은 한쪽 테이블에는 데이터가 있지만 다른 쪽 테이블에는 매칭되는 데이터가 없는 경우에도 결과를 반환하는 형태의 JOIN이다. 누락된 데이터를 확인하거나 특정 테이블을 기준으로 전체 데이터를 유지할 때 사용한다. OUTER JOIN에는 LEFT OUTER JOIN, RIGHT OUTER JOIN, FULL OUTER JOIN 총 세 가지가 있다.

1. **LEFT OUTER JOIN**: 왼쪽 테이블에 있는 행은 모두 결과에 포함된다. 만약 오른쪽 테이블에 매칭되는 데이터가 없으면 그 부분은 NULL로 채워서 보여준다.

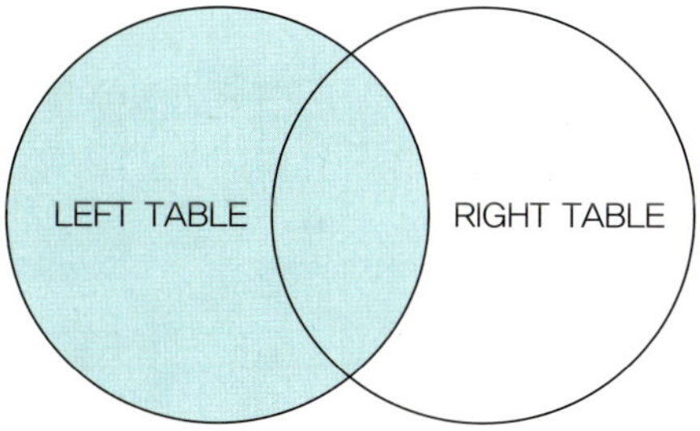

그림 8-2 LEFT OUTER JOIN

2. **RIGHT OUTER JOIN**: 오른쪽 테이블에 있는 행은 모두 결과에 포함된다. 만약 왼쪽 테이블에 매칭되는 데이터가 없으면 그 부분은 NULL로 채워서 보여준다.

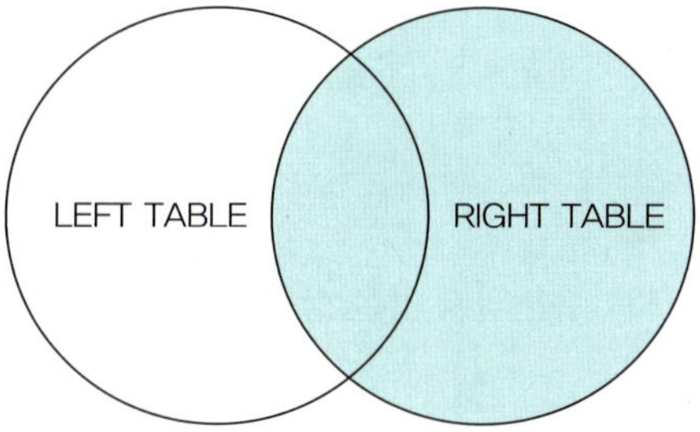

그림 8-3 RIGHT OUTER JOIN

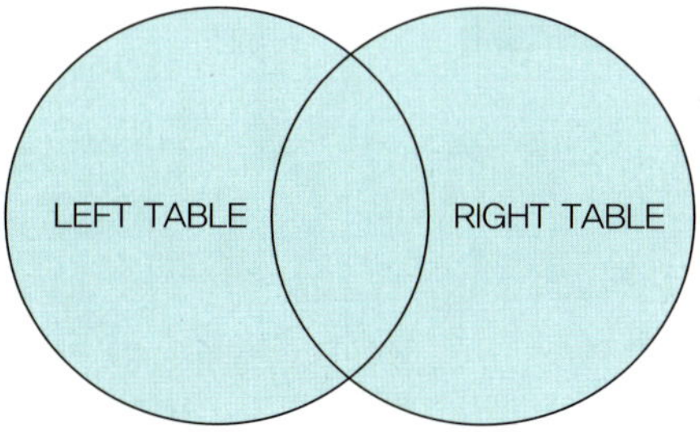

그림 8-4 FULL OUTER JOIN

3. **FULL OUTER JOIN**: 왼쪽 테이블과 오른쪽 테이블 양쪽 모두의 행을 결과에 포함한다. 두 테이블에서 매칭되는 데이터가 있으면 결합해서 보여주고, 한쪽에만 있고 다른 쪽에 없는 데이터는 NULL로 채워서 보여준다.

- 데이터의 누락이나 존재 여부를 확인할 때 유용하다.
- LEFT OUTER JOIN은 '주요 기준 테이블이 왼쪽일 때', RIGHT OUTER JOIN은 '주요 기준 테이블이 오른쪽일 때' 활용한다.
- FULL OUTER JOIN은 DBMS에 따라 지원 여부가 다를 수 있다.

다음은 상품별 주문내역을 조회한 쿼리이다.

```
SELECT
    P.PRODUCT_CODE,
    P.PRODUCT_NAME,
    OI.QUANTITY
FROM PRODUCTS P
LEFT OUTER JOIN ORDER_ITEMS OI
ON P.PRODUCT_CODE = OI.PRODUCT_CODE
ORDER BY P.PRODUCT_CODE;
```

PRODUCTS 테이블을 기준으로 OUTER JOIN했으므로 주문되지 않은 상품도 결과에 포함되어 출력된다.

출력 결과

PRODUCT_CODE	PRODUCT_NAME	QUANTITY
P1001	무선 키보드	1
P1001	무선 키보드	2
P1002	무선 마우스	1
P1003	27인치 모니터	1
P1003	27인치 모니터	1
P1004	노트북 받침대	1
P1005	USB 허브	1
P1006	기계식 키보드	(NULL)
P1007	블루투스 스피커	1
P1008	보조 배터리	1

P1009	게이밍 마우스	1
P1010	웹캠	2
P1010	웹캠	1
P1011	외장 SSD 1TB	1
P1012	프린터 토너	(NULL)
P1013	잉크젯 프린터	1

여기서 P1006 상품과 P1012 상품이 주문되지 않은 상품이다. 해당 쿼리는 다음과 같이 작성할 수도 있다.

```
SELECT
    P.PRODUCT_CODE,
    P.PRODUCT_NAME,
    OI.QUANTITY
FROM ORDER_ITEMS OI
RIGHT OUTER JOIN PRODUCTS P
ON OI.PRODUCT_CODE = P.PRODUCT_CODE
ORDER BY P.PRODUCT_CODE;
```

다음은 직원과 부서 테이블을 FULL OUTER JOIN으로 처리한 쿼리이다.

```
SELECT
    E.EMPLOYEE_ID,
    E.NAME,
    D.DEPARTMENT_ID,
    D.DEPARTMENT_NAME
FROM EMPLOYEES E
FULL OUTER JOIN DEPARTMENTS D
ON E.DEPARTMENT_ID = D.DEPARTMENT_ID
ORDER BY D.DEPARTMENT_ID NULLS LAST, E.EMPLOYEE_ID;
```

아직 부서 정보가 없는 직원과 소속 직원이 없는 부서 데이터가 모두 결과로 출력된다.

출력 결과

EMPLOYEE_ID	EMPLOYEE_NAME	DEPARTMENT_ID	DEPARTMENT_NAME
E001	김민수	D10	개발팀
E002	이수진	D10	개발팀
E003	박지훈	D10	개발팀
E008	이도현	D10	개발팀
E004	정유라	D20	마케팅팀
E005	최도현	D20	마케팅팀
E009	김서연	D20	마케팅팀
E006	윤서현	D30	인사팀
E007	한지훈	D30	인사팀
(NULL)	(NULL)	D40	영업팀
(NULL)	(NULL)	D50	회계팀
E010	남궁진	(NULL)	(NULL)

JOIN은 단순히 두 테이블을 합치는 구문이 아니라 데이터의 관계를 명확히 정의하고 분석 목적에 맞게 결과를 설계하는 도구이다. 실무에서는 INNER JOIN과 LEFT OUTER JOIN을 이용한 EQUI JOIN이 가장 많이 사용되지만 NON-EQUI JOIN을 통해 구간 매핑을 하거나 FULL OUTER JOIN으로 데이터 누락을 점검하는 것도 중요하므로 기본적인 개념을 꼭 알아두어야 하겠다.

8.2 서브쿼리 개념 이해하기

서브쿼리Subquery란 **하나의 SQL 문 안에 또 다른 SELECT 문을 포함시키는 기법**이다. 일반적으로 SQL은 SELECT-FROM-WHERE 구조로 동작하며 단일 질의로 원하는 데이터를 추출할 수 있다. 그러나 실무에서 마주치는 문제들은 단순하지 않은 경우가 많다. 예를 들어

"전체 상품의 평균 가격보다 큰 가격의 상품을 주문한 고객의 이름을 구하라"라는 문제를 생각해보자. 이 요구사항은 두 단계로 나누어진다. 먼저 전체 상품의 평균 가격을 구해야 하고, 이후에 평균보다 큰 가격의 상품을 주문한 고객을 찾아야 한다. 이때 평균을 구하는 쿼리를 메인 쿼리(바깥 쿼리) 안에 포함시켜서 사용하는 것이 서브쿼리이다.

서브쿼리를 사용하면 다음과 같은 장점이 있다.

- **복잡한 쿼리의 단순화**: 서브쿼리를 사용하면 복잡한 논리를 여러 단계로 나누어 이해하기 쉽게 만들 수 있으며 하나의 큰 쿼리를 작은 단위로 분해하여 가독성을 높일 수 있다.
- **재사용성과 모듈화**: 한 번 작성한 서브쿼리는 메인 쿼리 내에서 여러 번 참조할 수 있고 독립적인 논리 단위로 관리할 수 있어 코드의 모듈화가 가능하다.
- **동적 조건 처리**: 연관 서브쿼리의 경우 메인 쿼리의 각 행에 대해 동적으로 실행되어 행 별로 다른 조건을 적용할 수 있다.
- **집계 함수와의 조합**: 서브쿼리를 통해 집계 결과를 다른 테이블의 개별 행과 비교하는 등 집계 함수를 더욱 유연하게 활용할 수 있다.
- **중간 결과의 활용**: 복잡한 계산이나 필터링의 중간 결과를 임시적으로 저장하고 활용할 수 있어 단계별로 데이터를 가공하는 것이 가능하다.
- **EXISTS와 IN 연산의 효율성**: EXISTS나 IN 연산자와 함께 사용할 때, 조건을 만족하는 데이터의 존재 여부만 확인하면 되므로 성능상 유리할 수 있다.
- **논리적 명확성**: JOIN을 사용하기 어려운 복잡한 관계나 조건을 서브쿼리로 표현하면 SQL의 의도가 더 명확하게 드러난다.

그러나 단점도 존재한다. 서브쿼리가 너무 많아지게 되면 오히려 SQL의 가독성이 떨어지고, 특히 연관 서브쿼리의 경우 메인 쿼리의 각 행마다 반복 실행되어 성능 저하가 발생할 수 있으므로 적절한 정도로 사용하는 것이 중요하다.

위치에 따른 서브쿼리 분류

① 스칼라 서브쿼리

스칼라 서브쿼리 Scalar Subquery는 **단 하나의 값을 반환하는 서브쿼리**로 SELECT 절에서 칼럼처럼 사용된다. 주로 '특정 행에 대한 요약값(최대, 최소, 평균 등)'을 함께 보여줄 때 유용하다.

예를 들어 고객별 최대 주문 금액을 같은 행에서 함께 출력하고 싶을 때 스칼라 서브쿼리를 사용한다. 다음은 스칼라 서브쿼리를 이용하여 고객별 최대 주문 금액을 출력하는 쿼리이다.

```
SELECT
    C.CUSTOMER_ID,
    C.CUSTOMER_NAME,
    (SELECT MAX(O.AMOUNT)
     FROM ORDERS O
     WHERE O.CUSTOMER_ID = C.CUSTOMER_ID) AS MAX_ORDER
FROM CUSTOMERS C;
```

출력 결과

CUSTOMER_ID	CUSTOMER_NAME	MAX_ORDER
C001	김민수	230000
C002	이수진	195000
C003	정유라	210000
C004	오지훈	114000
C005	박찬호	165000
C006	윤서현	98000
C007	김서연	134000
C008	이민재	270000
C009	최도현	64000
C010	박지훈	208000
C011	한지훈	97000
C012	이도현	137000
C013	김하늘	83000
C014	정민우	150000
C015	박서윤	184000

스칼라 서브쿼리는 반드시 하나의 값을 반환해야 하며 두 개 이상의 값을 반환할 시 오류가 발생하므로 WHERE 조건으로 범위를 확실히 제한해야 한다.

② 인라인 뷰

인라인 뷰 Inline View는 **FROM 절에 사용되는 서브쿼리**로 결과를 임시 테이블처럼 활용할 수 있다. 주로 집계 결과를 한 번 계산한 뒤 필터링하거나, 순위 분석이나 페이징 쿼리를 작성할 때 자주 활용된다.

다음은 고객별 총 주문 금액을 집계한 후 30만 원 이상 구매한 고객만 조회하는 쿼리이다. 아직 GROUP BY 구문을 배우지 않았으므로 인라인 뷰의 형태만 이해하고 넘어가도 좋다.

```
SELECT
   T.CUSTOMER_ID,
   T.TOTAL_AMOUNT
FROM (
   SELECT CUSTOMER_ID, SUM(AMOUNT) AS TOTAL_AMOUNT
   FROM ORDERS
   GROUP BY CUSTOMER_ID
) T
WHERE T.TOTAL_AMOUNT > 300000
ORDER BY T.CUSTOMER_ID;
```

출력 결과

CUSTOMER_ID	TOTAL_AMOUNT
C001	380000
C002	375000
C003	434000
C008	415000
C015	395000

실무에서는 이런 방식으로 '한 번 집계하고, 조건을 걸어 걸러내는' 패턴을 자주 쓴다.

③ 중첩 서브쿼리

중첩 서브쿼리 Nested Subquery는 **WHERE 절이나 HAVING 절의 조건식에서 사용되어 메인 쿼리의 데이터를 필터링하는 역할**을 한다. 주로 '조건이 다른 테이블의 결과에 의존할 때' 유용하다.

예를 들어, 평균 주문 금액보다 큰 금액의 주문을 한 고객의 정보를 조회해야 하는 경우 먼저 주문 테이블에서 ① 전체 평균 주문 금액을 구해야 하고, 그다음 ② 평균보다 큰 주문을 찾은 후 마지막으로 ③ 해당 주문을 한 고객을 CUSTOMER 테이블에서 조회하는 단계적 필터링을 수행한다.

```
SELECT
   CUSTOMER_ID,
   CUSTOMER_NAME
FROM CUSTOMERS
WHERE CUSTOMER_ID IN (
   SELECT CUSTOMER_ID
   FROM ORDERS
   WHERE AMOUNT > (
      SELECT AVG(AMOUNT)
      FROM ORDERS
   )
);
```

출력 결과

CUSTOMER_ID	CUSTOMER_NAME
C012	이도현
C008	이민재
C014	정민우
C007	김서연
C015	박서윤

C003	정유라
C005	박찬호
C010	박지훈
C001	김민수
C002	이수진

해당 쿼리에서 가장 안쪽 서브쿼리[SELECT AVG(AMOUNT) FROM ORDERS]는 전체 평균을 계산한다. 그 결과를 바탕으로 중간 서브쿼리에서는 평균보다 큰 주문을 찾고, 최종적으로 메인 쿼리에서는 그 주문을 한 고객 데이터를 출력하게 된다. 복잡한 비즈니스 로직(예: VIP 고객, 비정상 거래 탐지 등)을 한 번의 쿼리로 처리할 때 매우 유용한 쿼리이다.

반환 데이터 유형에 따른 서브쿼리 분류

① 단일행 서브쿼리

단일행 서브쿼리 Single-row Subquery는 **결과가 하나의 행만 반환되는 서브쿼리**를 의미한다. 주로 최댓값(MAX), 최솟값(MIN), 평균(AVG) 등 집계 함수와 함께 사용된다. 메인 쿼리에서는 하나의 비교 연산자(=, 〈, 〉, 〈=, 〉=)로 연결된다.

예를 들어 최대 주문 금액을 기록한 고객을 찾는 경우 다음과 같이 쿼리를 작성할 수 있다.

```
SELECT
    CUSTOMER_ID,
    AMOUNT
FROM ORDERS
WHERE AMOUNT = (SELECT MAX(AMOUNT) FROM ORDERS);
```

서브쿼리[SELECT MAX(AMOUNT) FROM ORDERS]는 전체 주문 데이터에서 가장 최고 금액을 반환한다. 실무에서는 '최근 주문일자', '가장 높은 점수', '최소 납기일' 등 대표값 조회 시 자주 사용된다.

출력 결과

CUSTOMER_ID	AMOUNT
C008	270000

② 다중행 서브쿼리

다중행 서브쿼리 Multi-row Subquery는 **여러 행을 반환**하며 IN, ANY, ALL과 같은 다중행 연산자와 함께 사용된다. 이 방식은 '특정 조건을 만족한 고객군/상품군' 등 부분집합 필터링에 매우 유용하다. 다음은 20만 원 이상 주문한 고객의 정보를 찾는 쿼리이다.

```
SELECT
    CUSTOMER_ID,
    CUSTOMER_NAME,
    REGION
FROM CUSTOMERS
WHERE CUSTOMER_ID IN (
    SELECT CUSTOMER_ID
    FROM ORDERS
    WHERE AMOUNT > 200000
);
```

출력 결과

CUSTOMER_ID	CUSTOMER_NAME	REGION
C001	김민수	Seoul
C003	정유라	Seoul
C008	이민재	Busan
C010	박지훈	Busan

③ 단일칼럼 서브쿼리

단일칼럼 서브쿼리 Single-column Subquery는 **하나의 칼럼만을 반환**하는 서브쿼리로, IN이나 NOT IN 조건에서 자주 쓰인다.

다음은 주문 이력이 없는 상품 목록을 조회하기 위해 ORDER_ITEMS 테이블에서 주문된 상품 코드를 먼저 가져오고, 그 목록에 포함되지 않은 상품만 PRODUCTS에서 찾아낸다.

```
SELECT
    PRODUCT_CODE,
    PRODUCT_NAME,
    PRICE
FROM PRODUCTS
WHERE PRODUCT_CODE NOT IN (
    SELECT DISTINCT PRODUCT_CODE
    FROM ORDER_ITEMS
)
ORDER BY PRODUCT_CODE;
```

출력 결과

PRODUCT_CODE	PRODUCT_NAME	PRICE
P1006	기계식 키보드	195000
P1012	프린터 토너	114000

④ 다중칼럼 서브쿼리

다중칼럼 서브쿼리 Multi-column Subquery**는 여러 칼럼을 반환하고 메인 쿼리에서 칼럼 조합으로 비교**한다. 복합 조건(예: '부서별 최고 연봉자', '상품별 최근 주문일자')을 한 번에 비교할 수 있어 정확한 행 단위 매칭이 가능하다.

다음은 (CUSTOMER_ID, AMOUNT)의 쌍으로 비교하여 각 고객의 최대 주문 내역만 추출하는 쿼리이다.

```
SELECT *
FROM ORDERS O
WHERE (O.CUSTOMER_ID, O.AMOUNT) IN (
    SELECT CUSTOMER_ID, MAX(AMOUNT)
    FROM ORDERS
```

```
    GROUP BY CUSTOMER_ID
);
```

출력 결과

ORDER_ID	CUSTOMER_ID	ORDER_DATE	AMOUNT	PAYMENT_METHOD
O002	C001	2025-02-15	230000	계좌이체
O004	C002	2025-04-25	195000	간편결제
O007	C003	2025-06-14	210000	신용카드
O009	C004	2025-07-03	114000	신용카드
O010	C005	2025-01-22	165000	계좌이체
O012	C006	2025-04-11	98000	간편결제
O013	C007	2025-05-05	134000	계좌이체
O015	C008	2025-02-27	270000	신용카드
O017	C009	2025-03-22	64000	계좌이체
O018	C010	2025-06-10	208000	신용카드
O022	C013	2025-03-12	83000	신용카드
O025	C015	2025-06-27	184000	계좌이체
O027	C012	2025-09-02	137000	간편결제
O029	C014	2025-08-14	150000	계좌이체
O030	C011	2025-10-01	97000	신용카드

메인 쿼리와의 연관성에 따른 서브쿼리 분류

① 비연관 서브쿼리

비연관 서브쿼리 Non-Correlated Subquery는 메인 쿼리와 독립적으로 실행된다. 즉, **괄호 안에 있는 쿼리만 따로 실행해도 결과를 얻을 수 있는 서브쿼리**가 비연관 서브쿼리이다. 다음은 전체 상품의 평균 재고 수량보다 적은 수량의 재고를 가진 상품을 조회하는 쿼리이다.

```
SELECT
    PRODUCT_CODE,
    PRODUCT_NAME,
    STOCK_QTY
FROM PRODUCTS
WHERE STOCK_QTY < (
    SELECT AVG(STOCK_QTY)
    FROM PRODUCTS
)
ORDER BY STOCK_QTY;
```

출력 결과

PRODUCT_CODE	PRODUCT_NAME	STOCK_QTY
P1010	웹캠	10
P1012	프린터 토너	12
P1006	기계식 키보드	15
P1013	잉크젯 프린터	18
P1003	27인치 모니터	20
P1009	게이밍 마우스	20
P1007	블루투스 스피커	25
P1008	보조 배터리	30

② 연관 서브쿼리

연관 서브쿼리 Correlated Subquery는 **메인 쿼리의 각 행마다 실행**되며 서브쿼리 내에 메인 테이블의 칼럼이 위치하고 있어 독립적으로 실행이 불가하다는 특징을 가지고 있다.

다음은 각 고객의 총 주문금액을 구하는 쿼리이다.

```
SELECT
    C.CUSTOMER_ID,
    C.CUSTOMER_NAME,
```

```
    (
        SELECT SUM(O.AMOUNT)
    FROM ORDERS O
    WHERE O.CUSTOMER_ID = C.CUSTOMER_ID
        ) AS TOTAL_AMOUNT
FROM CUSTOMERS C
ORDER BY TOTAL_AMOUNT DESC;
```

- 메인쿼리(Customer) 한 행을 가져옴 (예: C001 김민수)
- 서브쿼리 실행 → 결과: C001의 총 주문금액 (예: 380000)
- TOTAL_AMOUNT 칼럼으로 반환
- 위 과정을 CUSTOMERS 테이블의 모든 고객에 대해 반복 수행
- 마지막에 ORDER BY TOTAL_AMOUNT DESC로 총 금액 기준 내림차순 정렬

출력 결과

CUSTOMER_ID	CUSTOMER_NAME	TOTAL_AMOUNT
C003	정유라	434000
C008	이민재	415000
C015	박서윤	395000
C001	김민수	380000
C002	이수진	375000
C014	정민우	276000
C012	이도현	229000
C007	김서연	223000
C011	한지훈	222000
C010	박지훈	208000
C004	오지훈	201000
C006	윤서현	185000
C005	박찬호	165000
C013	김하늘	147000
C009	최도현	64000

EXISTS

EXISTS 구문은 **조건에 맞는 데이터의 '존재 여부'를 판단**할 때 활용된다. EXISTS로 작성된 조건문은 서브쿼리가 한 행 이상 결과를 반환하면 TRUE, 결과가 없으면 FALSE로 평가된다.

이 구문은 서브쿼리가 실제로 반환하는 데이터의 내용보다는 '존재하느냐, 존재하지 않느냐'를 판단하는 데에 사용되며 일반적으로 서브쿼리와 함께 WHERE 절에 등장하여 두 테이블 간의 존재 관계를 확인하는 역할을 한다.

① EXISTS의 기본 구조

```
SELECT 칼럼목록
FROM 테이블A A
WHERE EXISTS (
    SELECT 1
    FROM 테이블B B
    WHERE A.공통칼럼 = B.공통칼럼
);
```

- EXISTS 구문에 사용되는 서브쿼리의 SELECT 절에는 어떤 값이 와도 상관없다(보통 SELECT 1을 많이 사용한다. 행이 있다는 사실만 확인하면 되기 때문이다).
- 조건식의 핵심은 WHERE 절 내부의 비교 조건이다. 메인 쿼리의 각 행에 대해 서브쿼리를 실행하면서 해당 행과 연관된 데이터가 서브쿼리 결과에 존재하는지를 판별한다.

② EXISTS의 동작 원리

1. 메인 쿼리의 한 행을 읽는다.
2. 서브쿼리를 실행하여 조건에 맞는 행이 존재하는지 검사한다.
3. 조건을 만족하는 행이 하나라도 있으면 TRUE로 평가되어 메인 쿼리 결과에 포함된다.
4. 존재하지 않으면 FALSE로 평가되어 제외된다.

참고로 EXISTS는 서브쿼리가 결과를 반환하는 순간 TRUE가 되며 더 이상 서브쿼리의 나머지 행은 검사하지 않는다. 이 때문에 EXISTS는 특히 서브쿼리 결과가 많을 때 효율적이라고 볼 수 있다.

③ EXISTS 사용 예제

다음은 제주 지역 고객 중 이메일이 등록된 고객만 조회하는 쿼리이다.

```
SELECT
    C.CUSTOMER_ID,
    C.CUSTOMER_NAME,
    C.REGION
FROM CUSTOMERS C
WHERE C.REGION = 'Jeju'
  AND EXISTS (
      SELECT 1
      FROM CUSTOMER_DETAIL D
      WHERE D.CUSTOMER_ID = C.CUSTOMER_ID
        AND D.EMAIL IS NOT NULL
  );
```

- 서브쿼리는 CUSTOMER_DETAIL 테이블에서 CUSTOMERS의 각 행(C.CUSTOMER_ID)과 일치하는 행이 있는지를 확인한 뒤 이메일이 NULL이 아닌 데이터만 필터링한다.
- EXISTS 조건이 TRUE인 고객(즉, 이메일 데이터가 존재하는 고객)만 메인 쿼리 결과에 포함된다.

출력 결과

CUSTOMER_ID	CUSTOMER_NAME	REGION
C011	한지훈	Jeju
C012	이도현	Jeju
C013	김하늘	Jeju

④ NOT EXISTS

NOT EXISTS는 EXISTS의 반대 개념으로 서브쿼리의 결과가 존재하지 않을 때 TRUE로 평가된다. 다음은 한 번도 판매되지 않은 상품을 조회하는 쿼리이다.

```
SELECT
    P.PRODUCT_CODE,
```

```
    P.PRODUCT_NAME,
    P.CATEGORY,
    P.STOCK_QTY
FROM PRODUCTS P
WHERE NOT EXISTS (
    SELECT 1
    FROM ORDER_ITEMS I
    WHERE I.PRODUCT_CODE = P.PRODUCT_CODE
);
```

- 서브쿼리에서 조건에 맞는(해당 상품의) 주문이 한 건도 없으면 NOT EXISTS가 TRUE로 평가된다.

출력 결과

PRODUCT_CODE	PRODUCT_NAME	CATEGORY	STOCK_QTY
P1012	프린터 토너	사무용품	12
P1006	기계식 키보드	전자기기	15

⑤ EXISTS vs IN 비교

EXISTS와 IN은 기능적으로 비슷해 보이지만 동작 방식과 성능에 차이가 있다.

표 8-1 EXISTS와 IN 차이

구분	EXISTS	IN
평가 기준	행의 "존재 여부"	값의 "포함 여부"
비교 방식	조건을 만족하는 첫 행이 있으면 TRUE	메인 쿼리의 값을 서브쿼리 결과 집합 전체와 비교
주요 사용 상황	서브쿼리 결과가 많을 때	서브쿼리 결과가 적을 때
NULL 처리	NULL 영향을 받지 않음	NULL 값이 있으면 결과가 예기치 않게 달라질 수 있음

다음은 주문 이력이 존재하는 고객에 대한 데이터를 각각 EXISTS 구문과 IN 구문을 이용하여 작성한 쿼리이다.

```
-- EXISTS 사용
SELECT
    C.CUSTOMER_ID,
    C.CUSTOMER_NAME
FROM CUSTOMERS C
WHERE EXISTS (
    SELECT 1
    FROM ORDERS O
    WHERE O.CUSTOMER_ID = C.CUSTOMER_ID
);

-- IN 사용
SELECT
    C.CUSTOMER_ID,
    C.CUSTOMER_NAME
FROM CUSTOMERS C
WHERE C.CUSTOMER_ID IN (
    SELECT O.CUSTOMER_ID
    FROM ORDERS O
);
```

두 쿼리는 결과가 동일하지만 대량 데이터 환경에서는 EXISTS가 IN보다 빠르게 동작하는 경우가 있을 수 있으니 늘 성능을 비교해보는 습관을 들이는 것이 바람직하다.

8.3 JOIN 쿼리 자동화

이제부터 AI를 활용하여 JOIN 쿼리를 자동으로 생성하는 방법을 살펴보자. JOIN은 여러 테이블 간의 관계를 연결하는 SQL의 핵심 문법이다. AI에게 정확한 JOIN 쿼리를 주문하기 위해서는 테이블 구조와 관계를 명확히 알려주고 출력 목적을 구체적으로 전달해야 한다.

빠른 이해 좋은 프롬프트 예시

1. 어떤 테이블이 연결되는지 명시한다.
   예) "회원과 주문 테이블을 연결해서 고객별 주문 금액 합계를 보여줘"
2. JOIN 조건을 자연스럽게 포함시킨다.
   예) "주문 테이블과 상품 테이블을 주문상품으로 연결해서 상품별 매출액을 구해줘"
3. 집계나 정렬 조건까지 포함하면 더 완성도를 높일 수 있다.
   예) "고객별 총 주문 금액을 합산해서 금액이 높은 순으로 정렬해줘"

JOIN 자동화 예시

① 고객 정보와 고객 상세 정보를 함께 조회 (INNER JOIN)

상세 정보가 존재하는 고객만 출력되는 기본 JOIN 예시다. 가장 흔히 사용되는 패턴으로, 두 테이블의 일치하는 키(CUSTOMER_ID)를 기준으로 데이터를 결합한다.

프롬프트

```
너는 SQL 전문가야
Oracle 기준으로 작성해줘
테이블 구조는 다음과 같아

CREATE TABLE CUSTOMERS (
   CUSTOMER_ID     VARCHAR2(10) PRIMARY KEY,
   CUSTOMER_NAME   VARCHAR2(50) NOT NULL,
   REGION          VARCHAR2(30),
   BIRTH_DATE      VARCHAR2(8),
   CUSTOMER_TYPE   VARCHAR2(20)
);

CREATE TABLE CUSTOMER_DETAIL (
   CUSTOMER_ID   VARCHAR2(10) PRIMARY KEY,
   EMAIL         VARCHAR2(100),
```

```
    ADDRESS      VARCHAR2(200),
    MOBILE       VARCHAR2(20)
);
```

요청 목적: 고객 정보와 고객 상세 정보를 조회

조건: 상세 정보가 있는 고객만 조회

출력 칼럼: 고객ID, 고객이름, 이메일, 휴대폰 번호

정렬: 고객ID로 오름차순

```sql
SELECT
    C.CUSTOMER_ID,
    C.CUSTOMER_NAME,
    D.EMAIL,
    D.MOBILE
FROM CUSTOMERS C
INNER JOIN CUSTOMER_DETAIL D
ON C.CUSTOMER_ID = D.CUSTOMER_ID
ORDER BY C.CUSTOMER_ID;
```

출력 결과

CUSTOMER_ID	CUSTOMER_NAME	EMAIL	MOBILE
C001	김민수	kimms@example.com	010-1234-5678
C002	이수진		010-2345-6789
C003	정유라	jungyr@example.com	010-3456-7890
C004	오지훈	ohjh@example.com	
C005	박찬호		
C006	윤서현	yoonsh@example.com	010-4567-8901
C007	김서연		010-5678-9012
C008	이민재	leemj@example.com	
C009	최도현		

C010	박지훈	parkjh@example.com	
C011	한지훈	hanjh@example.com	010-6789-0123
C012	이도현	leedh@example.com	010-7890-1234
C013	김하늘	kimhn@example.com	
C014	정민우		010-8901-2345

② 상세 정보가 없는 고객도 함께 조회 (OUTER JOIN)

OUTER JOIN은 기본 테이블에 있는 모든 데이터를 유지한 채, 연결된 상세 정보가 없는 고객까지 포함시킨다. 고객 전체 목록을 모니터링할 때 유용하다.

프롬프트

너는 SQL 전문가야
Oracle 기준으로 작성해줘
테이블 구조는 다음과 같아

```
CREATE TABLE CUSTOMERS (
   CUSTOMER_ID     VARCHAR2(10) PRIMARY KEY,
   CUSTOMER_NAME   VARCHAR2(50) NOT NULL,
   REGION          VARCHAR2(30),
   BIRTH_DATE      VARCHAR2(8),
   CUSTOMER_TYPE   VARCHAR2(20)
);
CREATE TABLE CUSTOMER_DETAIL (
   CUSTOMER_ID   VARCHAR2(10) PRIMARY KEY,
   EMAIL         VARCHAR2(100),
   ADDRESS       VARCHAR2(200),
   MOBILE        VARCHAR2(20)
);
```

요청 목적: 고객 정보와 고객 상세 정보를 조회
조건: 상세 정보가 없는 고객도 함께 출력

출력 칼럼: 고객ID, 고객이름, 이메일, 휴대폰 번호
정렬: 고객ID로 오름차순

```
SELECT
    C.CUSTOMER_ID,
    C.CUSTOMER_NAME,
    D.EMAIL,
    D.MOBILE
FROM CUSTOMERS C
LEFT OUTER JOIN CUSTOMER_DETAIL D
ON C.CUSTOMER_ID = D.CUSTOMER_ID
ORDER BY C.CUSTOMER_ID;
```

출력 결과

CUSTOMER_ID	CUSTOMER_NAME	EMAIL	MOBILE
C001	김민수	kimms@example.com	010-1234-5678
C002	이수진		010-2345-6789
C003	정유라	jungyr@example.com	010-3456-7890
C004	오지훈	ohjh@example.com	
C005	박찬호		
C006	윤서현	yoonsh@example.com	010-4567-8901
C007	김서연		010-5678-9012
C008	이민재	leemj@example.com	
C009	최도현		
C010	박지훈	parkjh@example.com	
C011	한지훈	hanjh@example.com	010-6789-0123
C012	이도현	leedh@example.com	010-7890-1234
C013	김하늘	kimhn@example.com	
C014	정민우		010-8901-2345

C015	박서윤		

상세 정보가 등록되지 않은 'C015' 고객도 출력된다.

③ 고객 정보 + 고객의 주문 정보 + 주문 상품 정보 조회 (3중 JOIN)

프롬프트

너는 SQL 전문가야
Oracle 기준으로 작성해줘
테이블 구조는 다음과 같아

```
CREATE TABLE CUSTOMERS (
    CUSTOMER_ID     VARCHAR2(10) PRIMARY KEY,
    CUSTOMER_NAME   VARCHAR2(50) NOT NULL,
    REGION          VARCHAR2(30),
    BIRTH_DATE      VARCHAR2(8),
    CUSTOMER_TYPE   VARCHAR2(20)
);

CREATE TABLE ORDERS (
    ORDER_ID        VARCHAR2(10) PRIMARY KEY,
    CUSTOMER_ID     VARCHAR2(10),
    ORDER_DATE      DATE,
    AMOUNT          NUMBER(10),
    PAYMENT_METHOD  VARCHAR2(20)
);

CREATE TABLE ORDER_ITEMS (
    ORDER_ID        VARCHAR2(10),
    PRODUCT_CODE    VARCHAR2(20),
    PRICE           NUMBER(10),
    QUANTITY        NUMBER(5)
);
```

요청 목적: 고객의 정보와 해당 고객의 주문 일자, 주문된 상품 수량 조회
출력 칼럼: 고객ID, 고객이름, 주문 일자, 주문 상품 코드, 주문 상품 수량
정렬: 주문ID 기준 오름차순

```
SELECT
    C.CUSTOMER_ID,
    C.CUSTOMER_NAME,
    O.ORDER_DATE,
    I.PRODUCT_CODE,
    I.QUANTITY
FROM CUSTOMERS C
INNER JOIN ORDERS O
ON C.CUSTOMER_ID = O.CUSTOMER_ID
INNER JOIN ORDER_ITEMS I
ON O.ORDER_ID = I.ORDER_ID
ORDER BY O.ORDER_ID;
```

- 세 개의 테이블을 JOIN
- C.CUSTOMER_ID = O.CUSTOMER_ID → 고객과 주문 연결
- O.ORDER_ID = I.ORDER_ID → 주문과 주문상세 연결

출력 결과

CUSTOMER_ID	CUSTOMER_NAME	ORDER_DATE	PRODUCT_CODE	QUANTITY
C001	김민수	2025-01-10	P1001	2
C001	김민수	2025-01-10	P1002	1
C001	김민수	2025-02-15	P1003	1
C002	이수진	2025-03-02	P1005	1
C003	정유라	2025-06-14	P1010	2
C004	오지훈	2025-03-28	P1011	1

C004	오지훈	2025-07-03	P1010	1
C005	박찬호	2025-01-22	P1013	1

④ 특정 지역 고객의 주문 내역 조회 (INNER JOIN)

지역 필터 조건을 결합하여, 부산 지역 고객 중 실제 주문 내역이 존재하는 고객만 출력한다. 이처럼 조건을 명확히 제시하면 AI가 JOIN과 WHERE 절을 조합한 쿼리를 자동 완성한다.

프롬프트

```
너는 SQL 전문가야
Oracle 기준으로 작성해줘
테이블 구조는 다음과 같아

CREATE TABLE CUSTOMERS (
    CUSTOMER_ID     VARCHAR2(10) PRIMARY KEY,
    CUSTOMER_NAME   VARCHAR2(50) NOT NULL,
    REGION          VARCHAR2(30),
    BIRTH_DATE      VARCHAR2(8),
    CUSTOMER_TYPE   VARCHAR2(20)
);

CREATE TABLE ORDERS (
    ORDER_ID        VARCHAR2(10) PRIMARY KEY,
    CUSTOMER_ID     VARCHAR2(10),
    ORDER_DATE      DATE,
    AMOUNT          NUMBER(10),
    PAYMENT_METHOD  VARCHAR2(20)
);

요청 목적: 부산 지역 고객의 주문 내역 조회
조건: 주문 내역이 있는 고객만 출력
출력 칼럼: 고객ID, 고객이름, 주문일자, 주문금액
정렬: 주문 일자로 오름차순
```

```
SELECT
    C.CUSTOMER_ID,
    C.CUSTOMER_NAME,
    O.ORDER_DATE,
    O.AMOUNT
FROM CUSTOMERS C
INNER JOIN ORDERS O
ON C.CUSTOMER_ID = O.CUSTOMER_ID
WHERE C.REGION = 'Busan'
ORDER BY O.ORDER_DATE ASC;
```

출력 결과

CUSTOMER_ID	CUSTOMER_NAME	ORDER_DATE	AMOUNT
C008	이민재	2025-02-27	270000
C006	윤서현	2025-03-09	87000
C009	최도현	2025-03-22	64000
C006	윤서현	2025-04-11	98000
C007	김서연	2025-05-05	134000
C010	박지훈	2025-06-10	208000
C007	김서연	2025-06-18	89000
C008	이민재	2025-07-15	145000

⑤ 특정 기간 내 주문 내역과 상품 정보 조회 (다중 JOIN)

기간 조건(BETWEEN)을 활용하여 지정한 월의 주문과 관련된 상품 데이터를 함께 조회한다. 여러 테이블을 연결할 때도 AI는 날짜 필터와 JOIN 조건을 정확히 결합해 완전한 SQL을 생성한다.

프롬프트

너는 SQL 전문가야
Oracle 기준으로 작성해줘
테이블 구조는 다음과 같아

```
CREATE TABLE ORDERS (
    ORDER_ID       VARCHAR2(10) PRIMARY KEY,
    CUSTOMER_ID     VARCHAR2(10),
    ORDER_DATE      DATE,
    AMOUNT         NUMBER(10),
    PAYMENT_METHOD  VARCHAR2(20)
);
CREATE TABLE ORDER_ITEMS (
    ORDER_ID       VARCHAR2(10),
    PRODUCT_CODE   VARCHAR2(20),
    PRICE         NUMBER(10),
    QUANTITY       NUMBER(5)
);

CREATE TABLE PRODUCTS (
    PRODUCT_CODE   VARCHAR2(20) PRIMARY KEY,
    PRODUCT_NAME   VARCHAR2(100),
    CATEGORY       VARCHAR2(30),
    PRICE         NUMBER(10),
    STOCK_QTY      NUMBER(5)
);
```

요청 목적: 2025년 1월의 주문 데이터와 주문 상품 정보 조회
출력 칼럼: 주문ID, 주문일자, 상품코드, 상품명, 상품카테고리, 상품가격
정렬: 주문일자로 오름차순

```
SELECT
    O.ORDER_ID,
    O.ORDER_DATE,
    I.PRODUCT_CODE,
    P.PRODUCT_NAME,
    P.CATEGORY,
    P.PRICE
FROM ORDERS O
INNER JOIN ORDER_ITEMS I
ON O.ORDER_ID = I.ORDER_ID
INNER JOIN PRODUCTS P
ON I.PRODUCT_CODE = P.PRODUCT_CODE
WHERE O.ORDER_DATE BETWEEN DATE '2025-01-01' AND TIMESTAMP '2025-01-31 23:59:59'
ORDER BY O.ORDER_DATE ASC;
```

출력 결과

ORDER_ID	ORDER_DATE	PRODUCT_CODE	PRODUCT_NAME	CATEGORY	PRICE
O001	2025-01-10	P1001	무선 키보드	전자기기	30000
O001	2025-01-10	P1002	무선 마우스	전자기기	45000
O010	2025-01-22	P1013	잉크젯 프린터	사무용품	165000

⑥ 한 주문에 동일 상품을 2개 이상 구매한 주문 건 조회 (조건 기반 JOIN)

서브쿼리를 쓰지 않고도, JOIN 조건과 WHERE 절을 조합해 '특정 수량 이상'이라는 조건 필터링이 가능하다. 이런 단순 패턴은 AI가 빠르게 인식하여 실무형 조건 쿼리로 완성한다.

프롬프트

> 너는 SQL 전문가야
> Oracle 기준으로 작성해줘
> 테이블 구조는 다음과 같아

```
CREATE TABLE ORDERS (
    ORDER_ID        VARCHAR2(10) PRIMARY KEY,
    CUSTOMER_ID     VARCHAR2(10),
    ORDER_DATE      DATE,
    AMOUNT          NUMBER(10),
    PAYMENT_METHOD  VARCHAR2(20)
);

CREATE TABLE ORDER_ITEMS (
    ORDER_ID       VARCHAR2(10),
    PRODUCT_CODE   VARCHAR2(20),
    PRICE          NUMBER(10),
    QUANTITY       NUMBER(5)
);
```

요청 목적: 한 주문에 동일 상품을 2개 이상 구매한 주문 내역 조회

출력 칼럼: 주문ID, 주문금액, 상품코드, 주문수량

```
SELECT
    O.ORDER_ID,
    O.AMOUNT,
    I.PRODUCT_CODE,
    I.QUANTITY
FROM ORDERS OINNER JOIN ORDER_ITEMS I
ON O.ORDER_ID = I.ORDER_ID
WHERE I.QUANTITY >= 2;
```

출력 결과

ORDER_ID	PRODUCT_CODE	QUANTITY
O001	P1001	2
O007	P1010	2

⑦ **상품 가격이 특정 등급에 해당하는 상품 데이터 조회**

가격 등급 테이블(PRICE_GRADE)을 기준으로, 상품 테이블의 가격이 해당 등급의 범위(MIN_PRICE ~ MAX_PRICE)에 속하는 상품을 찾는 패턴이다. 가격 구간을 기준으로 상품을 분류해야 할 때 유용한 방식으로, 등급 테이블을 조인하여 동적 범위 매칭을 수행한다.

프롬프트

너는 SQL 전문가야

Oracle 기준으로 작성해줘

테이블 구조는 다음과 같아

```
CREATE TABLE PRODUCTS (
    PRODUCT_CODE   VARCHAR2(20) PRIMARY KEY,
    PRODUCT_NAME   VARCHAR2(100),
    CATEGORY      VARCHAR2(30),
    PRICE         NUMBER(10),
    STOCK_QTY      NUMBER(5)
);

CREATE TABLE PRICE_GRADE (
    GRADE      VARCHAR2(1)     PRIMARY KEY,
    MIN_PRICE   NUMBER(10),
    MAX_PRICE   NUMBER(10)
);
```

요청 목적: 상품 가격이 등급B(50000원~99999원) 구간에 해당하는 상품 조회

출력 칼럼: 상품코드, 상품이름, 상품가격

```
SELECT
    P.PRODUCT_CODE,
    P.PRODUCT_NAME,
    P.GRADE
FROM PRODUCTS P
```

```
INNER JOIN PRICE_GRADE G
ON P.PRICE BETWEEN G.MIN_PRICE AND G.MAX_PRICE
WHERE G.GRADE = 'B';
```

- ON P.PRICE BETWEEN G.MIN_PRICE AND G.MAX_PRICE
  → 상품의 가격이 등급 테이블의 최솟값과 최댓값 사이에 존재하는 경우 매칭

출력 결과

PRODUCT_CODE	PRODUCT_NAME	PRICE
P1004	노트북 받침대	90000
P1007	블루투스 스피커	50000
P1011	외장 SSD 1TB	87000

⑧ 특정 결제 수단으로 주문된 상품의 고객 정보와 상품 정보 조회

이번 예제는 주문(ORDERS), 고객(CUSTOMERS), 주문 상세(ORDER_ITEMS) 테이블을 조인하여 특정 결제 수단(예: '신용카드')으로 결제된 주문의 고객 및 상품 정보를 함께 조회하는 패턴이다. 이 쿼리는 결제 방식별 구매 패턴을 분석할 때 자주 활용된다.

프롬프트

너는 SQL 전문가야
Oracle 기준으로 작성해줘
테이블 구조는 다음과 같아

```
CREATE TABLE CUSTOMERS (
    CUSTOMER_ID     VARCHAR2(10) PRIMARY KEY,
    CUSTOMER_NAME   VARCHAR2(50) NOT NULL,
    REGION          VARCHAR2(30),
    BIRTH_DATE      VARCHAR2(8),
    CUSTOMER_TYPE   VARCHAR2(20)
```

```
);

CREATE TABLE ORDERS (
    ORDER_ID        VARCHAR2(10) PRIMARY KEY,
    CUSTOMER_ID     VARCHAR2(10),
    ORDER_DATE      DATE,
    AMOUNT          NUMBER(10),
    PAYMENT_METHOD  VARCHAR2(20)
);

CREATE TABLE ORDER_ITEMS (
    ORDER_ID        VARCHAR2(10),
    PRODUCT_CODE    VARCHAR2(20),
    PRICE           NUMBER(10),
    QUANTITY        NUMBER(5)
);
```

요청 목적: 신용카드로 결제된 주문 건의 고객 정보와 상품 정보 조회

출력 칼럼: 고객ID, 고객이름, 주문일자, 상품코드, 주문수량

정렬: 주문일자로 오름차순

```
SELECT
    C.CUSTOMER_ID,
    C.CUSTOMER_NAME,
    O.ORDER_DATE,
    I.PRODUCT_CODE,
    I.QUANTITY
FROM CUSTOMERS C
INNER JOIN ORDERS O
ON C.CUSTOMER_ID = O.CUSTOMER_ID
INNER JOIN ORDER_ITEMS I
ON O.ORDER_ID = I.ORDER_ID
WHERE O.PAYMENT_METHOD = '신용카드'
ORDER BY O.ORDER_DATE;
```

출력 결과

CUSTOMER_ID	CUSTOMER_NAME	ORDER_DATE	PRODUCT_CODE	QUANTITY
C001	김민수	2025-01-10	P1001	2
C001	김민수	2025-01-10	P1002	1
C003	정유라	2025-02-11	P1007	1
C003	정유라	2025-02-11	P1008	1
C002	이수진	2025-03-02	P1004	1
C002	이수진	2025-03-02	P1001	1
C002	이수진	2025-03-02	P1005	1
C003	정유라	2025-06-14	P1010	2
C004	오지훈	2025-07-03	P1010	1

⑨ 주문 고객의 정보를 중복 제거한 뒤 조회

주문을 한 고객의 이름만 중복 없이 조회하는 쿼리이다. 즉, 고객이 여러 번 주문했더라도 이름이 한 번만 표시되도록 중복을 제거(DISTINCT)한다. 이 쿼리는 '주문 이력이 있는 고객 명단'을 빠르게 확인하거나, 마케팅 타깃 리스트 생성 시 유용하게 쓰인다.

프롬프트

```
너는 SQL 전문가야
Oracle 기준으로 작성해줘
테이블 구조는 다음과 같아

CREATE TABLE CUSTOMERS (
   CUSTOMER_ID     VARCHAR2(10) PRIMARY KEY,
   CUSTOMER_NAME   VARCHAR2(50) NOT NULL,
   REGION          VARCHAR2(30),
   BIRTH_DATE      VARCHAR2(8),
   CUSTOMER_TYPE   VARCHAR2(20)
);
```

```
CREATE TABLE ORDERS (
    ORDER_ID        VARCHAR2(10) PRIMARY KEY,
    CUSTOMER_ID     VARCHAR2(10),
    ORDER_DATE      DATE,
    AMOUNT          NUMBER(10),
    PAYMENT_METHOD  VARCHAR2(20)
);
```

요청 목적: 주문을 한 고객의 이름 목록만 중복 없이 조회

출력 칼럼: 고객 이름

정렬: 고객 이름으로 오름차순

```
SELECT DISTINCT
    C.CUSTOMER_NAME
FROM CUSTOMERS C
INNER JOIN ORDERS O
ON C.CUSTOMER_ID = O.CUSTOMER_ID
ORDER BY C.CUSTOMER_NAME ASC;
```

출력 결과

순번	CUSTOMER_NAME
1	김민수
2	김서연
3	김하늘
4	박서윤
5	박지훈
6	박찬호
7	오지훈
8	윤서현
9	이도현

10	이민재
11	이수진
12	정민우
13	정유라
14	최도현
15	한지훈

⑩ 특정 지역 고객의 주문 내역 중 주문 금액이 X원 이상인 데이터 조회

이번 예제는 특정 지역(예: 부산) 에 거주하는 고객 중 주문 금액이 일정 금액 이상인 주문만 조회하는 쿼리이다. 즉, 지역 조건(REGION)과 금액 조건(AMOUNT)을 동시에 걸어 '매출 상위 고객' 혹은 '우수 고객'을 식별할 수 있는 형태다.

프롬프트

너는 SQL 전문가야
Oracle 기준으로 작성해줘
테이블 구조는 다음과 같아

```
CREATE TABLE CUSTOMERS (
    CUSTOMER_ID     VARCHAR2(10) PRIMARY KEY,
    CUSTOMER_NAME   VARCHAR2(50) NOT NULL,
    REGION          VARCHAR2(30),
    BIRTH_DATE      VARCHAR2(8),
    CUSTOMER_TYPE   VARCHAR2(20)
);

CREATE TABLE ORDERS (
    ORDER_ID        VARCHAR2(10) PRIMARY KEY,
    CUSTOMER_ID     VARCHAR2(10),
    ORDER_DATE      DATE,
    AMOUNT          NUMBER(10),
```

```
    PAYMENT_METHOD  VARCHAR2(20)
);
```

요청 목적: 부산 지역 고객 중 주문 금액이 100,000원 이상인 고객의 주문 내역 조회

출력 칼럼: 고객ID, 고객이름, 주문일자, 주문금액

정렬: 주문 금액으로 내림차순

```
SELECT
        C.CUSTOMER_ID,
        C.CUSTOMER_NAME,
        O.ORDER_DATE,
        O.AMOUNT
FROM CUSTOMERS C
INNER JOIN ORDERS O
ON C.CUSTOMER_ID = O.CUSTOMER_ID
WHERE C.REGION = 'Busan'
AND O.AMOUNT >= 100000
ORDER BY O.AMOUNT DESC;
```

출력 결과

CUSTOMER_ID	CUSTOMER_NAME	ORDER_DATE	AMOUNT
C008	이민재	2025-02-27	270000
C010	박지훈	2025-06-10	208000
C008	이민재	2025-07-15	145000
C007	김서연	2025-05-05	134000

8.4 서브쿼리 자동화

AI를 이용해 서브쿼리를 자동으로 생성하려면 ① **목표 데이터(무엇을 구할지)**와 ② **내부 쿼리의 역할**(무엇과 비교할지 등)을 명확히 설명하는 것이 중요하다.

빠른 이해 좋은 프롬프트 예시

1. 비교 기준이 명확해야 한다.
   예) "전체 평균 주문 금액보다 높은 주문을 한 고객 조회"
2. 서브쿼리의 역할을 분리해서 설명한다.
   예) "서브쿼리에서 평균 주문 금액을 구하고 메인 쿼리에서 그보다 큰 주문을 필터링해줘"
3. 독립 실행 가능한 비연관 서브쿼리와 메인 쿼리 칼럼을 참조하는 연관 서브쿼리를 구분한다.
   예) "전체 평균 주문 금액보다 높은 주문만 조회"(비연관) vs "각 고객의 평균 주문 금액보다 높은 주문만 조회"(연관)

서브쿼리 자동화 예시

① 특정 카테고리 상품의 상품별 주문 횟수 출력

프롬프트

```
너는 SQL 전문가야
Oracle 기준으로 작성해줘
테이블 구조는 다음과 같아

CREATE TABLE PRODUCTS (
    PRODUCT_CODE   VARCHAR2(20) PRIMARY KEY,
    PRODUCT_NAME   VARCHAR2(100),
    CATEGORY      VARCHAR2(30),
    PRICE        NUMBER(10),
    STOCK_QTY     NUMBER(5)
);
```

요청 목적: 전자기기 카테고리 상품의 상품별 주문횟수 표시

출력 칼럼: 상품코드, 상품명, 주문횟수

서브쿼리: 상품별 주문 횟수 계산

정렬: 주문 횟수로 내림차순, 동일 주문 횟수일 경우 상품 코드로 오름차순

```
SELECT
    P.PRODUCT_CODE,
    P.PRODUCT_NAME,
    (SELECT COUNT(*)
    FROM ORDER_ITEMS I
    WHERE I.PRODUCT_CODE = P.PRODUCT_CODE) AS ORDER_COUNT
FROM PRODUCTS P
WHERE P.CATEGORY = '전자기기'
ORDER BY ORDER_COUNT DESC, P.PRODUCT_CODE;
```

특정 카테고리에 속한 상품별 주문 횟수를 구하기 위해, PRODUCTS 테이블을 기준으로 각 상품의 주문 수를 ORDER_ITEMS 테이블에서 서브쿼리로 계산한다. ORDER_COUNT 칼럼은 각 상품의 주문 횟수를 나타내며, 결과는 주문 횟수 기준 내림차순으로 정렬한다. 동일한 주문 횟수일 경우 상품 코드를 기준으로 오름차순 정렬한다.

출력 결과

PRODUCT_CODE	PRODUCT_NAME	ORDER_COUNT
P1001	무선 키보드	2
P1003	27인치 모니터	2
P1010	웹캠	2
P1002	무선 마우스	1
P1005	USB 허브	1
P1008	보조 배터리	1
P1009	게이밍 마우스	1
P1006	기계식 키보드	0

② 전체 주문 중 가장 높은 금액을 주문한 고객 정보 조회

프롬프트

너는 SQL 전문가야
Oracle 기준으로 작성해줘
테이블 구조는 다음과 같아

```
CREATE TABLE CUSTOMERS (
    CUSTOMER_ID     VARCHAR2(10) PRIMARY KEY,
    CUSTOMER_NAME   VARCHAR2(50) NOT NULL,
    REGION          VARCHAR2(30),
    BIRTH_DATE      VARCHAR2(8),
    CUSTOMER_TYPE   VARCHAR2(20)
);
CREATE TABLE ORDERS (
    ORDER_ID        VARCHAR2(10) PRIMARY KEY,
    CUSTOMER_ID     VARCHAR2(10),
    ORDER_DATE      DATE,
    AMOUNT          NUMBER(10),
    PAYMENT_METHOD  VARCHAR2(20)
);
```

요청 목적: 전체 주문 중 가장 높은 금액을 주문한 고객 정보 조회
출력 칼럼: 고객ID, 고객이름, 지역, 주문금액

```
SELECT
    C.CUSTOMER_ID,
    C.CUSTOMER_NAME,
    C.REGION,
    O.AMOUNT
FROM CUSTOMERS C
INNER JOIN ORDERS O
ON C.CUSTOMER_ID = O.CUSTOMER_ID
```

```
WHERE O.AMOUNT = (
    SELECT MAX(AMOUNT)
    FROM ORDERS
)
```

ORDERS 테이블에서 주문 금액이 가장 높은 행을 서브쿼리로 추출하고, 해당 주문의 고객 정보를 CUSTOMERS 테이블과 조인한다. 이처럼 MAX 함수를 서브쿼리에 활용하면, 집계 결과를 다른 테이블과 쉽게 연결할 수 있다.

출력 결과

CUSTOMER_ID	CUSTOMER_NAME	REGION	AMOUNT
C008	이민재	Busan	270000

③ 각 고객의 평균 주문 금액보다 높은 주문 건 조회

프롬프트

너는 SQL 전문가야
Oracle 기준으로 작성해줘
테이블 구조는 다음과 같아

```
CREATE TABLE CUSTOMERS (
    CUSTOMER_ID     VARCHAR2(10) PRIMARY KEY,
    CUSTOMER_NAME   VARCHAR2(50) NOT NULL,
    REGION          VARCHAR2(30),
    BIRTH_DATE      VARCHAR2(8),
    CUSTOMER_TYPE   VARCHAR2(20)
);

CREATE TABLE ORDERS (
    ORDER_ID        VARCHAR2(10) PRIMARY KEY,
    CUSTOMER_ID     VARCHAR2(10),
```

```
    ORDER_DATE     DATE,
    AMOUNT         NUMBER(10),
    PAYMENT_METHOD VARCHAR2(20)
);

요청 목적: 각 고객의 평균 주문 금액보다 높은 주문 조회
출력 칼럼: 고객ID, 주문일자, 주문금액
서브쿼리: 고객별 평균 금액 계산
정렬: 주문일자로 오름차순
```

```
SELECT
    O.CUSTOMER_ID,
    O.ORDER_DATE,
    O.AMOUNT
FROM ORDERS O
WHERE O.AMOUNT > (
    SELECT AVG(O2.AMOUNT)
    FROM ORDERS O2
    WHERE O2.CUSTOMER_ID = O.CUSTOMER_ID
)
ORDER BY O.ORDER_DATE;
```

이 예제는 연관 서브쿼리의 대표적인 활용 사례다. ORDERS 테이블의 각 행마다 해당 고객의 평균 주문 금액을 계산하는 서브쿼리가 실행되며, 평균보다 높은 주문만 결과에 표시된다.

출력 결과

CUSTOMER_ID	ORDER_DATE	AMOUNT
C001	2025-02-15	230000
C008	2025-02-27	270000
C013	2025-03-12	83000
C006	2025-04-11	98000
C002	2025-04-25	195000

C007	2025-05-05	134000
C003	2025-06-14	210000
C015	2025-06-27	184000
C004	2025-07-03	114000
C014	2025-08-14	150000
C012	2025-09-02	137000
C011	2025-10-01	97000

④ 특정 지역 고객의 주문 내역 중 주문 금액이 X원 이상인 데이터 조회

프롬프트

너는 SQL 전문가야
Oracle 기준으로 작성해줘
테이블 구조는 다음과 같아

```
CREATE TABLE CUSTOMERS (
    CUSTOMER_ID     VARCHAR2(10) PRIMARY KEY,
    CUSTOMER_NAME   VARCHAR2(50) NOT NULL,
    REGION          VARCHAR2(30),
    BIRTH_DATE      VARCHAR2(8),
    CUSTOMER_TYPE   VARCHAR2(20)
);

CREATE TABLE ORDERS (
    ORDER_ID        VARCHAR2(10) PRIMARY KEY,
    CUSTOMER_ID     VARCHAR2(10),
    ORDER_DATE      DATE,
    AMOUNT          NUMBER(10),
    PAYMENT_METHOD  VARCHAR2(20)
);
```

요청 목적: 제주 고객이면서 주문금액이 10만 원 이상인 주문 데이터 조회

출력 칼럼: 주문ID, 고객ID, 주문금액

서브쿼리: 지역이 제주인 고객의 ID 조회

```
SELECT
    ORDER_ID,
    CUSTOMER_ID,
    AMOUNT
FROM ORDERS
WHERE CUSTOMER_ID IN (
    SELECT CUSTOMER_ID
    FROM CUSTOMERS
    WHERE REGION = 'Jeju'
)
AND AMOUNT >= 100000;
```

특정 지역(Jeju)에 거주하는 고객의 ID를 서브쿼리로 추출하고, 그 고객들이 주문한 내역 중 주문 금액이 10만 원 이상인 데이터를 메인 쿼리에서 조회한다. 이처럼 IN 조건문에 서브쿼리를 활용하면 특정 조건을 만족하는 하위 집합을 간단히 연결할 수 있다.

출력 결과

ORDER_ID	CUSTOMER_ID	AMOUNT
O023	C014	126000
O024	C015	112000
O025	C015	184000
O027	C012	137000
O029	C014	150000

⑤ 재고가 X개 이상인 상품의 정보와 가격 등급 조회

프롬프트

너는 SQL 전문가야

Oracle 기준으로 작성해줘

테이블 구조는 다음과 같아

```
CREATE TABLE PRODUCTS (
    PRODUCT_CODE   VARCHAR2(20) PRIMARY KEY,
    PRODUCT_NAME   VARCHAR2(100),
    CATEGORY       VARCHAR2(30),
    PRICE          NUMBER(10),
    STOCK_QTY      NUMBER(5)
);

CREATE TABLE PRICE_GRADE (
    GRADE       VARCHAR2(1)      PRIMARY KEY,
    MIN_PRICE   NUMBER(10),
    MAX_PRICE   NUMBER(10)
);
```

요청 목적: 재고가 30개 이상인 상품 정보와 가격 등급 조회

출력 칼럼: 상품코드, 상품명, 가격 등급, 재고

서브쿼리: 해당 상품의 가격 등급 조회

```
SELECT
    P.PRODUCT_CODE,
    P.PRODUCT_NAME,
    (SELECT G.GRADE
    FROM PRICE_GRADE G
    WHERE P.PRICE BETWEEN G.MIN_PRICE AND G.MAX_PRICE) AS GRADE,
    P.STOCK_QTY
FROM PRODUCTS P
WHERE P.STOCK_QTY >= 30;
```

상품 가격이 속하는 등급을 PRICE_GRADE 테이블에서 서브쿼리로 계산하여 각 상품 행에 함께 표시한다. 이때 서브쿼리 결과가 단일 행이므로 스칼라 서브쿼리 형태로 SELECT 절 내에서 사용 가능하다. 조건문에서는 재고(STOCK_QTY)가 30개 이상인 상품만 필터링한다.

출력 결과

PRODUCT_CODE	PRODUCT_NAME	GRADE	STOCK_QTY
P1001	무선 키보드	C	50
P1002	무선 마우스	C	60
P1004	노트북 받침대	B	40
P1005	USB 허브	C	70
P1008	보조 배터리	C	30
P1011	외장 SSD 1TB	B	35

⑥ 특정 지역의 고객 중 이메일 정보가 등록된 고객 데이터 조회

프롬프트

너는 SQL 전문가야

Oracle 기준으로 작성해줘

테이블 구조는 다음과 같아

```
CREATE TABLE CUSTOMERS (
    CUSTOMER_ID     VARCHAR2(10) PRIMARY KEY,
    CUSTOMER_NAME   VARCHAR2(50) NOT NULL,
    REGION          VARCHAR2(30),
    BIRTH_DATE      VARCHAR2(8),
    CUSTOMER_TYPE   VARCHAR2(20)
);

CREATE TABLE CUSTOMER_DETAIL (
    CUSTOMER_ID   VARCHAR2(10) PRIMARY KEY,
    EMAIL         VARCHAR2(100),
```

```
    ADDRESS       VARCHAR2(200),
    MOBILE        VARCHAR2(20)
);
```

요청 목적: 이메일 정보가 등록된 서울 고객 데이터 조회
출력 칼럼: 고객ID, 고객이름, 생년월일
서브쿼리: 이메일 정보가 등록된 고객 리스트에 존재 하는지 체크

```sql
SELECT
    C.CUSTOMER_ID,
    C.CUSTOMER_NAME,
    C.BIRTH_DATE
FROM CUSTOMERS C
WHERE EXISTS (
    SELECT 1
    FROM CUSTOMER_DETAIL D
    WHERE D.CUSTOMER_ID = C.CUSTOMER_ID
      AND D.EMAIL IS NOT NULL
)
AND C.REGION = 'Seoul';
```

서울 지역 고객 중 이메일이 등록된 고객만 조회하기 위해, EXISTS 조건문을 활용한다. 서브쿼리는 CUSTOMER_DETAIL 테이블에서 해당 고객의 이메일 존재 여부를 확인하며, EXISTS는 단 하나의 행만 존재해도 TRUE로 평가된다.

출력 결과

CUSTOMER_ID	CUSTOMER_NAME	BIRTH_DATE
C001	김민수	19900315
C003	정유라	20010425
C004	오지훈	19951109

⑦ 특정 등급 고객의 마지막 주문일 조회

프롬프트

너는 SQL 전문가야

Oracle 기준으로 작성해줘

테이블 구조는 다음과 같아

```
CREATE TABLE CUSTOMERS (
    CUSTOMER_ID     VARCHAR2(10) PRIMARY KEY,
    CUSTOMER_NAME   VARCHAR2(50) NOT NULL,
    REGION          VARCHAR2(30),
    BIRTH_DATE      VARCHAR2(8),
    CUSTOMER_TYPE   VARCHAR2(20)
);
CREATE TABLE ORDERS (
    ORDER_ID        VARCHAR2(10) PRIMARY KEY,
    CUSTOMER_ID     VARCHAR2(10),
    ORDER_DATE      DATE,
    AMOUNT          NUMBER(10),
    PAYMENT_METHOD  VARCHAR2(20)
);
```

요청 목적: VIP 등급 고객의 마지막 주문일 조회

출력 칼럼: 고객ID, 고객이름, 마지막 주문일자

서브쿼리: 고객별 마지막 주문일자 계산

```
SELECT
    C.CUSTOMER_ID,
    C.CUSTOMER_NAME,
    (SELECT MAX(O.ORDER_DATE)
    FROM ORDERS O
    WHERE O.CUSTOMER_ID = C.CUSTOMER_ID) AS LAST_ORDER_DATE
FROM CUSTOMERS C
WHERE C.CUSTOMER_TYPE = 'VIP';
```

고객 등급이 'VIP'인 고객의 마지막 주문일자를 구하는 쿼리다. 각 고객별로 ORDERS 테이블에서 주문일(ORDER_DATE)의 최댓값을 계산하고, 이를 SELECT 절 내부의 스칼라 서브쿼리로 가져온다. 이 방법은 고객별 집계 결과를 메인 쿼리의 행과 함께 나란히 표시할 때 유용하다.

출력 결과

CUSTOMER_ID	CUSTOMER_NAME	LAST_ORDER_DATE
C003	정유라	2025-06-14
C008	이민재	2025-07-15
C011	한지훈	2025-10-01
C015	박서윤	2025-08-05

⑧ 부서별 최고 급여를 받는 직원의 데이터 조회

프롬프트

너는 SQL 전문가야
Oracle 기준으로 작성해줘
테이블 구조는 다음과 같아

```
CREATE TABLE EMPLOYEES (
    EMPLOYEE_ID    VARCHAR2(10) PRIMARY KEY,
    NAME          VARCHAR2(50) NOT NULL,
    DEPARTMENT_ID  VARCHAR2(10),
    SALARY         NUMBER(10),
    BONUS          NUMBER(5, 2)
);
```

요청 목적: 부서별 최고 급여를 받는 직원의 데이터 조회
출력 칼럼: 직원ID, 이름, 급여, 부서ID
서브쿼리: 부서별 최고 급여 계산

```
SELECT
    E.EMPLOYEE_ID,
    E.NAME,
    E.SALARY,
    E.DEPARTMENT_ID
FROM EMPLOYEES E
WHERE E.SALARY = (
    SELECT MAX(E2.SALARY)
    FROM EMPLOYEES E2
    WHERE E2.DEPARTMENT_ID = E.DEPARTMENT_ID
);
```

서브쿼리에서는 동일 부서의 최고 급여(MAX(SALARY))를 계산하고, 메인 쿼리에서는 해당 급여와 동일한 직원을 필터링한다. 이 패턴은 그룹별 최댓값을 가진 행 찾기에 자주 쓰인다.

출력 결과

EMPLOYEE_ID	EMPLOYEE_NAME	SALARY	DEPARTMENT_ID
E003	박지훈	5100000	D10
E007	한지훈	4200000	D30
E009	김서연	4600000	D20

⑨ 가장 고가의 상품을 주문한 고객 데이터 조회

프롬프트

```
너는 SQL 전문가야
Oracle 기준으로 작성해줘
테이블 구조는 다음과 같아

CREATE TABLE CUSTOMERS (
    CUSTOMER_ID     VARCHAR2(10) PRIMARY KEY,
```

```
    CUSTOMER_NAME   VARCHAR2(50) NOT NULL,
    REGION          VARCHAR2(30),
    BIRTH_DATE      VARCHAR2(8),
    CUSTOMER_TYPE   VARCHAR2(20)
);

CREATE TABLE ORDERS (
    ORDER_ID        VARCHAR2(10) PRIMARY KEY,
    CUSTOMER_ID     VARCHAR2(10),
    ORDER_DATE      DATE,
    AMOUNT          NUMBER(10),
    PAYMENT_METHOD  VARCHAR2(20)
);

CREATE TABLE ORDER_ITEMS (
    ORDER_ID        VARCHAR2(10),
    PRODUCT_CODE    VARCHAR2(20),
    PRICE           NUMBER(10),
    QUANTITY        NUMBER(5)
);

CREATE TABLE PRODUCTS (
    PRODUCT_CODE    VARCHAR2(20) PRIMARY KEY,
    PRODUCT_NAME    VARCHAR2(100),
    CATEGORY        VARCHAR2(30),
    PRICE           NUMBER(10),
    STOCK_QTY       NUMBER(5)
);
```

요청 목적: 가장 고가의 상품을 주문한 고객 데이터 조회

출력 칼럼: 고객ID, 고객이름, 생년월일

서브쿼리: 전체 상품 중 가장 높은 가격 계산

```
SELECT
        C.CUSTOMER_ID,
        C.CUSTOMER_NAME,
        C.BIRTH_DATE
FROM CUSTOMERS C
WHERE EXISTS (
    SELECT 1
    FROM ORDERS O
    INNER JOIN ORDER_ITEMS I
ON O.ORDER_ID = I.ORDER_ID
    INNER JOIN PRODUCTS P
ON I.PRODUCT_CODE = P.PRODUCT_CODE
    WHERE O.CUSTOMER_ID = C.CUSTOMER_ID
    AND P.PRICE = (SELECT MAX(PRICE) FROM PRODUCTS)
);
```

먼저 PRODUCTS 테이블에서 최대 가격 상품을 구하고, ORDERS – ORDER_ITEMS – PRODUCTS를 조인해 해당 상품을 주문한 고객이 존재하는지를 EXISTS로 확인한다. 여기서는 다중 테이블을 결합한 중첩 서브쿼리 구조를 사용한다.

출력 결과

CUSTOMER_ID	CUSTOMER_NAME	BIRTH_DATE
C001	김민수	19900315
C002	이수진	19880524

⑩ 주문 상품 중 특정 카테고리에 해당하는 상품 조회

프롬프트

너는 SQL 전문가야
Oracle 기준으로 작성해줘
테이블 구조는 다음과 같아

```
CREATE TABLE ORDER_ITEMS (
    ORDER_ID        VARCHAR2(10),
    PRODUCT_CODE    VARCHAR2(20),
    PRICE           NUMBER(10),
    QUANTITY        NUMBER(5)
);

CREATE TABLE PRODUCTS (
    PRODUCT_CODE    VARCHAR2(20) PRIMARY KEY,
    PRODUCT_NAME    VARCHAR2(100),
    CATEGORY        VARCHAR2(30),
    PRICE           NUMBER(10),
    STOCK_QTY       NUMBER(5)
);
```

요청 목적: 주문 상품 중 사무용품 카테고리에 해당하는 상품 데이터 조회

출력 칼럼: 주문ID, 상품코드, 상품가격

서브쿼리: 카테고리가 사무용품인 상품 조회

정렬: 상품코드로 오름차순

```
SELECT
    ORDER_ID,
    PRODUCT_CODE,
    PRICE
FROM ORDER_ITEMS
WHERE PRODUCT_CODE IN (
    SELECT PRODUCT_CODE
    FROM PRODUCTS
    WHERE CATEGORY = '사무용품'
    )
ORDER BY PRODUCT_CODE;
```

IN 서브쿼리를 활용해 특정 카테고리('사무용품')에 속한 상품을 주문한 내역만 필터링한다. ORDER_ITEMS 테이블에서 주문 정보를, PRODUCTS 테이블에서 카테고리 정보를 분리 관리할 때 이처럼 상품코드 기반의 서브쿼리 연결 방식이 자주 쓰인다.

출력 결과

ORDER_ID	PRODUCT_CODE	PRICE
O003	P1004	90000
O010	P1013	165000

Chapter 9

집계 및 분석 쿼리 생성

데이터의 단순 나열만으로는 의미 있는 인사이트를 얻기가 어렵다. 데이터 분석의 핵심은 수많은 행 속에서 패턴과 요약 정보를 도출하는 데 있으며 이를 가능하게 하는 SQL의 주요 도구가 바로 집계 쿼리와 분석 쿼리이다.

집계 쿼리는 여러 행을 하나의 요약된 값으로 표현하는 기능을 제공하며 집계 함수인 SUM, AVG, COUNT, MAX, MIN 함수는 비즈니스 보고서와 통계 분석의 기본이 된다. 예를 들어 "고객별 총 주문 금액을 구하라"라는 요구사항은 GROUP BY와 SUM 함수를 조합한 대표적인 집계 쿼리의 형태이다.

분석 쿼리는 여기에 순위(RANK), 누적 합계(SUM OVER), 이전 행 비교(LAG) 등 행 단위의 계산을 가능하게 하여 데이터의 흐름과 변화를 분석할 수 있게 한다. 이는 '고객별 매출 순위', '전월 대비 성장률' 같은 고급 분석에 자주 사용된다.

특히 챗GPT와 같은 AI 도구를 활용하면 이러한 집계 및 분석 쿼리를 자연어 형태로 손쉽게 생성할 수 있다. 사용자가 "지역별 평균 매출을 구해줘" 혹은 "고객별 누적 매출을 보여줘"라고 입력하면 AI는 자동으로 GROUP BY, AVG, SUM OVER() 구조를 구성해 복잡한 집계 로직을 단 몇 초 만에 만들어준다.

이 장에서는 AI를 활용한 집계 및 분석 쿼리 자동 생성 패턴을 중심으로 GROUP BY, HAVING, 집계 함수, 윈도우 함수 등을 실무에 적용하는 방법을 다룬다. 그리고 이를 통해 단순 조회에서 한 단계 발전한, 의미 있는 데이터 요약과 분석 SQL 작성 능력을 익히게 될 것이다.

9.1 GROUP BY와 집계 함수 개념 이해하기

데이터 분석의 핵심은 단순히 행을 조회하는 것이 아니라 여러 행을 묶어서 요약된 정보를 도출하는 데에 있다. 이때 사용되는 SQL 문법이 바로 GROUP BY와 집계 함수이다.

GROUP BY

GROUP BY는 **동일한 값을 가진 행들을 하나의 그룹으로 묶어 그룹 단위로 계산하거나 요약**할 때 사용한다. 예를 들어, 고객별 총 주문 금액을 구하려면 CUSTOMER_ID를 기준으로 주문 데이터를 묶고(GROUP BY CUSTOMER_ID), 각 그룹 내에서 SUM(AMOUNT)을 계산해야 한다. 여기서 기억해야 할 사항은 CUSTOMER_ID가 같은 행들은 최종적으로 1개의 행으로 출력된다는 것이다.

즉, GROUP BY 구문이 적용된 쿼리는 다음과 같은 특징이 있다.

- 데이터를 묶는 기준 칼럼을 지정한다.
- 각 그룹별로 집계 함수를 적용하는 구조를 가지게 된다.

이 문법을 이해하면 "~별", "각 ~당", "부서별", "지역별" 등 비즈니스 지표를 요약하는 모든 쿼리를 작성할 수 있게 될 것이다.

집계 함수

집계 함수는 여러 행의 값을 하나의 결과로 요약하는 함수로 다음과 같은 기능의 함수가 자주 사용된다.

표 9-1 집계 함수의 종류

함수명	설명
COUNT	행의 개수를 계산
SUM	합계 계산
AVG	평균값 계산
MAX	최댓값 반환
MIN	최솟값 반환

예를 들어, '고객별 총 주문 금액'을 구하는 경우 SUM(AMOUNT), '지역별 평균 주문 금액'을 구하는 경우 AVG(AMOUNT)를 사용한다.

집계 함수는 GROUP BY와 함께 쓰이는 경우가 많지만 전체 데이터를 하나의 그룹으로 묶는 경우에는 GROUP BY 없이도 사용할 수 있다. 예를 들어, 전체 평균 주문 금액을 구할 때는 다음과 같이 쿼리를 작성하면 된다.

```
SELECT AVG(AMOUNT)
FROM ORDERS;
```

GROUP BY와 집계 함수의 결합

GROUP BY와 집계 함수는 대부분 짝을 이뤄 사용된다. 다음은 고객별 주문 금액 합계를 계산하는 쿼리이다.

```
SELECT
    CUSTOMER_ID,
    SUM(AMOUNT) AS TOTAL_AMOUNT
FROM ORDERS
GROUP BY CUSTOMER_ID;
```

출력 결과

CUSTOMER_ID	TOTAL_AMOUNT
C004	201000
C009	64000
C011	222000
C012	229000
C006	185000
C008	415000
C014	276000
C007	223000
C015	395000
C003	434000
C013	147000
C005	165000
C010	208000
C001	380000
C002	375000

이 쿼리의 결과 데이터는 각 고객이 총 얼마의 금액을 주문했는지를 한눈에 보여준다. 즉, GROUP BY는 '묶는 기준', 집계 함수는 '계산 방식'으로 이해하면 된다.

HAVING 절의 역할

집계 결과에 대한 필터링을 할 때는 WHERE 절 대신 HAVING 절을 사용한다. WHERE 절은 개별 행을 조건으로 데이터를 걸러내지만 HAVING 절은 집계된 그룹 결과에 조건을 적용하는 방식을 취한다. 예를 들어, 총 주문 금액의 합계가 30만 원 이상인 고객만 조회하려면 다음과 같이 작성할 수 있다.

```
SELECT
    CUSTOMER_ID,
```

```
    SUM(AMOUNT) AS TOTAL_AMOUNT
FROM ORDERS
GROUP BY CUSTOMER_ID
HAVING SUM(AMOUNT) >= 300000;
```

출력 결과

CUSTOMER_ID	TOTAL_AMOUNT
C008	415000
C015	395000
C003	434000
C001	380000
C002	375000

빠른 이해 주의할 점

- SELECT 절에는 반드시 GROUP BY절에 지정된 칼럼이나 집계 함수만 포함되어야 한다. 그렇지 않으면 "ORA-00979: not a GROUP BY expression" 오류가 발생하게 된다.
- WHERE 절은 그룹화 전에 조건에 대한 필터링을 하고 HAVING 절은 그룹화 후 집계 값에 대한 필터링을 한다는 점을 구분해서 이해해야 한다.
- GROUP BY 절에 너무 많은 칼럼을 포함하면 그룹이 세분화되어 오히려 의미 없는 결과가 나올 수 있으므로 필요한 칼럼만 최소한으로 포함시키는 것이 좋다.

9.2 윈도우 함수 개념 이해하기

데이터를 그룹 단위로 요약하는 GROUP BY만으로는 시간의 흐름이나 행 간의 순서를 고려한 좀 더 깊은 분석을 수행하기가 어렵다. 예를 들어 '고객별 매출 누적 합계'나 '전월 주문 대비 증감액', '순위', '백분율'과 같은 분석은 단순한 집계로는 구현할 수가 없다.

이럴 때 사용하는 것이 바로 **윈도우 함수**Window Function이다. 윈도우 함수는 **데이터를 요약에서 분석으로 끌어올리는 강력한 기능을 제공**하며 데이터의 행 단위 비교 및 누적 계산 등을 가능하게 해준다.

윈도우 함수의 기본 구조

윈도우 함수는 다음과 같은 형태로 작성된다.

```
<함수명>(<칼럼>) OVER (
    PARTITION BY <그룹기준>
    ORDER BY <정렬기준>
    ROWS | RANGE <윈도우 프레임 옵션>
)
```

이 구조는 크게 세 부분으로 나뉜다.

- **함수(Function)**: 계산하려는 함수명 (예: SUM, AVG, RANK, ROW_NUMBER, LAG, LEAD 등)
- **OVER 절**: 윈도우 함수를 정의하는 핵심 구문으로 행 단위로 계산할 '창(Window)'의 범위를 설정한다.
- **PARTITION BY / ORDER BY / FRAME 절**: 각각 그룹 기준, 정렬 기준, 계산 범위를 제어한다.

① PARTITION BY 절

PARTITION BY는 분석 구간을 나누는 기준을 정의한다. 예를 들어, 고객별 총 주문금액을 구할 때 모든 데이터를 한꺼번에 계산하지 않고 고객별로 나누어 계산하기 위해 사용한다.

```
SUM(AMOUNT) OVER (PARTITION BY CUSTOMER_ID)
```

- 동일한 CUSTOMER_ID 내에서만 계산이 이루어진다.
- PARTITION BY를 생략하면 전체 데이터를 하나의 그룹으로 처리한다.

② ORDER BY 절

ORDER BY는 윈도우 내에서 행의 계산 순서를 정의한다. OVER 절 내에 ORDER BY가 없으면 단순히 그룹 전체를 대상으로 동일한 결과를 반환하고, 있으면 순서에 따라 누적 · 순위 · 이전값 등의 계산이 가능해진다.

```
RANK() OVER (PARTITION BY REGION ORDER BY TOTAL_SALES DESC)
```

- 동일한 REGION 내에서 TOTAL_SALES가 큰 행부터 순위를 할당한다.

③ 주요 윈도우 함수

표 9-2 윈도우 함수 종류

구분	함수명	설명
순위 함수	RANK, DENSE_RANK, ROW_NUMBER	특정 기준에 따라 순위를 부여
누적 및 이동 함수	SUM( ) OVER( ), AVG( ) OVER( )	누적 합계, 이동 평균 등 계산
비교 함수	LAG, LEAD	이전 행 또는 다음 행의 값 참조
비율 함수	RATIO_TO_REPORT	전체 대비 비율 계산
기타 함수	NTILE(n)	데이터를 n개의 구간으로 분할

RANK, DENSE_RANK, ROW_NUMBER 세 함수 모두 순위를 매기는 함수이지만 동점(같은 값)이 있을 때의 처리 방식에 차이가 있다.

표 9-3 순위 함수의 차이

함수명	동점 처리 방식	순위 예시 (값 내림차순 기준)	설명
RANK	동점이면 같은 순위 부여, 다음 순위 건너뜀	값: 100, 100, 90, 80 → 순위: 1, 1, 3, 4	'경쟁 순위' 방식 (1등, 공동 1등, 3등)
DENSE_RANK	동점이면 같은 순위, 다음 순위는 바로 이어짐	값: 100, 100, 90, 80 → 순위: 1, 1, 2, 3	'조밀 순위' 방식 (공동 순위 후 바로 다음 순위)
ROW_NUMBER	동점 상관없이 순차 번호 부여	값: 100, 100, 90, 80 → 순위: 1, 2, 3, 4	실제 행(row) 번호, 중복 없음

다음은 10만 원 미만 금액을 주문한 건들에 대해 주문금액이 높은 순으로 순위를 할당한 쿼리이다.

```
SELECT
    ORDER_ID,
    AMOUNT,
    RANK() OVER (ORDER BY AMOUNT DESC) AS RANK_EX,
    DENSE_RANK() OVER (ORDER BY AMOUNT DESC) AS DENSE_RANK_EX,
    ROW_NUMBER() OVER (ORDER BY AMOUNT DESC) AS ROW_NUM_EX
FROM ORDERS
WHERE AMOUNT < 100000;
```

출력 결과

ORDER_ID	AMOUNT	RANK_EX	DENSE_RANK_EX	ROW_NUM_EX
O026	99000	1	1	1
O005	99000	1	1	2
O012	98000	3	2	3
O030	97000	4	3	4
O021	92000	5	4	5
O014	89000	6	5	6
O011	87000	7	6	7
O008	87000	7	6	8
O022	83000	9	7	9
O020	74000	10	8	10
O028	64000	11	9	11
O017	64000	11	9	12
O019	51000	13	10	13

LAG와 **LEAD**는 이전 행 또는 다음 행의 값을 참조할 때 사용하는 함수이다. 데이터의 변화량, 전월 대비 증감, 이전 값 비교 등에 자주 사용된다.

표 9-4 LAG와 LEAD의 차이

함수명	참조 방향	기본 형태	설명
LAG	이전 행 참조	LAG(칼럼, [n], [기본값]) OVER (ORDER BY 칼럼)	현재 행 기준으로 n번째 이전 행의 값을 가져옴
LEAD	다음 행 참조	LEAD(칼럼, [n], [기본값]) OVER (ORDER BY 칼럼)	현재 행 기준으로 n번째 다음 행의 값을 가져옴

다음은 2025년 1사분기 주문건에 대해 주문일자 기준 이전 주문과 다음 주문의 금액을 함께 출력한 쿼리이다.

```
SELECT
    ORDER_DATE,
    AMOUNT,
    LAG(AMOUNT, 1)  OVER (ORDER BY ORDER_DATE) AS PREV_AMOUNT,
    LEAD(AMOUNT, 1) OVER (ORDER BY ORDER_DATE) AS NEXT_AMOUNT,
    AMOUNT - LAG(AMOUNT, 1) OVER (ORDER BY ORDER_DATE) AS DIFF
FROM ORDERS
WHERE ORDER_DATE BETWEEN DATE '2025-01-01' AND DATE '2025-03-31';
```

출력 결과

ORDER_DATE	AMOUNT	PREV_AMOUNT	NEXT_AMOUNT	DIFF
2025-01-08	51000	(null)	150000	(null)
2025-01-10	150000	51000	165000	99000
2025-01-22	165000	150000	99000	15000
2025-02-11	99000	165000	230000	-66000
2025-02-15	230000	99000	74000	131000
2025-02-16	74000	230000	112000	-156000
2025-02-20	112000	74000	270000	38000
2025-02-27	270000	112000	180000	158000
2025-03-02	180000	270000	87000	-90000

2025-03-09	87000	180000	83000	-93000
2025-03-12	83000	87000	64000	-4000
2025-03-22	64000	83000	87000	-19000
2025-03-28	87000	64000	(null)	23000

- 시계열 분석, 증감률 계산, 전후 데이터 비교에 필수적
- 세번째 인수가 존재하는 경우 NULL 값에 대한 대체 값을 줄 수 있다.
  예) LAG(AMOUNT, 1, 0) → PREV_AMOUNT 첫번째 행이 0으로 출력

RATIO_TO_REPORT는 특정 값이 전체 합계에서 차지하는 비율(%)을 계산하는 함수이다. SUM() + OVER() 없이도 전체 대비 비율을 간단히 구할 수 있다.

표 9-5 RATIO_TO_REPORT 의 활용

항목	설명
형태	RATIO_TO_REPORT(칼럼) OVER (PARTITION BY 그룹 기준)
기능	해당 칼럼의 값 ÷ 그룹 전체 합계
결과 범위	항상 0 ~ 1 (즉, 100% = 1.0)
적용 위치	SELECT 절 내부

다음은 지역별 매출 합계와 전체 매출 대비 비율을 계산하는 쿼리이다.

```
SELECT
    C.REGION,
    SUM(O.AMOUNT) AS TOTAL_SALES,
    RATIO_TO_REPORT(SUM(O.AMOUNT)) OVER () AS SALES_RATIO
FROM ORDERS O
LEFT OUTER JOIN CUSTOMERS C
ON C.CUSTOMER_ID = O.CUSTOMER_ID
GROUP BY C.REGION;
```

Tip. OVER 절에 빈 괄호가 있는 것은 전체 데이터를 하나의 그룹으로 본다는 의미를 가진다.

출력 결과

REGION	TOTAL_SALES	SALES_RATIO
Jeju	1269000	0.3238070936…
Busan	1095000	0.2794080122…
Seoul	1555000	0.3967848941…

- PARTITION을 지정하면 그룹별 비율, 생략하면 전체 대비 비율 계산.
- 결과는 소수(0~1) 형태로 반환되며, 1은 100%를 의미한다.

PERCENT_RANK는 전체(또는 그룹 내)에서 각 행이 차지하는 상대적 순위 비율(백분위)을 계산하는 함수이다. 즉, 가장 낮은 값은 0, 가장 높은 값은 1, 그 사이의 값들은 0~1 사이의 비율로 표현된다.

표 9-6 PERCENT_RANK의 활용

항목	설명
형태	PERCENT_RANK( ) OVER (PARTITION BY 그룹기준 ORDER BY 칼럼)
반환값 범위	0 이상 1 이하 (0 ≤ 값 ≤ 1)
계산식	(RANK – 1) / (총 행 개수 – 1)
특징	순위가 아닌 비율(percentile) 로 상대적 위치를 표현
주요 활용	백분위 분석, 상위 N% 추출, 점수 분포 시각화

다음은 월별 주문금액의 상대적 순위 비율(백분위)를 계산하는 쿼리이다.

```
SELECT
    TO_CHAR(ORDER_DATE, 'YYYYMM') AS ORDER_MONTH,
    AMOUNT,
    PERCENT_RANK() OVER (
        PARTITION BY TO_CHAR(ORDER_DATE, 'YYYYMM')
        ORDER BY AMOUNT
    ) AS PCT_RANK
FROM ORDERS;
```

출력 결과

ORDER_MONTH	AMOUNT	PCT_RANK
202501	51000	0
202501	150000	0.5
202501	165000	1
202502	74000	0
202502	99000	0.25
202502	112000	0.5
202502	230000	0.75
202506	89000	0
202506	184000	0.3333…
202506	208000	0.6666…
202506	210000	1
202507	64000	0
202507	114000	0.5
202507	145000	1
202508	99000	0
202508	150000	1
202509	137000	0
202510	97000	0

- 최솟값(첫 행)은 항상 0, 최댓값(마지막 행)은 항상 1이 된다.
- RANK와 달리 순위 간격이 동일하게 분포한다.
- PARTITION BY를 함께 사용하여 그룹 내 백분위를 계산할 수 있다.

NTILE은 데이터를 n개의 구간(분위수, Quantile) 로 나누어 각 행에 구간 번호를 부여하는 함수이다. 예를 들어 NTILE(4)는 데이터를 4개의 분위로 나눈다.

표 9-7 NTILE의 활용

항목	설명
형태	NTILE(n) OVER (ORDER BY 칼럼)
기능	전체 행을 n등분하여 1~n 구간 번호 부여
주요 활용	상/하위 그룹 분류, 백분위 분석, 데이터 스코어링
결과 형태	각 행에 1~n의 정수 값

다음은 총 주문금액을 기준으로 고객 그룹을 상 · 중 · 하 3분위로 나눈 쿼리이다.

```
SELECT
    CUSTOMER_ID,
    SUM(AMOUNT) AS TOTAL_AMOUNT,
    NTILE(3) OVER (ORDER BY SUM(AMOUNT) DESC) AS AMOUNT_TIER
FROM ORDERS
GROUP BY CUSTOMER_ID
ORDER BY AMOUNT_TIER, TOTAL_AMOUNT DESC;
```

출력 결과

CUSTOMER_ID	TOTAL_AMOUNT	AMOUNT_TIER
C003	434000	1
C008	415000	1
C015	395000	1
C001	380000	1
C002	375000	1
C014	276000	2
C012	229000	2
C007	223000	2
C011	222000	2
C010	208000	2
C004	201000	3

C006	185000	3
C005	165000	3
C013	147000	3
C009	64000	3

- 주로 매출 상위, 하위 고객군 등 구분에 사용한다.
- 그룹별로 데이터를 균등하게 나누되 데이터가 남는 경우 앞쪽 그룹부터 하나씩 더 할당한다.

④ WINDOW FRAME

윈도우 함수는 기본적으로 '현재 행을 기준으로 특정 범위의 행'을 설정할 수 있다. 이때 설정 범위를 정의하는 절이 **ROWS** 또는 **RANGE**이다.

표 9-8 ROWS와 RANGE의 옵션

옵션	의미	예시
ROWS BETWEEN UNBOUNDED PRECEDING AND CURRENT ROW	첫번째 행부터 현재 행까지	누적치 계산에 사용
ROWS BETWEEN 1 PRECEDING AND 1 FOLLOWING	현재 행과 이전 1개 행, 다음 1개 행 포함	이동 평균 등
ROWS BETWEEN CURRENT ROW AND UNBOUNDED FOLLOWING	현재 행부터 마지막 행까지	이후 값 기준 누적
RANGE BETWEEN UNBOUNDED PRECEDING AND CURRENT ROW	특정 값 범위 기반(ORDER BY 칼럼의 값 기준)	금액 또는 날짜, 점수를 기준으로 한 누적

UNBOUNDED PRECEDING과 **UNBOUNDED FOLLOWING** 옵션은 각각 '가장 처음'과 '가장 마지막'을 의미하며 누적 합계나 구간별 통계 계산에 자주 사용된다.

- **UNBOUNDED PRECEDING**

  '프레임의 시작점을 데이터의 가장 첫 행으로 지정하겠다'라는 의미이다. 즉, 첫번째 행의 데이터부터 계산 대상에 포함시키는 옵션이라고 이해하면 된다. 참고로 앞에 PARTITION BY 절이 존재하는 경우 각 파티션(그룹) 내부에서만 UNBOUNDED가 적용되어 해당 파티션의 맨 첫 번째 행부터 범위로 지정된다.

- **UNBOUNDED FOLLOWING**

  '프레임의 끝점을 데이터의 마지막 행으로 지정하겠다'라는 의미이다. 즉, 마지막 행까지 계산 대상에 포함시키는 옵션이라고 이해하면 된다. UNBOUNDED PRECEDING과 마찬가지로 앞에 PARTITION BY 절이 존재하는 경우 각 파티션(그룹) 내부에서만 UNBOUNDED가 적용되어 해당 파티션의 맨 마지막 행까지가 범위로 지정된다.

다음은 2025년 1월부터 3월까지의 주문건에 대해 주문일 순서로 누적 합계를 계산하는 쿼리이다.

```
SELECT
    ORDER_DATE,
    AMOUNT,
    SUM(AMOUNT) OVER (
        ORDER BY ORDER_DATE
        ROWS BETWEEN UNBOUNDED PRECEDING AND CURRENT ROW
    ) AS RUNNING_TOTAL
FROM ORDERS
WHERE ORDER_DATE BETWEEN DATE '2025-01-01' AND DATE '2025-03-31';
```

출력 결과

ORDER_DATE	AMOUNT	RUNNING_TOTAL
2025-01-08	51000	51000
2025-01-10	150000	201000
2025-01-22	165000	366000
2025-02-11	99000	465000
2025-02-15	230000	695000
2025-02-16	74000	769000
2025-02-20	112000	881000
2025-02-27	270000	1151000
2025-03-02	180000	1331000

2025-03-09	87000	1418000
2025-03-12	83000	1501000
2025-03-22	64000	1565000
2025-03-28	87000	1652000

윈도우 함수의 옵션 작성 시 고려해야 하는 점은 ROWS는 '행(row) 단위'로 계산을 하고 RANGE는 '값(value) 범위'를 기준으로 계산한다는 점이다. 즉, ORDER_DATE가 같은 행이 여러 개 있을 때 ROWS는 행을 기준으로 위쪽에 위치한 데이터만 범위로 가지게 되는 반면 RANGE는 같은 날짜를 가진 데이터까지 모두 범위로 가지게 된다.

쿼리 예시 1 — 고객별 누적 주문 금액

```
SELECT
    CUSTOMER_ID,
    ORDER_DATE,
    AMOUNT,
    SUM(AMOUNT) OVER (
        PARTITION BY CUSTOMER_ID
        ORDER BY ORDER_DATE
        ROWS BETWEEN UNBOUNDED PRECEDING AND CURRENT ROW
    ) AS CUMULATIVE_TOTAL
FROM ORDERS;
```

- PARTITION BY로 고객 단위로 구간을 나누고 ROWS 절로 '이전 모든 주문부터 현재 주문까지'를 누적한다.

출력 결과

CUSTOMER_ID	ORDER_DATE	AMOUNT	CUMULATIVE_TOTAL
C001	2025-01-10	150000	150000
C001	2025-02-15	230000	380000
C002	2025-03-02	180000	180000
C002	2025-04-25	195000	375000

C003	2025-02-11	99000	99000
C003	2025-05-20	125000	224000
C003	2025-06-14	210000	434000
C004	2025-03-28	87000	87000
C012	2025-05-30	92000	92000
C012	2025-09-02	137000	229000
C013	2025-03-12	83000	83000
C013	2025-07-21	64000	147000
C014	2025-04-09	126000	126000
C014	2025-08-14	150000	276000
C015	2025-02-20	112000	112000
C015	2025-06-27	184000	296000
C015	2025-08-05	99000	395000

쿼리 예시 2 — 매출 순위

```
SELECT
    C.REGION,
    C.CUSTOMER_ID,
    SUM(O.AMOUNT) AS TOTAL_SALES,
    RANK() OVER (
        PARTITION BY REGION
        ORDER BY SUM(O.AMOUNT) DESC
    ) AS SALES_RANK
FROM ORDERS O
INNER JOIN CUSTOMERS C
ON O.CUSTOMER_ID = C.CUSTOMER_ID
GROUP BY C.REGION, C.CUSTOMER_ID;
```

- 지역별(Region 단위)로 고객들의 매출 순위를 계산한다.
- GROUP BY로 지역별, 고객별 매출을 요약한 뒤 그 결과 집합에 RANK 윈도우 함수를 적용한다.

출력 결과

REGION	CUSTOMER_ID	TOTAL_SALES	SALES_RANK
Busan	C008	415000	1
Busan	C007	223000	2
Busan	C010	208000	3
Busan	C006	185000	4
Busan	C009	64000	5
Jeju	C015	395000	1
Jeju	C014	276000	2
Jeju	C012	229000	3
Jeju	C011	222000	4
Jeju	C013	147000	5
Seoul	C003	434000	1
Seoul	C001	380000	2
Seoul	C002	375000	3
Seoul	C004	201000	4
Seoul	C005	165000	5

쿼리 예시 3 — 전월 매출 대비 증감액 비교

```
SELECT
    TO_CHAR(ORDER_DATE, 'YYYY-MM') AS ORDER_MONTH,
    SUM(AMOUNT) AS MONTHLY_SALES,
    LAG(SUM(AMOUNT)) OVER (
        ORDER BY TO_CHAR(ORDER_DATE, 'YYYY-MM')) AS PREV_MONTH_SALES,
    (SUM(AMOUNT) - LAG(SUM(AMOUNT)) OVER (
        ORDER BY TO_CHAR(ORDER_DATE, 'YYYY-MM'))) AS SALES_DIFF,
    ROUND( ((SUM(AMOUNT) - LAG(SUM(AMOUNT)) OVER (
            ORDER BY TO_CHAR(ORDER_DATE, 'YYYY-MM')))
        / LAG(SUM(AMOUNT)) OVER (
            ORDER BY TO_CHAR(ORDER_DATE, 'YYYY-MM')) ) * 100, 2
    ) AS SALES_GROWTH_PCT
```

```
FROM ORDERS
GROUP BY TO_CHAR(ORDER_DATE, 'YYYY-MM')
ORDER BY ORDER_MONTH;
```

- TO_CHAR(ORDER_DATE, 'YYYY-MM') → 주문일자에서 '년-월'만 추출
- LAG 함수는 이전 행의 값을 참조한다.
- 이전 매출 대비 금액 차이를 계산함으로써 고객의 구매 패턴을 분석할 수 있다.

출력 결과

ORDER_MONTH	MONTHLY_SALES	PREV_MONTH_SALES	SALES_DIFF	SALES_GROWTH_PCT
2025-01	366000	(null)	(null)	(null)
2025-02	785000	366000	419000	114.48
2025-03	501000	785000	-284000	-36.18
2025-04	419000	501000	-82000	-16.37
2025-05	351000	419000	-68000	-16.23
2025-06	691000	351000	340000	96.87
2025-07	323000	691000	-368000	-53.26
2025-08	249000	323000	-74000	-22.91
2025-09	137000	249000	-112000	-44.98
2025-10	97000	137000	-40000	-29.20

빠른 이해 **윈도우 함수 사용 시 주의점**

- WHERE 절에서 직접 사용할 수 없다.
  → SELECT 절 또는 서브쿼리 내에서 사용해야 한다.
- ORDER BY 절은 결과 정렬이 아니라 계산 순서 지정이다.
  → 출력 순서와 혼동하지 말 것
- GROUP BY와 함께 사용 시 순서에 유의해야 한다.
  → GROUP BY로 먼저 집계 → 그 결과에 윈도우 함수 적용
- ROWS와 RANGE는 행 수 기준 vs 값 기준으로 다르게 작동한다.
  → 특히 날짜/금액 칼럼에서 RANGE 사용 시 주의해야 한다.

윈도우 함수는 그룹화된 데이터를 유지하며 각 행 단위로 분석할 수 있게 해주는 SQL 구문이다. 집계 함수가 데이터를 하나의 결과로 축소한다면 윈도우 함수는 데이터를 확장하여 각 행에 통계적 의미를 더한다. 특히 PARTITION BY, ORDER BY, ROWS 및 RANGE 옵션을 적절히 조합하면 SQL만으로도 강력한 시계열 분석과 순위 분석을 수행할 수 있으므로 아는 만큼 활용도가 큰 함수라고 하겠다.

9.3 집계 쿼리 자동화

이제부터 AI를 활용하여 집계 쿼리를 자동으로 생성하는 방법을 살펴보자. 집계 함수는 데이터를 요약하고 통계적으로 분석하는 데 매우 중요한 역할을 한다. AI가 올바른 집계 쿼리를 생성하도록 하려면 집계 기준 칼럼(GROUP BY 대상)과 계산할 값(집계 함수 대상), 그리고 필터링 및 정렬 조건을 명확히 전달해야 한다.

빠른 이해 **좋은 프롬프트 예시**

1. 어떤 칼럼을 기준으로 묶을지 명시한다.
   예) "고객별 총 주문 금액을 구해줘"
2. 어떤 값을 집계할지 구체적으로 말한다.
   예) "지역별 평균 주문 금액을 계산해줘"
3. 집계 결과를 필터링하거나 정렬 조건을 함께 제시한다.
   예) "고객별 주문 수를 구하고, 주문 수가 많은 순으로 정렬해줘"

집계 쿼리 자동화 예시

① 지역별 고객 수와 해당 지역의 특정 등급 고객 수

프롬프트

> 너는 SQL 전문가야
> Oracle 기준으로 작성해줘

```
테이블 구조는 다음과 같아

CREATE TABLE CUSTOMERS (
    CUSTOMER_ID     VARCHAR2(10) PRIMARY KEY,
    CUSTOMER_NAME   VARCHAR2(50) NOT NULL,
    REGION          VARCHAR2(30),
    BIRTH_DATE      VARCHAR2(8),
    CUSTOMER_TYPE   VARCHAR2(20)
);

요청 목적: 지역별 고객 수와 해당 지역의 VIP 등급 고객 수 조회
출력 칼럼: 지역, 해당지역 고객 수, 해당지역 VIP 고객 수
정렬: VIP 고객 수로 내림차순
```

```
SELECT
    REGION,
    COUNT(*) AS CUSTOMER_COUNT,
    COUNT(CASE WHEN CUSTOMER_TYPE = 'VIP' THEN 1 END) AS VIP_COUNT
FROM CUSTOMERS
GROUP BY REGION
ORDER BY VIP_COUNT DESC;
```

'집계 함수(COUNT)'와 '조건부 집계(CASE WHEN)'를 함께 사용하는 예시다. 단순히 고객 수를 세는 것을 넘어, 특정 조건(VIP 등급)에 해당하는 하위 그룹의 비율이나 규모를 동시에 파악할 수 있다.

출력 결과

REGION	CUSTOMER_COUNT	VIP COUNT
Jeju	5	2
Seoul	5	1
Busan	5	1

② 지역별 평균 주문 금액

프롬프트

너는 SQL 전문가야
Oracle 기준으로 작성해줘
테이블 구조는 다음과 같아

```
CREATE TABLE CUSTOMERS (
    CUSTOMER_ID    VARCHAR2(10) PRIMARY KEY,
    CUSTOMER_NAME  VARCHAR2(50) NOT NULL,
    REGION         VARCHAR2(30),
    BIRTH_DATE     VARCHAR2(8),
    CUSTOMER_TYPE  VARCHAR2(20)
);

CREATE TABLE ORDERS (
    ORDER_ID       VARCHAR2(10) PRIMARY KEY,
    CUSTOMER_ID    VARCHAR2(10),
    ORDER_DATE     DATE,
    AMOUNT         NUMBER(10),
    PAYMENT_METHOD VARCHAR2(20)
);
```

요청 목적: 지역별 평균 주문금액 구하기
출력 칼럼: 지역, 평균 주문금액
정렬: 평균 주문금액으로 내림차순

```
SELECT
    C.REGION,
    AVG(O.AMOUNT) AS AVG_AMOUNT
FROM CUSTOMERS C
INNER JOIN ORDERS O
ON C.CUSTOMER_ID = O.CUSTOMER_ID
GROUP BY C.REGION
ORDER BY AVG_AMOUNT DESC;
```

이 프롬프트는 GROUP BY와 JOIN을 함께 사용하는 기본 패턴이다. 집계 기준(지역)은 고객 테이블에, 계산 대상(주문금액)은 주문 테이블에 존재하기 때문에 두 테이블을 조인한 뒤 평균을 구하는 전형적인 '그룹별 통계' 쿼리다. 실무에서는 지역별 매출, 채널별 평균 구매액, 고객 등급별 평균 이용금액 등을 구할 때 자주 활용된다.

출력 결과

REGION	AVG_AMOUNT
Seoul	155500
Busan	136875
Jeju	105750

③ 고객별 주문 건수

프롬프트

너는 SQL 전문가야
Oracle 기준으로 작성해줘
테이블 구조는 다음과 같아

```
CREATE TABLE CUSTOMERS (
    CUSTOMER_ID     VARCHAR2(10) PRIMARY KEY,
    CUSTOMER_NAME   VARCHAR2(50) NOT NULL,
    REGION          VARCHAR2(30),
    BIRTH_DATE      VARCHAR2(8),
    CUSTOMER_TYPE   VARCHAR2(20)
);

CREATE TABLE ORDERS (
    ORDER_ID        VARCHAR2(10) PRIMARY KEY,
    CUSTOMER_ID     VARCHAR2(10),
    ORDER_DATE      DATE,
    AMOUNT          NUMBER(10),
    PAYMENT_METHOD  VARCHAR2(20)
```

```
);

요청 목적: 고객별 주문 건수 계산
출력 칼럼: 고객ID, 고객 이름, 주문 건수
조건: 주문 건수가 2건 이상인 고객만 출력
정렬: 주문 건수로 내림차순
```

```sql
SELECT
    C.CUSTOMER_ID,
    C.CUSTOMER_NAME,
    COUNT(O.ORDER_ID) AS ORDER_COUNT
FROM CUSTOMERS C
INNER JOIN ORDERS O
ON C.CUSTOMER_ID = O.CUSTOMER_ID
GROUP BY C.CUSTOMER_ID, C.CUSTOMER_NAME
HAVING COUNT(O.ORDER_ID) > 1
ORDER BY ORDER_COUNT DESC;
```

HAVING 절을 활용한 집계 결과 필터링 예시다. WHERE 절은 '행 단위 조건', HAVING 절은 '그룹 단위 조건'에 사용된다는 점이 핵심이다. 즉, 집계 이후의 결과에서 2건 이상 주문한 고객만 추려내는 형태로 우량 고객 선별, 리텐션 분석, 이벤트 대상자 필터링 등에 자주 쓰인다.

출력 결과

CUSTOMER_ID	CUSTOMER_NAME	ORDER_COUNT
C015	박서윤	3
C003	정유라	3
C011	한지훈	3
C001	김민수	2
C014	정민우	2

C002	이수진	2
C012	이도현	2
C004	오지훈	2
C013	김하늘	2
C006	윤서현	2
C007	김서연	2
C008	이민재	2

④ 지역별 최대 및 최소 주문 금액

프롬프트

너는 SQL 전문가야
Oracle 기준으로 작성해줘
테이블 구조는 다음과 같아

```
CREATE TABLE CUSTOMERS (
    CUSTOMER_ID     VARCHAR2(10) PRIMARY KEY,
    CUSTOMER_NAME   VARCHAR2(50) NOT NULL,
    REGION          VARCHAR2(30),
    BIRTH_DATE      VARCHAR2(8),
    CUSTOMER_TYPE   VARCHAR2(20)
);

CREATE TABLE ORDERS (
    ORDER_ID        VARCHAR2(10) PRIMARY KEY,
    CUSTOMER_ID     VARCHAR2(10),
    ORDER_DATE      DATE,
    AMOUNT          NUMBER(10),
    PAYMENT_METHOD  VARCHAR2(20)
);
```

요청 목적: 지역별 최대 및 최소 주문 금액 계산
출력 칼럼: 지역, 최대 주문금액, 최소 주문금액
정렬: 지역으로 오름차순

```
SELECT
    C.REGION,
    MAX(O.AMOUNT) AS MAX_AMOUNT,
    MIN(O.AMOUNT) AS MIN_AMOUNT
FROM CUSTOMERS C
JOIN ORDERS O
ON C.CUSTOMER_ID = O.CUSTOMER_ID
GROUP BY C.REGION
ORDER BY C.REGION ASC;
```

그룹별 최댓값과 최솟값을 동시에 계산하는 전형적인 패턴이다. 단순 평균보다 지역 간 편차나 이상치(특이 주문금액)를 분석할 때 유용하다. 또한 MAX와 MIN을 함께 쓰면 범위 기반 인사이트(예: 매출 상한/하한 구간)를 쉽게 도출할 수 있다.

출력 결과

REGION	MAX_AMOUNT	MIN_AMOUNT
Busan	270000	64000
Jeju	184000	51000
Seoul	230000	87000

⑤ 결제수단별 총 매출액

프롬프트

너는 SQL 전문가야
Oracle 기준으로 작성해줘
테이블 구조는 다음과 같아

```
CREATE TABLE ORDERS (
    ORDER_ID       VARCHAR2(10) PRIMARY KEY,
    CUSTOMER_ID     VARCHAR2(10),
    ORDER_DATE      DATE,
    AMOUNT         NUMBER(10),
    PAYMENT_METHOD  VARCHAR2(20)
);
```

요청 목적: 결제수단별 총 매출액 조회

출력 칼럼: 결제수단, 총 매출액

정렬: 총 매출액으로 내림차순

```
SELECT
    PAYMENT_METHOD,
    SUM(AMOUNT) AS TOTAL_SALES
FROM ORDERS
GROUP BY PAYMENT_METHOD
ORDER BY TOTAL_SALES DESC;
```

'GROUP BY + SUM'의 기본적인 집계 구조를 단일 테이블에서 구현한 예시다. 결제수단별로 매출을 합산함으로써 어떤 결제 채널이 매출 비중이 높은지 분석할 수 있는 전형적인 형태다. 이 패턴은 채널 분석, 사용자 결제 트렌드 파악 등에 자주 활용된다.

출력 결과

PAYMENT_METHOD	TOTAL_SALES
신용카드	1936000
계좌이체	1144000
간편결제	839000

⑥ 상품 카테고리별 판매량과 총수익

프롬프트

너는 SQL 전문가야

Oracle 기준으로 작성해줘

테이블 구조는 다음과 같아

```
CREATE TABLE ORDER_ITEMS (
    ORDER_ID       VARCHAR2(10),
    PRODUCT_CODE   VARCHAR2(20),
    PRICE          NUMBER(10),
    QUANTITY       NUMBER(5)
);

CREATE TABLE PRODUCTS (
    PRODUCT_CODE   VARCHAR2(20) PRIMARY KEY,
    PRODUCT_NAME   VARCHAR2(100),
    CATEGORY       VARCHAR2(30),
    PRICE          NUMBER(10),
    STOCK_QTY      NUMBER(5)
);
```

요청 목적: 상품 카테고리별 판매량과 총 수익 계산

출력 칼럼: 카테고리, 판매량, 총 수익

정렬: 총 수익으로 내림차순

```
SELECT
    P.CATEGORY,
    SUM(I.QUANTITY) AS TOTAL_QTY,
    SUM(I.PRICE * I.QUANTITY) AS TOTAL_REVENUE
FROM ORDER_ITEMS I
JOIN PRODUCTS P ON I.PRODUCT_CODE = P.PRODUCT_CODE
GROUP BY P.CATEGORY
ORDER BY TOTAL_REVENUE DESC;
```

상품 단위 데이터(PRICE, QUANTITY)를 카테고리 단위로 묶어 판매량(TOTAL_QTY)과 총 수익(TOTAL_REVENUE)을 함께 계산한다. 이 패턴은 상품군별 성과 비교, 재고 전략 수립, 프로모션 기획 등에 유용하다.

출력 결과

CATEGORY	TOTAL_QTY	TOTAL_REVENUE
전자기기	12	1144000
사무용품	2	255000
저장장치	1	87000
가전제품	1	50000

⑦ 월별 총 매출과 평균 주문금액

프롬프트

너는 SQL 전문가야

Oracle 기준으로 작성해줘

테이블 구조는 다음과 같아

```
CREATE TABLE ORDERS (
    ORDER_ID        VARCHAR2(10) PRIMARY KEY,
    CUSTOMER_ID     VARCHAR2(10),
    ORDER_DATE      DATE,
    AMOUNT          NUMBER(10),
    PAYMENT_METHOD  VARCHAR2(20)
);
```

요청 목적: 월별 총 매출과 평균 주문금액 계산

출력 칼럼: 주문 월, 총 매출, 평균 주문금액(반올림하여 소수점 아래 둘째자리까지 출력)

정렬: 주문 월로 오름차순

```
SELECT
    TO_CHAR(O.ORDER_DATE, 'YYYY-MM') AS ORDER_MONTH,
    SUM(O.AMOUNT) AS TOTAL_SALES,
    ROUND(AVG(O.AMOUNT), 2) AS AVG_SALES
FROM ORDERS O
WHERE O.ORDER_DATE >= DATE '2025-01-01'
GROUP BY TO_CHAR(O.ORDER_DATE, 'YYYY-MM')
ORDER BY ORDER_MONTH;
```

TO_CHAR로 연월을 추출하고 ROUND(AVG())로 평균값을 보기 좋게 반올림한다. 즉, 월별 매출 추이 분석, 계절성 파악, 성장률 계산 같은 시계열 분석의 기본 구조다. 또한 WHERE 절에 기간을 제한함으로써 특정 연도나 기간 분석에도 확장 가능하다.

출력 결과

ORDER_MONTH	TOTAL_SALES	AVG_SALES
2025-01	366000	122000
2025-02	785000	157000
2025-03	501000	100200
2025-04	419000	139666.67
2025-05	351000	117000
2025-06	691000	172750
2025-07	323000	107666.67
2025-08	249000	124500
2025-09	137000	137000
2025-10	97000	97000

⑧ 상반기 베스트 셀러 상품

프롬프트

너는 SQL 전문가야
Oracle 기준으로 작성해줘
테이블 구조는 다음과 같아

```
CREATE TABLE ORDERS (
    ORDER_ID       VARCHAR2(10) PRIMARY KEY,
    CUSTOMER_ID     VARCHAR2(10),
    ORDER_DATE     DATE,
    AMOUNT         NUMBER(10),
    PAYMENT_METHOD  VARCHAR2(20)
);

CREATE TABLE ORDER_ITEMS (
    ORDER_ID      VARCHAR2(10),
    PRODUCT_CODE   VARCHAR2(20),
    PRICE         NUMBER(10),
    QUANTITY      NUMBER(5)
);

CREATE TABLE PRODUCTS (
    PRODUCT_CODE   VARCHAR2(20) PRIMARY KEY,
    PRODUCT_NAME   VARCHAR2(100),
    CATEGORY      VARCHAR2(30),
    PRICE         NUMBER(10),
    STOCK_QTY     NUMBER(5)
);
```

요청 목적: 2025년 상반기 주문된 상품과 해당 상품의 주문 수량 계산
출력 칼럼: 상품코드, 상품명, 주문 수량
정렬: 주문 수량으로 내림차순

```sql
SELECT
    P.PRODUCT_CODE,
    P.PRODUCT_NAME,
    SUM(OI.QUANTITY) AS TOTAL_QUANTITY
FROM ORDERS O
INNER JOIN ORDER_ITEMS OI
ON O.ORDER_ID = OI.ORDER_ID
INNER JOIN PRODUCTS P
ON OI.PRODUCT_CODE = P.PRODUCT_CODE
WHERE O.ORDER_DATE BETWEEN DATE '2025-01-01' AND DATE '2025-06-30'
GROUP BY P.PRODUCT_CODE, P.PRODUCT_NAME
ORDER BY TOTAL_QUANTITY DESC;
```

다중 테이블 조인과 기간 필터링을 결합한 대표적인 분석 패턴이다. 상반기(1~6월) 기간 동안의 주문 데이터를 기준으로 SUM(OI.QUANTITY)를 통해 상품별 총 주문 수량을 계산해 인기 상품(베스트셀러)을 도출한다. 이 패턴은 판매 순위 집계, 시즌별 히트상품 분석, 리오더 기준 판단 등에 폭넓게 활용된다.

출력 결과

PRODUCT_CODE	PRODUCT_NAME	TOTAL_QUANTITY
P1001	무선 키보드	3
P1003	27인치 모니터	2
P1010	웹캠	2
P1013	잉크젯 프린터	1
P1008	보조 배터리	1
P1009	게이밍 마우스	1
P1011	외장 SSD 1TB	1
P1005	USB 허브	1
P1004	노트북 받침대	1
P1002	무선 마우스	1
P1007	블루투스 스피커	1

⑨ 고객 등급별 평균 주문금액과 최대 주문금액

프롬프트

너는 SQL 전문가야
Oracle 기준으로 작성해줘
테이블 구조는 다음과 같아

```
CREATE TABLE CUSTOMERS (
    CUSTOMER_ID     VARCHAR2(10) PRIMARY KEY,
    CUSTOMER_NAME   VARCHAR2(50) NOT NULL,
    REGION          VARCHAR2(30),
    BIRTH_DATE      VARCHAR2(8),
    CUSTOMER_TYPE   VARCHAR2(20)
);

CREATE TABLE ORDERS (
    ORDER_ID        VARCHAR2(10) PRIMARY KEY,
    CUSTOMER_ID     VARCHAR2(10),
    ORDER_DATE      DATE,
    AMOUNT          NUMBER(10),
    PAYMENT_METHOD  VARCHAR2(20)
);
```

요청 목적: 고객 등급별 평균 주문금액, 최대 주문금액 계산
출력 칼럼: 고객 등급, 평균 주문금액(반올림하여 소수점 아래 둘째자리까지 출력), 최대 주문금액
정렬: 최대 주문금액으로 내림차순

```
SELECT
    C.CUSTOMER_TYPE,
    ROUND(AVG(O.AMOUNT), 2) AS AVG_AMOUNT,
    MAX(O.AMOUNT) AS MAX_AMOUNT
FROM CUSTOMERS C
JOIN ORDERS O
ON C.CUSTOMER_ID = O.CUSTOMER_ID
```

```
GROUP BY C.CUSTOMER_TYPE
ORDER BY MAX_AMOUNT DESC;
```

출력 결과

CUSTOMER_TYPE	AVG_AMOUNT	MAX_AMOUNT
VIP	133272.73	270000
Regular	122888.89	230000
Gold	154571.43	208000
Silver	88333.33	114000

⑩ 카테고리별 상품 재고 현황

프롬프트

너는 SQL 전문가야

Oracle 기준으로 작성해줘

테이블 구조는 다음과 같아

```
CREATE TABLE PRODUCTS (
    PRODUCT_CODE   VARCHAR2(20) PRIMARY KEY,
    PRODUCT_NAME   VARCHAR2(100),
    CATEGORY      VARCHAR2(30),
    PRICE        NUMBER(10),
    STOCK_QTY     NUMBER(5)
);
```

요청 목적: 카테고리별 상품 수, 재고합계, 최저가격, 최고가격 계산

출력 칼럼: 카테고리, 상품 수, 재고합계, 최저가격, 최고가격

정렬: 카테고리로 오름차순

```
SELECT
    CATEGORY,
    COUNT(*) AS PRODUCT_COUNT,
    SUM(STOCK_QTY) AS TOTAL_STOCK,
    MIN(PRICE) AS MIN_PRICE,
    MAX(PRICE) AS MAX_PRICE
FROM PRODUCTS
GROUP BY CATEGORY
ORDER BY CATEGORY ASC;
```

이 예시는 하나의 테이블에서 다양한 집계 함수를 동시에 사용하는 패턴이다.

- COUNT(*) → 카테고리별 상품 개수
- SUM(STOCK_QTY) → 카테고리별 전체 재고 수량 합계
- MIN(PRICE) → 카테고리 내 최저 가격
- MAX(PRICE) → 카테고리 내 최고 가격

재고 관리 대시보드, 카테고리별 가격 정책 점검, 공급계획 수립 등에 유용하며 데이터 분석에서 가장 기본이 되는 그룹 집계형 리포트의 전형적인 형태다.

출력 결과

CATEGORY	PRODUCT_COUNT	TOTAL_STOCK	MIN_PRICE	MAX_PRICE
가전제품	1	25	50000	50000
사무용품	3	70	90000	165000
저장장치	1	35	87000	87000
전자기기	8	275	30000	230000

9.4 분석 쿼리 자동화

AI를 활용한 분석 쿼리 자동화에서는 '어떤 기준으로 비교할지', '누적을 계산할지', '순위를 매길지' 등을 프롬프트로 명확하게 전달해야 한다.

> **빠른 이해** 좋은 프롬프트 예시
>
> 1. 어떤 분석을 수행할지 명시한다.
>   예) "고객별 주문 금액 순위를 구해줘"
> 2. 누적 또는 백분율을 구체적으로 표현한다.
>   예) "매출 누적 합계를 구해서 누적 비율을 보여줘"
> 3. PARTITION(분석 기준)과 ORDER(정렬 기준)을 함께 언급한다.
>   예) "지역별로 고객 매출 순위를 구하되, 금액이 높은 순으로 정렬해줘"

분석 쿼리 자동화 예시

① 지역별 매출 순위

프롬프트

너는 SQL 전문가야

Oracle 기준으로 작성해줘

테이블 구조는 다음과 같아

```
CREATE TABLE CUSTOMERS (
    CUSTOMER_ID     VARCHAR2(10) PRIMARY KEY,
    CUSTOMER_NAME   VARCHAR2(50) NOT NULL,
    REGION          VARCHAR2(30),
    BIRTH_DATE      VARCHAR2(8),
    CUSTOMER_TYPE   VARCHAR2(20)
);

CREATE TABLE ORDERS (
```

```
    ORDER_ID        VARCHAR2(10) PRIMARY KEY,
    CUSTOMER_ID     VARCHAR2(10),
    ORDER_DATE      DATE,
    AMOUNT          NUMBER(10),
    PAYMENT_METHOD  VARCHAR2(20)
);
```

요청 목적: 각 지역 내에서의 고객 총 매출 순위를 계산

출력 칼럼: 지역, 고객이름, 총 매출, 순위

정렬: 지역으로 오름차순, 순위로 오름차순

```
SELECT
    C.REGION,
    C.CUSTOMER_NAME,
    SUM(O.AMOUNT) AS TOTAL_SALES,
    RANK() OVER (PARTITION BY C.REGION ORDER BY SUM(O.AMOUNT) DESC) AS REGION_RANK
FROM CUSTOMERS C
INNER JOIN ORDERS O
ON C.CUSTOMER_ID = O.CUSTOMER_ID
GROUP BY C.REGION, C.CUSTOMER_NAME
ORDER BY C.REGION, REGION_RANK;
```

RANK 윈도우 함수와 PARTITION BY를 사용해 지역별 그룹 내 순위를 계산한다.

출력 결과

REGION	CUSTOMER_NAME	TOTAL_SALES	REGION_RANK
Busan	이민재	415000	1
Busan	김서연	223000	2
Busan	박지훈	208000	3
Busan	윤서현	185000	4
Busan	최도현	64000	5

Jeju	박서윤	395000	1
Jeju	정민우	276000	2
Jeju	이도현	229000	3
Jeju	한지훈	222000	4
Jeju	김하늘	147000	5
Seoul	정유라	434000	1
Seoul	김민수	380000	2
Seoul	이수진	375000	3
Seoul	오지훈	201000	4
Seoul	박찬호	165000	5

② 상품 카테고리 내 가격 순위

프롬프트

너는 SQL 전문가야

Oracle 기준으로 작성해줘

테이블 구조는 다음과 같아

```
CREATE TABLE PRODUCTS (
    PRODUCT_CODE   VARCHAR2(20) PRIMARY KEY,
    PRODUCT_NAME   VARCHAR2(100),
    CATEGORY       VARCHAR2(30),
    PRICE          NUMBER(10),
    STOCK_QTY      NUMBER(5)
);
```

요청 목적: 카테고리별로 낮은 가격 순서대로 순위 부여(가격이 동일한 경우 같은 순위를 부여하고 다음 순위를 건너뛰지 않아야 함)

출력 칼럼: 카테고리, 상품명, 가격, 순위

정렬: 카테고리로 오름차순, 순위로 오름차순

```sql
SELECT
    CATEGORY,
    PRODUCT_NAME,
    PRICE,
    DENSE_RANK() OVER (PARTITION BY CATEGORY ORDER BY PRICE) AS PRICE_RANK
FROM PRODUCTS
ORDER BY CATEGORY, PRICE_RANK;
```

DENSE_RANK를 활용해 동일 가격은 같은 순위를 부여하고, 이후 순위를 건너뛰지 않는다.

출력 결과

CATEGORY	PRODUCT_NAME	PRICE	PRICE_RANK
가전제품	블루투스 스피커	50000	1
사무용품	노트북 받침대	90000	1
사무용품	프린터 토너	114000	2
사무용품	잉크젯 프린터	165000	3
저장장치	외장 SSD 1TB	87000	1
전자기기	USB 허브	30000	1
전자기기	무선 키보드	30000	1
전자기기	무선 마우스	45000	2
전자기기	보조 배터리	49000	3
전자기기	웹캠	105000	4
전자기기	게이밍 마우스	125000	5
전자기기	기계식 키보드	195000	6
전자기기	27인치 모니터	230000	7

③ 결제수단별 매출 비중

프롬프트

너는 SQL 전문가야

Oracle 기준으로 작성해줘

테이블 구조는 다음과 같아

```
CREATE TABLE ORDERS (
    ORDER_ID       VARCHAR2(10) PRIMARY KEY,
    CUSTOMER_ID     VARCHAR2(10),
    ORDER_DATE      DATE,
    AMOUNT         NUMBER(10),
    PAYMENT_METHOD  VARCHAR2(20)
);
```

요청 목적: 전체 매출에서 각 결제수단이 차지하는 비율 계산

출력 칼럼: 결제수단, 총 매출, 비율(반올림하여 소수점 아래 둘째 자리까지 출력)

정렬: 총 매출로 내림차순

```
SELECT
    PAYMENT_METHOD,
    SUM(AMOUNT) AS TOTAL_SALES,
    ROUND(RATIO_TO_REPORT(SUM(AMOUNT)) OVER (), 4) AS SALES_RATIO
FROM ORDERS
GROUP BY PAYMENT_METHOD
ORDER BY TOTAL_SALES DESC;
```

RATIO_TO_REPORT 윈도우 함수를 사용해 각 결제수단이 전체 매출에서 차지하는 비율을 계산한다. 소수점 아래 둘째 자리까지 반올림해 비중을 확인할 수 있다.

출력 결과

PAYMENT_METHOD	TOTAL_SALES	SALES_RATIO
신용카드	1936000	0.494
계좌이체	1144000	0.2919
간편결제	839000	0.2141

④ 월별 평균보다 높은 주문만 필터링

프롬프트

너는 SQL 전문가야
Oracle 기준으로 작성해줘
테이블 구조는 다음과 같아

```
CREATE TABLE ORDERS (
    ORDER_ID        VARCHAR2(10) PRIMARY KEY,
    CUSTOMER_ID     VARCHAR2(10),
    ORDER_DATE      DATE,
    AMOUNT          NUMBER(10),
    PAYMENT_METHOD  VARCHAR2(20)
);
```

요청 목적: 각 월의 평균 주문금액보다 높은 주문만 추출
출력 칼럼: 주문ID, 주문일자, 주문금액, 평균 주문금액(반올림하여 소수점 아래 둘째 자리까지 출력)

```
SELECT *
FROM (
    SELECT
        ORDER_ID,
        ORDER_DATE,
        AMOUNT,
        ROUND(AVG(AMOUNT) OVER (
            PARTITION BY TO_CHAR(ORDER_DATE, 'YYYY-MM')), 2) AS MONTHLY_AVG
```

```
        FROM ORDERS
    )
    WHERE AMOUNT > MONTHLY_AVG;
```

윈도우 함수 AVG와 PARTITION BY를 사용하여 월 단위 기준을 설정하고, 외부 쿼리에서 필터링한다.

출력 결과

ORDER_ID	ORDER_DATE	AMOUNT	MONTHLY_AVG
O001	2025-01-10	150000	122000
O010	2025-01-22	165000	122000
O002	2025-02-15	230000	157000
O015	2025-02-27	270000	157000
O003	2025-03-02	180000	100200
O004	2025-04-25	195000	139666.67
O013	2025-05-05	134000	117000
O006	2025-05-20	125000	117000
O007	2025-06-14	210000	172750
O025	2025-06-27	184000	172750
O018	2025-06-10	208000	172750
O009	2025-07-03	114000	107666.67
O016	2025-07-15	145000	107666.67
O029	2025-08-14	150000	124500

⑤ 상품별 누적 판매 수량

프롬프트

너는 SQL 전문가야
Oracle 기준으로 작성해줘

```
테이블 구조는 다음과 같아

CREATE TABLE ORDERS (
    ORDER_ID        VARCHAR2(10) PRIMARY KEY,
    CUSTOMER_ID     VARCHAR2(10),
    ORDER_DATE      DATE,
    AMOUNT          NUMBER(10),
    PAYMENT_METHOD  VARCHAR2(20)
);

CREATE TABLE ORDER_ITEMS (
    ORDER_ID        VARCHAR2(10),
    PRODUCT_CODE    VARCHAR2(20),
    PRICE           NUMBER(10),
    QUANTITY        NUMBER(5)
);

요청 목적: 상품별 누적 주문 수량 계산(주문일자 기준으로 누적치 계산)
출력 칼럼: 상품코드, 주문일자, 주문수량, 누적 주문수량
```

```
SELECT
    OI.PRODUCT_CODE,
    O.ORDER_DATE,
    SUM(OI.QUANTITY) AS DAILY_QTY,
    SUM(SUM(OI.QUANTITY)) OVER (PARTITION BY OI.PRODUCT_CODE
              ORDER BY O.ORDER_DATE ROWS UNBOUNDED PRECEDING) AS CUMULATIVE_QTY
FROM ORDER_ITEMS OI
INNER JOIN ORDERS O
ON OI.ORDER_ID = O.ORDER_ID
GROUP BY OI.PRODUCT_CODE, O.ORDER_DATE
ORDER BY OI.PRODUCT_CODE, O.ORDER_DATE;
```

SUM 함수에 ROWS UNBOUNDED PRECEDING 옵션을 적용해 누적 합계를 구한다.

출력 결과

PRODUCT_CODE	ORDER_DATE	DAILY_QTY	CUMULATIVE_QTY
P1001	2025-01-10	2	2
P1001	2025-03-02	1	3
P1002	2025-01-10	1	1
P1003	2025-02-15	1	1
P1003	2025-04-25	1	2
P1004	2025-03-02	1	1
P1005	2025-03-02	1	1
P1007	2025-02-11	1	1
P1008	2025-02-11	1	1
P1009	2025-05-20	1	1
P1010	2025-06-14	2	2
P1010	2025-07-03	1	3
P1011	2025-03-28	1	1
P1013	2025-01-22	1	1

⑥ 특정 카테고리 내 가격 순위

프롬프트

너는 SQL 전문가야
Oracle 기준으로 작성해줘
테이블 구조는 다음과 같아

```
CREATE TABLE PRODUCTS (
    PRODUCT_CODE   VARCHAR2(20) PRIMARY KEY,
    PRODUCT_NAME   VARCHAR2(100),
    CATEGORY       VARCHAR2(30),
    PRICE          NUMBER(10),
```

```
    STOCK_QTY      NUMBER(5)
);
```

요청 목적: 전자기기 카테고리 내에서 가격이 높은 순으로 순위 부여 (동일 가격은 같은 순위를 부여하며 다음 순위는 건너뛰지 않음)

출력 칼럼: 상품코드, 상품명, 가격, 순위

정렬: 순위로 오름차순

```
SELECT
    PRODUCT_CODE,
    PRODUCT_NAME,
    PRICE,
    DENSE_RANK() OVER (ORDER BY PRICE DESC) AS PRICE_RANK
FROM PRODUCTS
WHERE CATEGORY = '전자기기'
ORDER BY PRICE_RANK;
```

DENSE_RANK를 사용하여 동일한 가격의 상품은 같은 순위를 갖고, 다음 순위가 건너뛰어지지 않는다.

출력 결과

PRODUCT_CODE	PRODUCT_NAME	PRICE	PRICE_RANK
P1003	27인치 모니터	230000	1
P1006	기계식 키보드	195000	2
P1009	게이밍 마우스	125000	3
P1010	웹캠	105000	4
P1008	보조 배터리	49000	5
P1002	무선 마우스	45000	6
P1001	무선 키보드	30000	7
P1005	USB 허브	30000	7

⑦ 결제수단별 매출 4분위 구간

프롬프트

너는 SQL 전문가야
Oracle 기준으로 작성해줘
테이블 구조는 다음과 같아

```
CREATE TABLE ORDERS (
    ORDER_ID        VARCHAR2(10) PRIMARY KEY,
    CUSTOMER_ID     VARCHAR2(10),
    ORDER_DATE      DATE,
    AMOUNT          NUMBER(10),
    PAYMENT_METHOD  VARCHAR2(20)
);
```

요청 목적: 결제수단별로 매출금액을 4분위로 나누어 출력
출력 칼럼: 결제수단, 주문ID, 매출금액, 등급

```
SELECT
    PAYMENT_METHOD,
    ORDER_ID,
    AMOUNT,
    NTILE(4) OVER (PARTITION BY PAYMENT_METHOD
                   ORDER BY AMOUNT DESC) AS QUARTILE_GROUP
FROM ORDERS;
```

NTILE(4) 함수를 사용하면 자동으로 데이터를 4개의 구간으로 분할할 수 있다.

출력 결과

PAYMENT_METHOD	ORDER_ID	AMOUNT	QUARTILE_GROUP
간편결제	O004	195000	1
간편결제	O016	145000	1

간편결제	O027	137000	2
간편결제	O023	126000	2
간편결제	O012	98000	3
간편결제	O008	87000	3
간편결제	O019	51000	4
계좌이체	O002	230000	1
계좌이체	O025	184000	1
신용카드	O026	99000	3
신용카드	O030	97000	3
신용카드	O014	89000	3
신용카드	O011	87000	3
신용카드	O022	83000	4
신용카드	O020	74000	4
신용카드	O028	64000	4

⑧ 월별 누적매출 & 월별 평균매출 동시 조회

프롬프트

너는 SQL 전문가야

Oracle 기준으로 작성해줘

테이블 구조는 다음과 같아

```
CREATE TABLE ORDERS (
   ORDER_ID       VARCHAR2(10) PRIMARY KEY,
   CUSTOMER_ID    VARCHAR2(10),
   ORDER_DATE     DATE,
   AMOUNT         NUMBER(10),
   PAYMENT_METHOD VARCHAR2(20)
```

```
);

요청 목적: 월별 매출 합계, 누적 매출, 전체 평균 매출 동시 계산
출력 칼럼: 주문 월, 월 매출, 누적 매출, 전체 평균 매출
정렬: 주문 월로 오름차순
```

```
SELECT
    TO_CHAR(ORDER_DATE, 'YYYY-MM') AS ORDER_MONTH,
    SUM(AMOUNT) AS MONTHLY_SALES,
    SUM(SUM(AMOUNT)) OVER (ORDER BY TO_CHAR(ORDER_DATE, 'YYYY-MM')) AS CUM_SALES,
    ROUND(AVG(SUM(AMOUNT)) OVER (), 2) AS AVG_MONTHLY_SALES
FROM ORDERS
GROUP BY TO_CHAR(ORDER_DATE, 'YYYY-MM')
ORDER BY ORDER_MONTH;
```

- SUM(SUM(AMOUNT)) OVER (ORDER BY TO_CHAR(ORDER_DATE, 'YYYY-MM'))
  → 월 매출을 기준으로 누적 합계 계산
- AVG(SUM(AMOUNT)) OVER ()
  → 모든 월의 평균 매출 계산

출력 결과

ORDER_MONTH	MONTHLY_SALES	CUM_SALES	AVG_MONTHLY_SALES
2025-01	366000	366000	391900
2025-02	785000	1151000	391900
2025-03	501000	1652000	391900
2025-04	419000	2071000	391900
2025-05	351000	2422000	391900
2025-06	691000	3113000	391900
2025-07	323000	3436000	391900

2025-08	249000	3685000	391900
2025-09	137000	3822000	391900
2025-10	97000	3919000	391900

⑨ 카테고리별 매출 기여도 순위

프롬프트

너는 SQL 전문가야

Oracle 기준으로 작성해줘

테이블 구조는 다음과 같아

```
CREATE TABLE ORDER_ITEMS (
    ORDER_ID       VARCHAR2(10),
    PRODUCT_CODE   VARCHAR2(20),
    PRICE          NUMBER(10),
    QUANTITY       NUMBER(5)
);

CREATE TABLE PRODUCTS (
    PRODUCT_CODE   VARCHAR2(20) PRIMARY KEY,
    PRODUCT_NAME   VARCHAR2(100),
    CATEGORY       VARCHAR2(30),
    PRICE          NUMBER(10),
    STOCK_QTY      NUMBER(5)
);
```

요청 목적: 카테고리별 매출액 비중과 순위를 동시에 조회

출력 칼럼: 카테고리, 총 매출액, 비중(반올림하여 소수점 아래 둘째자리까지 출력), 순위

정렬: 순위로 오름차순

```
SELECT
    P.CATEGORY,
    SUM(OI.PRICE * OI.QUANTITY) AS TOTAL_SALES,
    ROUND(RATIO_TO_REPORT(SUM(OI.PRICE * OI.QUANTITY)) OVER () * 100, 2) AS SALES_
RATIO,
    RANK() OVER (ORDER BY SUM(OI.PRICE * OI.QUANTITY) DESC) AS SALES_RANK
FROM ORDER_ITEMS OI
INNER JOIN PRODUCTS P
ON OI.PRODUCT_CODE = P.PRODUCT_CODE
GROUP BY P.CATEGORY
ORDER BY SALES_RANK;
```

- SUM(OI.PRICE * OI.QUANTITY) → 각 카테고리의 총 매출 계산
- RATIO_TO_REPORT(SUM(OI.PRICE * OI.QUANTITY)) OVER () * 100
  → 전체 매출 대비 카테고리별 비중 계산

출력 결과

CATEGORY	TOTAL_SALES	SALES_RATIO	SALES_RANK
전자기기	1144000	74.48	1
사무용품	255000	16.60	2
저장장치	87000	5.66	3
가전제품	50000	3.26	4

⑩ 상품 카테고리별 월평균 대비 증감률

프롬프트

너는 SQL 전문가야
Oracle 기준으로 작성해줘
테이블 구조는 다음과 같아

```
CREATE TABLE ORDERS (
```

```
    ORDER_ID        VARCHAR2(10) PRIMARY KEY,
    CUSTOMER_ID     VARCHAR2(10),
    ORDER_DATE      DATE,
    AMOUNT          NUMBER(10),
    PAYMENT_METHOD  VARCHAR2(20)
);

CREATE TABLE ORDER_ITEMS (
    ORDER_ID        VARCHAR2(10),
    PRODUCT_CODE    VARCHAR2(20),
    PRICE           NUMBER(10),
    QUANTITY        NUMBER(5)
);

CREATE TABLE PRODUCTS (
    PRODUCT_CODE    VARCHAR2(20) PRIMARY KEY,
    PRODUCT_NAME    VARCHAR2(100),
    CATEGORY        VARCHAR2(30),
    PRICE           NUMBER(10),
    STOCK_QTY       NUMBER(5)
);
```

요청 목적: 카테고리별 월매출이 평균 대비 몇 배인지 비교

출력 칼럼: 카테고리, 주문 월, 총 매출, 평균 대비 매출 비율(반올림하여 소수점 아래 둘째자리까지 출력)

정렬: 카테고리로 오름차순, 주문 월로 오름차순

```
SELECT
    P.CATEGORY,
    TO_CHAR(O.ORDER_DATE, 'YYYY-MM') AS ORDER_MONTH,
    SUM(OI.PRICE * OI.QUANTITY) AS TOTAL_SALES,
    ROUND(
        SUM(OI.PRICE * OI.QUANTITY)
        / AVG(SUM(OI.PRICE * OI.QUANTITY)) OVER (PARTITION BY P.CATEGORY), 2
    ) AS SALES_RATIO
```

```
FROM ORDER_ITEMS OI
INNER JOIN ORDERS O ON
O.ORDER_ID = OI.ORDER_ID
INNER JOIN PRODUCTS P
ON OI.PRODUCT_CODE = P.PRODUCT_CODE
GROUP BY P.CATEGORY, TO_CHAR(O.ORDER_DATE, 'YYYY-MM')
ORDER BY P.CATEGORY, ORDER_MONTH;
```

- AVG(SUM(OI.PRICE * OI.QUANTITY)) OVER (PARTITION BY P.CATEGORY)
  → 각 카테고리의 월 평균 매출 계산

출력 결과

CATEGORY	ORDER_MONTH	TOTAL_SALES	SALES_RATIO
가전제품	2025–02	50000	1
사무용품	2025–01	165000	1.29
사무용품	2025–03	90000	0.71
저장장치	2025–03	87000	1
전자기기	2025–01	105000	0.64
전자기기	2025–02	279000	1.71
전자기기	2025–03	90000	0.55
전자기기	2025–04	230000	1.41
전자기기	2025–05	125000	0.76
전자기기	2025–06	210000	1.28
전자기기	2025–07	105000	0.64

실전 퀵레스트

기본기 다시 잡기

SQL의 출발점은 결국 '기본기'다. AI가 쿼리를 대신 써주는 시대라도, 각 기능이 어떤 조건으로 작동하는지 모르면 결과를 신뢰할 수 없다. SELECT, GROUP BY, JOIN 같은 핵심 문법을 빠르게 점검하면서 'SQL이 어떻게 흘러가는지' 몸소 익혀보자.

Q1 NVL(SALARY, 0) 함수의 의미는 무엇인가?

정답

SALARY칼럼의 데이터가 NULL이면 0으로 대체한다.

해설

NVL(a, b)는 a가 NULL일 때 b를 반환하는 함수로 NULL 처리 시 평균 · 합계 왜곡을 막는 데 자주 쓰인다.

Q2 다음 문장에서 DISTINCT의 역할은?

```
SELECT DISTINCT REGION FROM CUSTOMERS;
```

정답

중복된 지역 값을 제거하고 고유한 REGION 목록만 반환한다.

해설

DISTINCT는 결과 집합에서 중복 행을 제거할 때 사용되며 여러 칼럼에도 적용 가능하다.

Q3 다음 중 SELECT 절에서 칼럼 별칭(Alias)을 지정할 때 올바른 예시는?

① SELECT CUSTOMER_NAME = '이름' FROM CUSTOMERS;

② SELECT CUSTOMER_NAME → "이름" FROM CUSTOMERS;

③ SELECT CUSTOMER_NAME AS "이름" FROM CUSTOMERS;

④ SELECT AS CUSTOMER_NAME '이름' FROM CUSTOMERS;

⑤ SELECT CUSTOMER_NAME (이름) FROM CUSTOMERS;

정답

③

해설

AS "이름" 형태로 별칭을 지정할 수 있으며 큰따옴표를 쓰면 한글 · 공백이 포함된 별칭도 가능하다.

Q4 다음 중 문자열 함수가 아닌 것은?

① UPPER( )

② SUBSTR( )

③ LENGTH( )

④ TRUNC( )

⑤ REPLACE( )

정답

④

해설

TRUNC( )는 숫자나 날짜의 소수점 이하를 절삭하는 숫자 함수이다.

Q5 다음 중 날짜 함수의 설명으로 옳지 않은 것은?

① SYSDATE는 현재 날짜와 시간을 반환한다.

② ADD_MONTHS(d, n)은 n개월 이후의 날짜를 반환한다.

③ MONTHS_BETWEEN은 두 날짜의 개월 수 차이를 구한다.

④ NEXT_DAY(d, 'FRIDAY')는 d 이전의 가장 가까운 금요일을 구한다.

⑤ LAST_DAY(d)는 d가 속한 달의 마지막 날짜를 구한다.

정답

④

해설

NEXT_DAY는 d 이후의 가장 가까운 지정 요일을 반환한다.

Q6 다음 SQL의 결과로 올바른 것은?

```
SELECT * FROM CUSTOMERS WHERE REGION IN ('Seoul', 'Jeju');
```

① Seoul과 Jeju 지역 고객만 조회된다.

② Seoul 고객만 조회된다.

③ Jeju 고객만 조회된다.

④ Seoul, Busan, Jeju 모두 조회된다.

⑤ 모든 고객이 조회된다.

정답

①

해설

IN ('Seoul', 'Jeju')는 OR 조건과 동일하게 두 지역에 해당하는 행만 필터링한다.

Q7 다음 중 ORDER BY 절의 정렬 방식에 대한 설명으로 올바른 것은?

① NULL 값은 항상 정렬 결과의 맨 앞에 위치한다.

② ASC 정렬 시 모든 DBMS의 NULL 처리 방식이 동일하다.

③ ORDER BY 절에 명시되지 않은 칼럼은 정렬에 영향을 주지 않는다.

④ NULLS FIRST와 NULLS LAST는 모든 DBMS에서 지원된다.

⑤ 다중 칼럼 정렬 시 첫 번째 칼럼의 값이 같으면 입력 순서대로 정렬된다.

정답

③

해설

ORDER BY 절에 명시된 칼럼만 정렬 기준으로 사용되며 명시되지 않은 칼럼은 정렬에 영향을 주지 않는다. NULL 값의 정렬 처리는 DBMS마다 다르며 NULLS FIRST/LAST는 Oracle, PostgreSQL 등에서만 지원된다.

Q8 다음 중 CASE WHEN 구문의 역할로 가장 적절한 것은?

① 데이터를 요약해서 집계한다.

② 조건에 따라 서로 다른 값을 반환한다.

③ 테이블을 결합한다.

④ 데이터 타입을 변환한다.

⑤ 중복 데이터를 제거한다.

정답

②

해설

CASE WHEN은 SQL에서 조건 분기(if 문 역할)를 수행하며 SELECT · WHERE · ORDER BY 등 어디서든 사용 가능하다.

Q9 다음 중 INNER JOIN 구문에 대한 설명으로 올바른 것은?

① 두 테이블의 모든 행을 결과에 포함한다.

② 왼쪽 테이블의 모든 행과 매칭되는 오른쪽 테이블의 행을 반환한다.

③ 양쪽 테이블에서 조인 조건을 만족하는 행만 반환한다.

④ NULL 값도 조인 조건으로 매칭된다.

⑤ ON 절 없이도 실행 가능하다.

정답

③

해설

INNER JOIN은 양쪽 테이블에서 조인 조건(ON 절)을 만족하는 행만 반환하는 JOIN이다. 매칭되지 않는 행은 결과에서 제외되며 NULL 값은 기본적으로 매칭되지 않는다.

Q10 다음 중 GROUP BY 절에 대한 설명으로 올바르지 않은 것은?

① SELECT 절에는 GROUP BY에 명시된 칼럼 또는 집계 함수만 사용 가능하다.

② 여러 칼럼으로 그룹화할 수 있다.

③ WHERE 절은 GROUP BY 이전에 실행된다.

④ GROUP BY에 명시된 순서대로 결과가 정렬된다.

⑤ NULL 값은 하나의 그룹으로 묶인다.

정답

④

해설

GROUP BY는 그룹화만 수행하며 정렬을 보장하지는 않는다. 정렬이 필요하면 명시적으로 ORDER BY 절을 사용해야 하며 간혹 일부 DBMS에서는 우연히 정렬된 것처럼 보일 수도 있지만 그것이 확실히 정렬을 보장하는 것은 아니다.

Q11 다음 중 HAVING 절에 대한 설명으로 올바른 것은?

① WHERE 절과 동일한 시점에 실행된다.

② GROUP BY 없이 사용할 경우 오류가 발생한다.

③ 그룹화된 결과를 필터링한다.

④ HAVING 절을 WHERE 절이 대신할 수 있다.

⑤ SELECT 절에 없는 집계 함수는 사용할 수 없다.

정답

③

해설

HAVING 절은 GROUP BY로 그룹화된 결과를 필터링하는 역할을 한다. WHERE 절은 그룹화 이전에, HAVING은 그룹화 이후에 실행되며 SELECT 절에 없는 집계 함수도 HAVING 절에서 사용 가능하다.

Q12 다음 중 COUNT 함수에 대한 설명으로 올바르지 않은 것은?

① COUNT(*)는 NULL을 포함한 모든 행을 센다.

② COUNT(column)은 NULL을 제외하고 센다.

③ COUNT(DISTINCT column)은 중복을 제거하고 센다.

④ COUNT(1)과 COUNT(*)는 항상 같은 결과를 반환한다.

⑤ COUNT는 GROUP BY 없이 사용할 수 없다.

정답

⑤

해설

COUNT는 GROUP BY 없이도 사용 가능하며 이 경우 전체 테이블의 행 수를 반환한다.

Q13 다음 중 윈도우 함수에 대한 설명으로 올바른 것은?

① 결과 집합의 행 수를 줄인다.

② GROUP BY와 함께 사용할 수 없다.

③ 각 행에 대해 관련된 행들의 집합을 기반으로 계산한다.

④ OVER 절 없이도 사용할 수 있다.

⑤ 집계 함수보다 항상 빠르다

정답

③

해설

윈도우 함수는 각 행을 유지하면서 관련된 행들(윈도우)을 기반으로 값을 계산한다. GROUP BY는 행을 그룹화하여 줄이지만 윈도우 함수는 모든 행을 유지하며 OVER 절은 필수이다.

Q14 다음 중 서브쿼리와 JOIN에 대한 설명으로 올바르지 않은 것은?

① 연관 서브쿼리는 외부 쿼리의 각 행에 대해 실행된다.

② JOIN은 서브쿼리보다 성능이 좋다.

③ EXISTS를 사용한 서브쿼리는 첫 번째 매칭 후 중단된다.

④ 스칼라 서브쿼리는 정확히 하나의 값을 반환해야 한다.

⑤ 일반적으로 서브쿼리는 JOIN으로 변환할 수 있다.

정답

②

해설

항상 JOIN이 빠른 것은 아니며 옵티마이저, 인덱스, 데이터 크기에 따라 서브쿼리가 더 효율적일 수 있다.

Part 4

AI야, SQL을 튜닝해줘

데이터가 많아질수록 SQL 한 줄이 시스템 전체 성능을 좌우하기도 한다. 또한 SQL 문법을 안다고 해서 성능까지 보장되는 것은 아니다. SQL 튜닝은 단순 수정이 아니라 데이터베이스의 실행 원리와 비용 구조를 이해하고 통제하는 기술이다.

많은 개발자가 직관적으로 SQL을 고치려 하지만, 이는 오히려 성능 저하나 예기치 못한 부작용을 일으킬 수 있다. 이제 우리는 단순히 SQL을 작성하는 단계를 넘어 AI와 함께 SQL을 해석하고 개선하는 단계로 나아갈 것이다. 챗GPT와 같은 생성형 AI는 실행 계획을 읽고 병목 구간을 요약하거나 옵티마이저의 선택 이유를 설명하고, 심지어는 인덱스 설계 방향까지 제안할 수 있다. SQL 작성뿐만 아니라 튜닝 과정에서도 AI를 활용할 수 있게 된 것이다. SQL을 잘 다루려면 실행 계획을 먼저 확인하고 DB의 처리 방식을 이해하는 습관이 필요하다. 지금부터 그 여정을 시작해보자.

- 옵티마이저의 SQL 처리 과정 이해
- 인덱스 구조 이해와 효율적 설계
- AI 인덱스 추천 실습
- JOIN · SORT 분석 및 AI 제안 검증

Chapter 10

실행 계획도 보지 않고 튜닝을 한다고요?

SQL 튜닝을 할 때 가장 먼저 해야 할 일은 실행 계획Execution Plan을 확인하는 것이다. 많은 개발자가 SQL의 실행 속도가 느리다고 판단되면 인덱스를 추가하거나 서브쿼리를 JOIN으로 변경하는 등 코드 수정으로 문제를 해결하려고 한다. 그러나 실행 계획을 확인하지 않고 무작정 튜닝을 시도하는 것은 의사가 환자의 낯빛만 보고 병명을 진단하는 것과 같다고 할 수 있다. 그만큼 위험하다는 이야기다.

SQL이 실행될 때 DBMS 내부적으로 어떤 방식으로 데이터를 조회하는지, 어떤 인덱스를 사용하고 있는지를 확인하는 것은 매우 중요한 일이다. 실행 계획을 분석하면 쿼리의 실제 동작 경로와 성능 저하의 원인을 정확히 파악할 수 있으며 잘못된 인덱스 사용, 불필요한 테이블 풀 스캔 같은 문제를 사전에 발견할 수 있다.

표 10-1 실행 계획 분석과 단순 SQL 수정의 차이

구분	실행 계획 분석 기반 접근	단순 SQL 수정
문제 진단	실제 DBMS가 선택한 접근 경로, 인덱스 사용 여부, I/O 비용 등을 기반으로 원인을 정확히 파악	추측에 의존하여 수정, 원인과 무관한 변경 발생 가능
성능 개선 효과	최소한의 수정으로 가장 효과적인 개선 가능	불필요한 인덱스 추가, 쿼리 복잡도 증가 가능성 존재
위험성	실행 계획을 바탕으로 검증된 조치 → 안정적	불필요한 DB 구조 변경 및 성능 악화 가능
유지보수성	실행 계획 기반 분석 결과는 향후 유사 문제 해결에도 활용 가능	임시방편식 접근으로 재발 위험 높음

따라서 SQL 튜닝의 출발점은 언제나 실행 계획을 면밀히 분석하는 데 있다. 실행 계획 없이 SQL 문법이나 인덱스를 무작정 손보는 것은 근본 원인을 파악하지 못한 채 대증요법만 시도하는 것과 같아 오히려 성능을 더 악화시킬 수 있으므로 주의해야 한다.

10.1 SQL 튜닝의 첫걸음 - 실행 계획 이해하기

실행 계획이란 **SQL이 실행될 때 데이터베이스가 해당 쿼리를 처리하는 과정과 방식을 일정한 형식으로 나타낸 것**을 의미한다. 오라클을 비롯한 대부분의 DBMS는 SQL을 실행할 때 최적의 실행 경로를 선택하는 옵티마이저Optimizer를 사용하며, 이 실행 경로를 계획plan 형태로 시각화하여 확인할 수 있는 방법을 제공한다. 실행 계획을 통해 확인할 수 있는 주요 정보는 다음과 같다.

- **테이블 접근 방식**: 인덱스 사용 여부와 전체 테이블 스캔 여부를 확인할 수 있다.
- **JOIN 방식**: Nested Loop Join, Hash Join, Sort Merge Join 중 어떤 방법이 사용되는지 확인할 수 있다.
- **조건절 적용 방식**: WHERE 절의 각 조건이 access 조건으로 풀리는지 filter 조건으로 풀리는지 확인할 수 있다(access 조건과 filter 조건에 대한 상세한 내용은 다음 장에서 설명할 예정이다).
- **쿼리 수행 비용(I/O)**: 옵티마이저가 산출한 SQL 실행 비용을 확인할 수 있다.

오라클에서 실행 계획을 확인하는 방법은 다음과 같다.

- EXPLAIN PLAN 명령어 사용
- AUTOTRACE 활용
- DBMS_XPLAN 활용
- V$SQL_PLAN 뷰 조회

이처럼 SQL이 실제로 어떤 방식으로 실행되는지 이해하는 것이 튜닝의 첫걸음이며 참고로 이 책에서는 DBMS_XPLAN을 활용하여 튜닝을 진행해볼 예정이다.

10.2 실행 계획 확인

오라클에서 실행 계획을 확인하는 방법에는 여러 가지가 있지만 그중에서도 DBMS_XPLAN 패키지는 사용하기 간편하면서도 기능 면에서 매우 강력하다고 평가된다. DBMS_XPLAN은 단순히 실행 계획을 출력하는 것에 그치지 않고 실제 실행 시점의 통계 정보(Actual Rows, Buffer Gets, Elapsed Time 등)를 함께 확인할 수 있어 예상 실행 계획(EXPLAIN PLAN)과 실제 실행 결과의 차이를 명확히 파악할 수 있다. 또한 자동 병렬 처리 여부, 인덱스 활용 방식, 쿼리 힌트 적용 여부 같은 세부 사항까지 제공하기 때문에 성능 문제의 원인을 보다 정확하게 진단하는 것이 가능하다.

예를 들어 DBMS_XPLAN.DISPLAY_CURSOR를 사용하면 캐시에 있는 최근 실행 SQL의 실제 실행 계획과 실행 시 소요된 리소스 사용량을 한눈에 확인할 수 있어 단순한 EXPLAIN PLAN보다 훨씬 실무 친화적이라고 할 수 있다. 단순한 예상 계획이 아닌 쿼리가 실제로 어떻게 실행되었는지를 정확한 통계와 함께 제공해 실제 실행 계획 확인이 가능한 것이다.

- **상세 리소스 사용 정보 제공**: CPU 사용량, 메모리, I/O 접근량(Buffer Gets) 등 쿼리 성능 분석에 필수적인 지표를 확인할 수 있다.
- **커서 기반 실시간 분석**: 이미 실행된 SQL의 Cursor 정보를 기반으로 즉시 실행 계획을 조회할 수 있어 실행 중인 시스템에서도 유용하다.
- **다양한 옵션 지원**: ALLSTATS LAST, ADVANCED 등 다양한 포맷을 지원해 분석 관점에 맞춰 상세도를 조정할 수 있다.

표 10-2 DBMS_XPLAN 사용 가능 툴

툴	사용 가능 여부	설명
SQL*Plus	가능	가장 기본적인 CLI 도구로 SELECT * FROM TABLE(DBMS_XPLAN.DISPLAY_CURSOR(...)) 같은 구문 사용 가능
SQL Developer	가능 (*추천)	Oracle 공식 GUI 툴. SQL Worksheet에서 사용 가능
Toad for Oracle	가능	GUI 툴에서도 SQL 실행 후 DISPLAY_CURSOR로 Plan 확인 가능
DataGrip	가능	JetBrains IDE. 쿼리 실행 시 기본적으로 그래픽 실행 계획(Plan)을 제공하며, DBMS_XPLAN을 직접 사용하여 텍스트 기반 Plan도 확인 가능

DBeaver	부분 가능	DBMS_OUTPUT 사용 시 약간의 설정 필요. 일부 버전은 TABLE() 함수 반환 처리에 제한 있음

다음은 DBMS_XPLAN 패키지에서 제공하는 주요 함수들에 대한 설명이다.

표 10-3 DBMS_XPLAN 패키지에서 제공하는 주요 함수

함수	설명	사용 목적
DISPLAY	EXPLAIN PLAN의 실행 계획 출력	SQL 실행 없이 실행 계획 미리 확인(예측치)
DISPLAY_CURSOR	실행된 SQL의 실제 실행 계획 출력	SQL 실행 후 실제 사용된 실행 계획 확인

DBMS_XPLAN

① DBMS_XPLAN.DISPLAY

SQL 실행 계획을 미리 확인할 때 사용하는 함수이다. 기본적으로 EXPLAIN PLAN 명령을 통해 SQL 실행 계획을 분석한 뒤, 이 정보를 DISPLAY 함수를 이용해 보기 좋게 출력한다.

```
-- 1. 실행 계획 생성
EXPLAIN PLAN FOR
SELECT * FROM EMPLOYEES WHERE DEPARTMENT_ID = 'D10';

-- 2. 실행 계획 조회
SELECT * FROM TABLE(DBMS_XPLAN.DISPLAY);
```

DBMS_XPLAN.DISPLAY는 예상 실행 계획을 미리 확인할 때 유용하며 실행 계획의 각 단계별 연산 방식과 예상 비용(COST)을 빠르게 분석할 수 있다는 장점이 있다.

실행 계획 출력

```
-------------------------------------------------------------------------------
| Id  | Operation          | Name      | Rows  | Bytes | Cost (%CPU)| Time     |
-------------------------------------------------------------------------------
|   0 | SELECT STATEMENT   |           |     4 |   104 |     2   (0)| 00:00:01 |
|*  1 |  TABLE ACCESS FULL| EMPLOYEES |     4 |   104 |     2   (0)| 00:00:01 |
```

```
-----------------------------------------------------------------------------------

Predicate Information (identified by operation id):
---------------------------------------------------

   1 - filter("DEPARTMENT_ID"='D10')
```

DBMS_XPLAN.DISPLAY와 DBMS_XPLAN.DISPLAY_CURSOR는 둘 다 오라클에서 실행 계획을 확인할 때 사용하는 함수지만 다음과 같은 이유로 DISPLAY_CURSOR가 더 선호되는 경우가 많다.

빠른 이해 DISPLAY vs DISPLAY_CURSOR

DISPLAY는 EXPLAIN PLAN 명령으로 생성한 계획을 보여주는데 이건 예상 계획일 뿐 실제 실행과는 다를 수 있다. 반면에 DISPLAY_CURSOR는 실제 실행된 SQL의 Plan을 보여주어 실행 시 바인드 변수 값이나 통계 정보에 따라 달라지는 부분까지 확인이 가능하다.

또한 DISPLAY_CURSOR는 ALLSTATS LAST 옵션을 통해 SQL 수행 시 각 단계에서 얼마나 많은 행을 처리했는지, CPU 사용 시간은 어땠는지 등 정량적인 실행 결과 정보를 확인할 수 있는데 이는 성능 튜닝 시 매우 중요한 실측 데이터라고 할 수 있다.

② DBMS_XPLAN.DISPLAY_CURSOR

실제 실행된 SQL의 실행 계획을 확인할 때 사용한다. 이 방법은 쿼리가 실제로 수행한 실행 경로뿐만 아니라 Disk I/O, Buffer Gets, Elapsed Time과 같은 상세 실행 통계까지 제공하므로 단순히 예측치만 보여주는 EXPLAIN PLAN보다 훨씬 신뢰도가 높다.

참고로 DBMS의 기본 설정에서는 ALLSTATS 옵션에서 필요한 일부 통계 정보가 수집되지 않을 수 있는데 이런 경우 정확한 실행 계획을 확인하기 위해 STATISTICS_LEVEL 파라미터를 ALL로 변경해야 한다.

```
ALTER SESSION SET STATISTICS_LEVEL = ALL;
```

STATISTICS_LEVEL은 오라클이 SQL 실행 시 성능 관련 통계를 얼마나 상세하게 수집할지 결정하는 파라미터로, 이 값에 따라 실행 계획에서 확인할 수 있는 성능 지표의 범위와 정확성이 달라진다.

표 10-4 STATISTICS_LEVEL의 설정 값 종류

설정 값	설명	특징
BASIC	최소한의 성능 정보 수집	SQL 실행 계획 확인 불가능
TYPICAL (기본값)	일반적인 성능 데이터 수집	실행 계획과 일부 통계 정보 조회 가능
ALL	가장 상세한 성능 정보 수집	Buffer Gets, Disk Reads, CPU Time 등 모든 성능 데이터 확인 가능

빠른 이해 STATISTICS_LEVEL 변경 시 주의할 점

- 시스템 전체에 적용 시 오버헤드가 발생할 수 있으므로 세션 단위로 설정해야 한다.
- SQL 실행 전에 설정해야 하며 SQL 실행 후 원래 상태(TYPICAL)로 복구하는 것이 좋다.

다음은 DISPLAY_CURSOR에서 사용되는 인수들에 대한 설명이다.

```
DBMS_XPLAN.DISPLAY_CURSOR(SQL_ID, CHILD_NO, FORMAT)
```

- SQL_ID → 조회하려는 SQL의 고유 식별자
  (※ NULL 사용 시 현재 세션에서 가장 마지막에 실행된 SQL의 실행 계획을 조회)
- CHILD_NO → 동일한 SQL_ID에 대한 자식 커서 번호
  (※ NULL 사용 시 해당 SQL_ID의 모든 자식 커서를 표시)
- FORMAT → 출력 형식 및 포함할 정보 지정

빠른 이해 DBMS_XPLAN 옵션

1. 기본 포맷들
   - 'BASIC': 최소 정보
   - 'TYPICAL': 표준 정보 (기본값)

- 'ALL': 모든 정보

2. 실행 통계 관련
   - 'ALLSTATS': 모든 실행의 누적 통계
   - 'ALLSTATS LAST': 마지막 실행 통계만
   - 'RUNSTATS_LAST': ALLSTATS LAST와 유사
3. 추가 옵션 조합
   - 'ALLSTATS LAST +PEEKED_BINDS': 바인드 변수 값 포함
   - 'ALLSTATS LAST +OUTLINE': SQL Profile 힌트 포함

실제 실행된 SQL의 실행 계획 확인

```
-- 통계 수집 레벨 조정
ALTER SESSION SET STATISTICS_LEVEL = ALL;

-- SQL 실행
SELECT * FROM EMPLOYEES WHERE DEPARTMENT_ID = 'D10';

-- 실행된 SQL의 실제 실행 계획 확인
SELECT * FROM TABLE(DBMS_XPLAN.DISPLAY_CURSOR(NULL, NULL, 'ALLSTATS LAST'));

-- 통계 수집 레벨 복구
ALTER SESSION SET STATISTICS_LEVEL = TYPICAL;
```

실행 계획 출력

```
-------------------------------------------------------------------------------------
| Id  | Operation         | Name      | Starts | E-Rows | A-Rows |   A-Time   | Buffers |
-------------------------------------------------------------------------------------
|   0 | SELECT STATEMENT  |           |      1 |        |      4 |00:00:00.01 |       3 |
|*  1 |  TABLE ACCESS FULL| EMPLOYEES |      1 |      4 |      4 |00:00:00.01 |       3 |
-------------------------------------------------------------------------------------

Predicate Information (identified by operation id):
---------------------------------------------------

   1 - filter("DEPARTMENT_ID"='D10')
```

실행 계획을 해석할 때는 각 항목이 어떤 의미를 가지는지 이해하는 것이 중요하다. 다음은 실행 계획에서 제공하는 각 항목(Id, Operation, Name, Starts, E-Rows, A-Rows, A-Time, Buffers, Reads)에 대한 상세 설명이다.

- **Id**(연산 ID)
  - 실행 계획의 각 연산(Operation)에 부여된 고유한 번호
  - 들여쓰기(Indentation)와 함께 사용되어 실행 순서를 이해하는 데 도움을 줌
  - 깊이 우선 탐색(DFS) 방식으로 기본적으로 가장 깊은 들여쓰기부터 실행되며 같은 레벨에서는 위에서 아래로 실행

- **Operation**(실행 연산 종류)
  - 데이터베이스가 SQL을 실행할 때 수행하는 작업
  - 주로 데이터 검색, JOIN, 정렬, 필터링 등의 연산을 의미함

- **Name**(대상 객체 이름: 테이블 또는 인덱스명)
  - 연산이 실행되는 대상 테이블 또는 인덱스 이름
  - 특정 연산이 어떤 테이블이나 인덱스에서 수행되었는지 확인 가능

- **Starts**(해당 연산이 실행된 횟수)
  - 특정 연산이 몇 번 실행되었는지 나타냄
  - Nested Loop Join 같은 연산에서는 반복 실행되는 횟수가 많을 수 있음

- **E-Rows**(Estimated Rows, 옵티마이저가 예측한 결과 행 수)
  - 옵티마이저가 예상한 실행 결과 행 수

- **A-Rows**(Actual Rows, 실제 반환된 행 수)
  - 해당 연산에서 실제로 반환된 행 수
  - E-Rows와 A-Rows가 크게 차이 나면 옵티마이저의 통계 정보가 최신이 아닐 가능성 있음

- **A-Time**(Actual Time, 실행 시간)
  - 해당 연산이 실행된 실제 시간
  - 일반적으로 hh:mm:ss.ff 형식으로 나타남 (00:00:00.03 → 0.03초)

- **Buffers**(버퍼 읽기 블록 수, 논리적 읽기)
  - 해당 연산이 읽은 블록 수
  - Buffers 값이 높을수록 많은 데이터 블록을 읽었다는 의미 → SQL 성능 저하 가능성 있음
  - Buffers 대비 반환 행수(A-Rows)의 비율을 체크해야 함

- **Reads**(디스크 읽기 블록 수, 물리적 읽기)
  - 버퍼 캐시에 없어서 디스크에서 직접 읽은 블록 수
  - Reads 값이 없으면 모든 데이터가 캐시에서 읽혔다는 의미(좋은 상황)
  - Reads 값이 높을수록 디스크 I/O가 많아져 SQL 실행 속도가 느려짐

여기서 Buffers - Reads는 캐시에서 읽은 블록 수를 말한다.

빠른 이해 Buffer I/O vs Disk I/O

I/O는 데이터베이스가 데이터를 읽고 쓰는 작업을 의미하며 이 I/O 과정에서 메모리(Buffer Cache)와 디스크(Disk) 간의 데이터 이동이 발생한다.

I/O 유형	설명	속도
Buffer I/O(논리적 읽기)	버퍼 캐시에서 데이터를 읽는 작업	빠름(메모리)
Disk I/O(물리적 읽기)	디스크에서 직접 데이터를 읽는 작업	느림(디스크)

실행 계획의 마지막 부분에 나오는 Predicate Information에서 Predicate는 SQL 문의 조건을 의미한다. 예를 들어, WHERE 절이나 JOIN 조건처럼 데이터를 걸러내는 기준을 뜻한다. 따라서 Predicate Information은 실행 계획의 어느 단계에서 어떤 조건이 적용되었는지를 정확히 알려주는 섹션이라고 할 수 있다.

앞으로 이 책에서는 DISPLAY_CURSOR 함수를 활용하여 실제 SQL 실행 결과를 반영한 실행 계획을 확인함으로써 보다 정확한 튜닝을 해나가도록 하겠다.

실행 계획 분석 방법

SQL 튜닝의 핵심은 실행 계획을 분석하여 병목이 발생하는 부분을 찾아내고 기존 SQL이 최

적의 방식으로 수행되도록 변경하는 것이다. 실행 계획을 올바르게 분석하면 불필요하게 테이블을 풀 스캔하는 일이나 비효율적으로 JOIN하는 일, 과도한 Disk I/O 발생 등을 개선할 수 있다.

이 장에서는 실행 계획을 해석하는 방법과 SQL 튜닝을 위해 고려해야 할 사항을 정리하고 실제 예제를 통해 실행 계획을 활용한 SQL 최적화 방법을 살펴보도록 하겠다. 실행 계획은 기본적으로 들여쓰기가 적용된 순서대로 읽어야 하며 같은 레벨의 들여쓰기가 된 그룹이 있을 경우 상위에 위치한 그룹부터 해석한다.

예시 1

```
-------------------------------------------------------------------------------------------
| Id  | Operation           | Name         | Starts | E-Rows | A-Rows |   A-Time    | Buffers |
-------------------------------------------------------------------------------------------
|   0 | SELECT STATEMENT    |              |      1 |        |    477 |00:00:00.03 |       7 |
|   1 |  SORT ORDER BY      |              |      1 |    476 |    477 |00:00:00.03 |       7 |
|*  2 |   HASH JOIN         |              |      1 |    476 |    477 |00:00:00.01 |       7 |
|   3 |    TABLE ACCESS FULL| DEPARTMENTS  |      1 |     50 |     50 |00:00:00.01 |       2 |
|*  4 |    TABLE ACCESS FULL| EMPLOYEES    |      1 |    497 |    497 |00:00:00.01 |       5 |
-------------------------------------------------------------------------------------------
```

실행 계획 해석 및 읽는 순서

(상세 사항에 대해 앞으로 배울 예정이기 때문에 지금 100% 이해하지 않아도 된다.)

1. [Id 3] TABLE ACCESS FULL(DEPARTMENTS) 실행
   - DEPARTMENTS 테이블을 전체 스캔(Table Full Scan)하여 모든 데이터를 읽음
2. [Id 4] TABLE ACCESS FULL(EMPLOYEES) 실행
   - EMPLOYEES 테이블도 전체 스캔(Table Full Scan) 수행
3. [Id 2] HASH JOIN 실행
   - EMPLOYEES와 DEPARTMENTS 테이블을 해시 JOIN(Hash Join) 방식으로 JOIN 수행
4. [Id 1] SORT ORDER BY 실행
   - 정렬을 수행

5. [Id 0] SELECT STATEMENT 완료
    - 최종 결과 출력

예시 2

```
---------------------------------------------------------------------------------------------------------------------
| Id  | Operation                      | Name           | Starts | E-Rows | A-Rows |   A-Time    | Buffers | Reads  |
---------------------------------------------------------------------------------------------------------------------
|   0 | SELECT STATEMENT               |                |      1 |        |    382 |00:00:00.04 |     662 |      1 |
|   1 |  SORT ORDER BY                 |                |      1 |    386 |    382 |00:00:00.04 |     662 |      1 |
|   2 |   NESTED LOOPS                 |                |      1 |        |    382 |00:00:00.03 |     662 |      1 |
|   3 |    NESTED LOOPS                |                |      1 |    386 |    382 |00:00:00.02 |     280 |      1 |
|   4 |     TABLE ACCESS BY INDEX ROWID| EMPLOYEES      |      1 |    403 |    398 |00:00:00.01 |     276 |      0 |
|*  5 |      INDEX RANGE SCAN          | IDX_EMP_SALARY |      1 |    403 |    398 |00:00:00.01 |       3 |      0 |
|*  6 |     INDEX UNIQUE SCAN          | DEPARTMENT_PK  |    398 |      1 |    382 |00:00:00.01 |       4 |      1 |
|   7 |    TABLE ACCESS BY INDEX ROWID | DEPARTMENTS    |    382 |      1 |    382 |00:00:00.01 |     382 |      0 |
---------------------------------------------------------------------------------------------------------------------
```

실행 계획 해석 및 읽는 순서

1. [Id 5] INDEX RANGE SCAN (IDX_EMP_SALARY) 실행
    - IDX_EMP_SALARY 인덱스를 사용하여 조건에 만족하는 데이터를 조회
2. [Id 4] TABLE ACCESS BY INDEX ROWID (EMPLOYEES) 실행|
    - 인덱스를 통해 찾은 EMPLOYEES의 행을 실제 테이블에서 조회
    - Index Scan 후 테이블에서 필요한 칼럼 읽어오기
3. [Id 6] INDEX UNIQUE SCAN (DEPARTMENT_PK) 실행
    - EMPLOYEES에서 조회된 각 행(398개)에 대해 DEPARTMENT_PK 인덱스를 사용하여 해당하는 부서 정보를 찾기 위한 검색 수행(398번 반복 실행)
    - Buffers = 4, Reads = 1 → 일부 데이터를 디스크에서 읽음
4. [Id 3] NESTED LOOPS 실행
    - EMPLOYEES 테이블에서 가져온 데이터를 DEPARTMENTS 테이블과 Nested Loop Join 수행
5. [Id 7] TABLE ACCESS BY INDEX ROWID (DEPARTMENTS) 실행
    - INDEX UNIQUE SCAN으로 찾은 행을 DEPARTMENTS 테이블에서 읽음

6. [Id 2] NESTED LOOPS JOIN 실행
    - EMPLOYEES와 DEPARTMENTS 데이터를 JOIN하여 최종 결과 생성
7. [Id 1] SORT ORDER BY 실행
    - 정렬을 수행
8. [Id 0] SELECT STATEMENT 완료
    - 최종 결과 출력

빠른 이해 예시2번 실행 계획을 트리 구조로 나타낸다면?

```
SELECT STATEMENT
└── SORT ORDER BY
 └─ NESTED LOOPS (EMPLOYEES ↔ DEPARTMENTS)
     ├─NESTED LOOPS (EMPLOYEES ↔ DEPARTMENT_PK)
     |   ├── TABLE ACCESS BY INDEX ROWID (EMPLOYEES)
     |   |   └── INDEX RANGE SCAN (IDX_EMP_SALARY)
     |   └── INDEX UNIQUE SCAN (DEPARTMENT_PK)
     └── TABLE ACCESS BY INDEX ROWID (DEPARTMENTS)
```

Predicate Information

SQL 실행 계획을 분석할 때 DBMS_XPLAN을 사용하면 Predicate Information(조건 정보)을 확인할 수 있다. 앞서 언급했듯이 Predicate Information은 쿼리에서 WHERE 절 및 JOIN 조건이 실행 계획에서 어떻게 적용되었는지를 보여주는 정보이다. 이를 분석하면 인덱스 활용 여부, 필터링 효과, SQL 최적화 가능성 등을 판단할 수 있다.

실행 계획을 확인할 때 Predicate Information은 쿼리의 WHERE 조건이 실행 계획에서 어떻게 처리되었는지를 나타낸다. 이는 access 조건과 filter 조건으로 나뉘며 각각 인덱스 적용 여부 및 전체 데이터 필터링 방식을 보여준다. 다음은 Predicate Information의 예시이다.

```
Predicate Information (identified by operation id):
---------------------------------------------------

   2 - filter("E"."JOB_ID"='DEV')
   3 - access("E"."SALARY">5000)
```

① access 조건

access 조건은 데이터 접근 범위를 제한하는 조건으로 주로 인덱스를 통해 필요한 데이터만 효율적으로 선별하여 읽는 데 사용된다. 이는 데이터베이스가 전체 데이터를 스캔하지 않고 특정 범위만 접근할 수 있도록 하는 조건이다. 예를 들어, EMPLOYEES 테이블의 EMPLOYEE_ID 칼럼에 인덱스가 존재하는 경우 다음 쿼리는 access 조건으로 처리될 가능성이 높다.

```
SELECT *
FROM EMPLOYEES
WHERE EMPLOYEE_ID = 'E010';
```

실행 계획을 확인하면 다음과 같이 나타난다.

```
------------------------------------------------------------------------------------------------------
| Id  | Operation                    | Name         | Starts | E-Rows | A-Rows |   A-Time   | Buffers |
------------------------------------------------------------------------------------------------------
|   0 | SELECT STATEMENT             |              |      1 |        |      1 |00:00:00.01 |       2 |
|   1 |  TABLE ACCESS BY INDEX ROWID| EMPLOYEES    |      1 |      1 |      1 |00:00:00.01 |       2 |
|*  2 |   INDEX UNIQUE SCAN          | EMPLOYEES_PK |      1 |      1 |      1 |00:00:00.01 |       1 |
------------------------------------------------------------------------------------------------------

Predicate Information (identified by operation id):
---------------------------------------------------

   2 - access("EMPLOYEE_ID"='E010')
```

access 조건이 적용되었다는 것은 인덱스를 사용할 때 인덱스 키 값을 기반으로 필요한 데이터 범위만 접근할 수 있는 조건이 존재함을 의미한다. 즉, 데이터에 접근하기 전에 필요한 값이 이미 정해져 있어서 데이터베이스가 해당 범위에 대해서만 효율적으로 검색을 수행하는 방식이라고 이해할 수 있다.

② filter 조건

filter 조건은 데이터 집합에서 추가적으로 필터링을 수행하는 조건을 의미한다. 즉, 데이터를 먼저 읽은 후 그중에서 조건에 맞지 않는 데이터를 버리는 방식이라고 이해할 수 있다. 예를 들어, EMPLOYEES 테이블의 DEPARTMENT_ID 칼럼에 인덱스가 설정되어 있지 않은 경우 다음과 같은 실행 계획이 작성될 수 있다.

```
SELECT *
FROM EMPLOYEES
WHERE DEPARTMENT_ID = 'D10';
```

실행 계획을 확인하면 다음과 같이 filter 조건이 적용된 것을 확인할 수 있다.

```
-------------------------------------------------------------------------------------
| Id  | Operation          | Name       | Starts | E-Rows | A-Rows |   A-Time   | Buffers |
-------------------------------------------------------------------------------------
|   0 | SELECT STATEMENT   |            |      1 |        |      4 |00:00:00.01 |       3 |
|*  1 |  TABLE ACCESS FULL| EMPLOYEES  |      1 |      4 |      4 |00:00:00.01 |       3 |
-------------------------------------------------------------------------------------

Predicate Information (identified by operation id):
---------------------------------------------------

   1 - filter("DEPARTMENT_ID"='D10')
```

이 경우 데이터베이스는 전체 EMPLOYEES 테이블을 풀 스캔으로 읽는다. 그 후 조건(DEPARTMENT_ID = 10)에 맞지 않는 데이터를 제거하게 되는데 이처럼 filter 조건은 사후 필터링 단계에서 적용되는 조건이라고 할 수 있다. 그렇다고 해서 filter 조건이 항상 비효율적이라고 할 수는 없으며 대량의 데이터를 읽은 후 소수의 행만 반환하는 경우처럼 상황에 따라 문제가 될 수 있다. 따라서 만약 SQL 수행 시 filter 조건이 적용되었다면 불필요한 I/O 증가의 원인이 되는 상황인지 판단을 해본 뒤 필요시 SQL을 튜닝하면 된다.

10.3 오라클 아키텍처

오라클 데이터베이스는 SGASystem Global Area, PGAProgram Global Area, 백그라운드 프로세스Background Process, 데이터 파일 등으로 구성되어 있으며 이러한 요소들이 협력하여 데이터 저장, 처리, 복구 등의 기능을 수행한다.

오라클 아키텍처 개요

오라클 데이터베이스는 크게 메모리 구조(SGA, PGA), 프로세스, 데이터 저장소(파일 시스템)로 나뉜다. 다음 그림은 오라클 데이터베이스 아키텍처의 주요 구성 요소를 나타낸다.

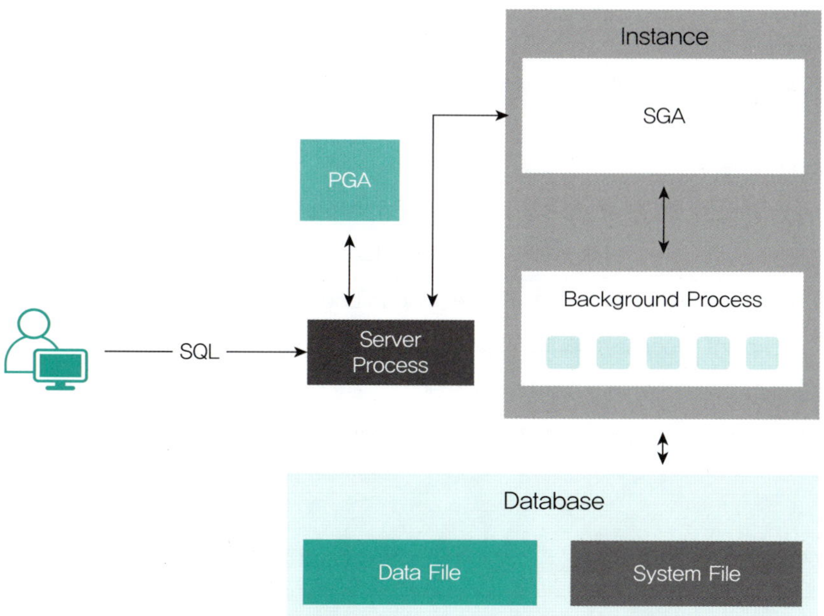

그림 10-1 오라클 데이터베이스 아키텍처의 주요 구성 요소

① Server Process

사용자가 DB에 접속하면 서버 프로세스가 생성되어 SQL을 처리한다. 서버 프로세스는 SGA에 접근하여 데이터를 가져오거나 조작하는 역할을 수행한다.

② PGA(Program Global Area)

개별 서버 프로세스가 사용하는 전용 메모리 공간으로 주로 정렬(Sort), Hash Join, 세션 정보, 커서 상태 등을 저장하며 각 서버 프로세스마다 독립적으로 할당되어 다른 프로세스와 공유되지 않는다.

③ Instance

Instance 영역은 오라클 데이터베이스를 실행하는 데 필요한 메모리 구조와 프로세스의 집합으로 SGA 영역과 백그라운드 프로세스 영역으로 구성된다.

- **SGA(System Global Area)**

  데이터베이스 전체가 공유하는 메모리 공간으로 주로 SQL 실행, 데이터 블록 캐싱, 로그 기록 등의 작업을 수행한다. 주요 구성 요소는 다음과 같다.

  - DB Buffer Cache: 데이터 블록을 캐싱하여 디스크 I/O 최소화
  - Shared Pool: SQL 파싱 및 실행 계획 저장
  - Redo Log Buffer: 변경된 데이터를 복구할 수 있도록 로그 저장

- **Background Process**

  데이터베이스를 운영하는 데 필요한 자동화된 프로세스이다. 주요 백그라운드 프로세스는 다음과 같다.

  - DBWR (Database Writer): 변경된 데이터를 디스크에 기록
  - LGWR (Log Writer): Redo Log Buffer의 내용을 Redo Log File에 기록
  - CKPT (Checkpoint Process): 데이터 파일과 Redo Log의 동기화 수행
  - SMON (System Monitor): 데이터베이스 복구 담당
  - PMON (Process Monitor): 비정상 종료된 프로세스를 정리

④ Database

Database는 실제 데이터를 저장하는 물리적인 저장소이며 Data File, System Files 등으로 구성된다.

- **Data File**: 테이블, 인덱스 등 데이터베이스 객체를 저장하는 실제 파일로 데이터베이스에서 SELECT, INSERT, UPDATE, DELETE 등의 작업을 수행할 때 참조된다.
- **System File**: 오라클 데이터베이스의 메타데이터 및 설정 정보를 저장하며 Control File, Redo Log File, Undo Tablespace 등이 포함된다.

빠른 이해 **SQL 실행 시 데이터 처리 흐름**

1. 사용자가 DB에 접속

- 사용자가 클라이언트에서 SELECT, INSERT, UPDATE 등의 SQL 문을 실행
- 서버 프로세스(Server Process)가 생성되어 요청을 처리

2. SGA 내 메모리에서 데이터 조회

- SQL이 실행되면 Shared Pool에서 해당 SQL의 이미 생성된 실행 계획이 있는지 확인
- 데이터를 조회하는 경우 DB Buffer Cache에서 먼저 검색
- Buffer Cache에 없으면 Data File에서 데이터를 로드하여 캐싱

3. SQL 실행 결과 반환 및 데이터 변경 처리

- SELECT 문: 데이터가 클라이언트에 반환됨
- INSERT, UPDATE, DELETE 문: 변경 사항이 DB Buffer Cache와 Redo Log Buffer에 저장됨, 일정 시간이 지나거나 트랜잭션이 커밋될 때 Data File로 반영

4. 백그라운드 프로세스 처리

- LGWR(Log Writer): Redo Log Buffer 내용을 Redo Log File에 기록
- DBWR(DB Writer): 변경된 데이터를 주기적으로 Data File에 기록

5. 최종 데이터 반영 및 저장

- 트랜잭션이 커밋되면 변경 사항이 확정됨
- 장애 발생 시 Redo Log를 이용하여 데이터 복구 가능

하드 파싱 vs 소프트 파싱

데이터베이스에서 SQL 문이 실행될 때 가장 먼저 수행되는 과정은 해당 SQL 문장을 분석(parse)하는 것이다. 이 파싱 과정은 SQL을 실행하기 위해 내부적으로 구조를 분석하고 실행 계획을 수립하는 단계로 크게 **하드 파싱**hard parsing과 **소프트 파싱**soft parsing으로 나뉜다.

① 하드 파싱

하드 파싱이란 SQL 문장이 SGA 내에 있는 Shared Pool에 존재하지 않아 완전히 새로운

분석 작업이 수행되는 경우를 의미한다. 사용자가 SQL을 입력하면 오라클은 먼저 Shared Pool 내의 Library Cache를 검색하여 해당 SQL이 이미 존재하는지 확인한다. 이때 동일한 SQL 문장이 존재하지 않거나 혹은 동일하지만 바인드 변수 처리 방식이 다르거나 권한이나 구조가 변경된 경우에는 기존 SQL을 재사용할 수 없으므로 하드 파싱이 발생하게 된다.

하드 파싱은 다음과 같은 복잡한 작업들을 포함한다.

- SQL 문법 검사(Syntax check)
- SQL 의미 검사(Semantic check)
- 최적의 실행 계획 생성(Optimizer 선택)
- 프로그램 소스 생성(Row source generation)

빠른 이해 문법 검사와 의미 검사

1. 문법 검사(Syntax check)

SQL 문장이 정해진 문법 규칙에 맞게 작성되었는지를 검사하는 단계이다. SQL은 정해진 형식과 구조를 따르는 언어이기 때문에 각 키워드와 구문은 특정한 순서와 구문 형태를 따라야 한다. 예를 들어 다음의 쿼리를 보자.

```
SELECT FROM EMPLOYEES SALARY;
```

이와 같이 SELECT 절과 FROM 절의 순서가 잘못되었거나 괄호가 열리고 닫히지 않는 경우 등이 문법 오류 Syntax Error에 해당한다. 이러한 오류는 SQL이 분석되기 전 단계에서 바로 감지되며 따라서 실행 자체가 불가능하다. 즉, Syntax check는 SQL 문이 데이터베이스가 이해할 수 있는 형태적 구조를 갖추고 있는지를 판단하는 과정이다.

2. 의미 검사(Semantic check)

SQL 문장이 문법적으로는 맞더라도 실제로 데이터베이스 내에서 의미적으로 유효한지를 확인하는 단계이다. 문장은 올바른 구조를 가졌지만 그 안에 사용된 객체(테이블, 칼럼 등)가 존재하지 않거나 권한이 없는 경우 의미 오류(Semantic Error)가 발생한다. 예를 들어 다음의 쿼리를 보자.

```
SELECT SALARY FROM EMPLOYEES;
```

이와 같은 SQL 문에서 EMPLOYEES 테이블이 존재하지 않거나 SALARY라는 칼럼이 존재하지 않을 경우에 문법에는 문제가 없지만 의미적으로 실행할 수 없기 때문에 오류가 발생한다. 또한 사용자가 해당 테이블에 대해 조회 권한을 가지고 있지 않을 경우에도 역시 Semantic Error로 간주된다.

하드 파싱은 CPU 사용량이 높고 공유 풀에서의 잠금 경합lock contention이나 라이브러리 캐시 래치library cache latch와 같은 성능 저하의 주요 원인이 된다. 따라서 하드 파싱은 가능한 줄이는 것이 성능 개선에 있어서 매우 중요하다.

② 소프트 파싱

소프트 파싱은 이미 Shared Pool에 존재하는 SQL 문을 재사용하는 경우에 발생한다. 즉, 이전에 실행되어 캐시에 저장된 SQL의 실행 계획을 그대로 사용할 수 있기 때문에 하드 파싱에서 수행되는 복잡한 과정이 생략된다.

소프트 파싱은 다음 조건을 만족할 때 발생한다.

- SQL 문장이 완전히 동일한 경우(대소문자, 줄 바꿈 등등 전부 동일)
- 바인드 변수 사용 방식이 일치하는 경우
- 권한이나 객체 정보에 변경이 없는 경우

소프트 파싱은 하드 파싱에 비해 CPU 자원을 적게 사용하며 실행 시간이 짧아지는 효과가 있다. 따라서 SQL 문장을 표준화하고 바인드 변수를 사용하는 것은 소프트 파싱을 유도하는 좋은 전략이다.

표 10-5 하드 파싱과 소프트 파싱의 차이

항목	하드 파싱	소프트 파싱
캐시 내 존재 여부	없음	있음
실행 계획 성능	새로 생성	기존 계획 재사용
성능 부담	높음 (비용 큼)	낮음 (효율적)
사용 사례	처음 실행되거나 문장이 다른 경우	동일한 SQL 반복 실행 시

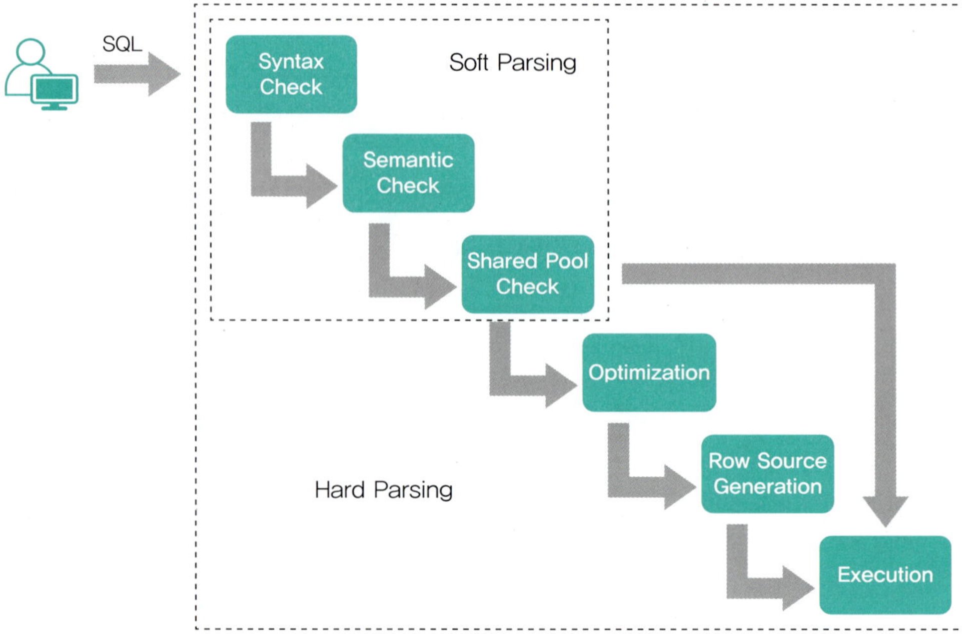

그림 10-2 하드 파싱과 소프트 파싱

> **빠른 이해** SQL 파싱과 튜닝
>
> SQL의 파싱 단계는 성능에 직접적인 영향을 미치며 하드 파싱을 최소화하고 소프트 파싱을 극대화하는 것이 데이터베이스 튜닝의 핵심 전략 중 하나이다. 이를 위해 SQL 문장의 일관성을 유지하고 바인드 변수를 적극적으로 사용하는 것이 권장된다.

DB Buffer Cache

오라클 데이터베이스는 빠른 데이터 입출력을 위해 SGA라는 공유 메모리 영역을 사용한다. 이 중에서 실제 데이터 입출력과 가장 밀접하게 관련된 공간이 바로 DB Buffer Cache(데이터 블록 캐싱)이다.

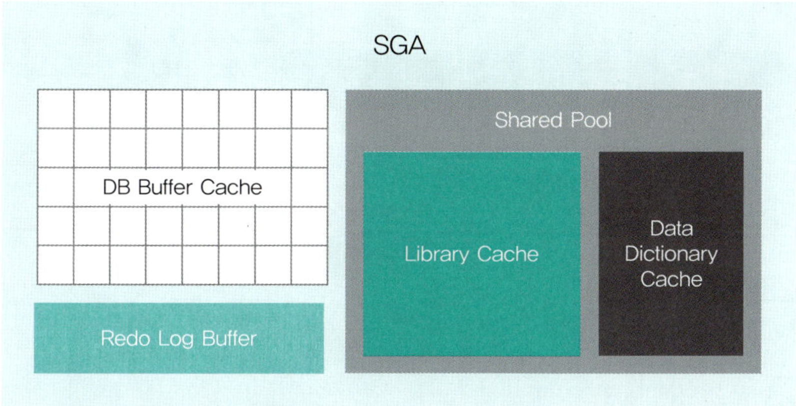

그림 10-3 DB Buffer Cache의 구조

DB Buffer Cache는 디스크(Data File)에서 읽어온 데이터 블록과 변경된 데이터 블록을 저장하는 메모리 공간이다. 데이터를 조회할 때 먼저 이 버퍼 캐시에서 찾은 뒤 없으면 디스크에서 읽어와 이 메모리에 올리는데, 이 과정을 통해 디스크 접근(I/O)를 줄이고 속도는 높임으로써 효율을 극대화할 수 있다.

빠른 이해 **DB Buffer Cache의 블록 상태**

1. Clean Buffer

- 디스크의 데이터와 동일한 상태의 블록
- 변경되지 않았으므로 언제든 덮어쓸 수 있음

2. Dirty Buffer

- 메모리에서 변경되었지만 아직 디스크에 기록되지 않은 블록
- DBWR 프로세스가 주기적으로 디스크에 기록해야 함

3. Free Buffer

- 현재 사용되지 않아 새로운 데이터로 채울 수 있는 블록

또한 모든 데이터를 메모리에 영구적으로 저장할 수는 없기 때문에 오라클은 LRU(Least Recently Used) 알고리즘을 사용하여 가장 오래 사용되지 않은 데이터 블록부터 제거하는 방식으로 DB Buffer Cache를 관리한다.

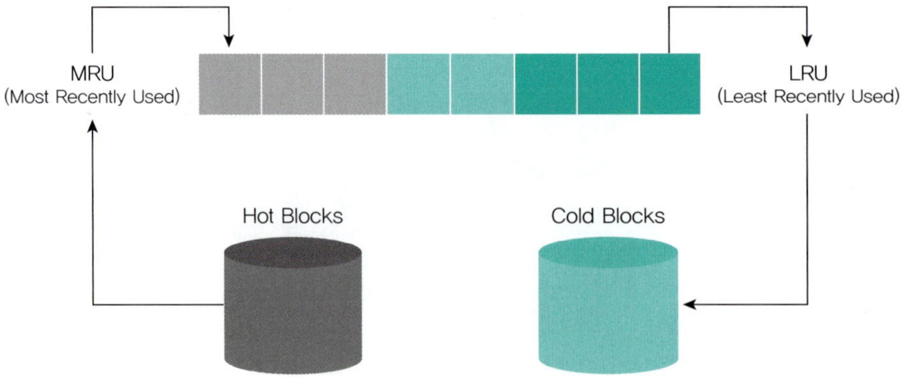

그림 10-4 LRU 알고리즘

LRU 알고리즘의 작동 방식은 다음과 같다.

- 자주 사용되는 블록은 LRU 리스트의 Hot End(앞쪽)에 위치
- 오래 사용되지 않은 블록은 Cold End(뒤쪽)로 이동
- 새로운 블록이 필요하면 Cold End의 블록을 제거하고 그 자리에 적재
- 이를 통해 자주 사용되는 데이터는 메모리에 계속 유지됨

블록

블록Block은 오라클 데이터베이스에서 **데이터를 저장하는 가장 작은 논리적인 단위**이다. DB Buffer Cache, Data File, Redo Log 등에서 블록 단위로 데이터를 관리한다.

하나의 블록 크기는 DB 설정에 따라 4KB, 8KB, 16KB 등으로 결정된다(기본값은 8KB). 이게 무슨 뜻일까? 예를 들어 내가 사원번호 100번인 사람의 '이름'만 조회하는 경우에도 데이터베이스는 해당 행이 저장된 블록 전체를 메모리 영역인 DB Buffer Cache로 가져온다는 의미이다. 즉, 하나의 칼럼만 필요하더라도 해당 행이 저장된 블록 전체를 읽어야 하는 것이다.

- **데이터 저장 구조**: Block 〈 Extent 〈 Segment 〈 Tablespace
- **Block(블록)**: 가장 작은 저장 단위, I/O의 기본 단위
- **Extent(익스텐트)**: 여러 블록들의 집합, 테이블이나 인덱스가 확장될 때 Extent 단위로 공간 할당

- **Segment(세그먼트)**: 하나의 데이터베이스 객체(테이블, 인덱스 등)를 구성하는 모든 Extent의 집합
  예) EMPLOYEES 테이블 = 하나의 Segment
- **Tablespace(테이블스페이스)**: 여러 Segment를 포함하는 논리적 저장 공간, 하나 이상의 물리적 Data File과 매핑됨
  예)
  USERS Tablespace
  └─ EMPLOYEES Segment (테이블)
  └─ Extent 1 (1MB = 128 blocks)
  └─ Extent 2 (1MB = 128 blocks)
  └─ Block 1 (8KB)
  └─ Block 2 (8KB)
  └─ ...

Redo Log

Redo Log는 INSERT, UPDATE, DELETE 등의 **모든 데이터 변경 사항을 기록하여 장애 발생 시 데이터 복구를 가능하게 하는 역할**을 한다. 변경된 데이터가 디스크인 Data File에 저장되기 전에 Redo Log에 먼저 기록이 되는데 이를 WAL(Write-Ahead Logging) 메커니즘이라고 한다. Redo Log의 주요 구성 요소는 다음과 같은 것들이 있다.

① Redo Log Buffer (메모리)

데이터베이스의 모든 변경 사항을 임시 저장하는 SGA 내의 메모리 영역으로 LGWR(Log Writer) 프로세스가 다음과 같은 시점에 Redo Log Buffer의 내용을 Redo Log File에 기록한다.

- 트랜잭션 COMMIT 시
- Redo Log Buffer가 1/3 이상 차거나 1MB 이상 쌓였을 때
- 3초마다(주기적 플러시)
- DBWR이 Dirty Buffer를 기록하기 전

② Redo Log File (디스크)

물리적인 Redo Log를 저장하는 파일로 최소 2개 이상의 그룹으로 구성된다. 각 그룹은 동일한 내용을 가진 여러 멤버 파일로 구성될 수 있다. 동작 방식은 다음과 같다.

- Group 1이 다 차면 → Group 2로 전환 (Log Switch)
- Group 2가 다 차면 → Group 3으로 전환
- 마지막 그룹이 차면 → 다시 Group 1로 순환 (Circular Reuse)

순환 재사용 시 다음을 주의하여야 한다.

- 이전 로그를 덮어쓰기 전에 해당 데이터가 Data File에 기록되어야 한다.
- 아직 기록되지 않았다면 'Checkpoint Not Complete' 대기가 발생한다.
- 아카이브 모드Archive Mode에서는 덮어쓰기 전에 아카이브 로그로 백업된다.

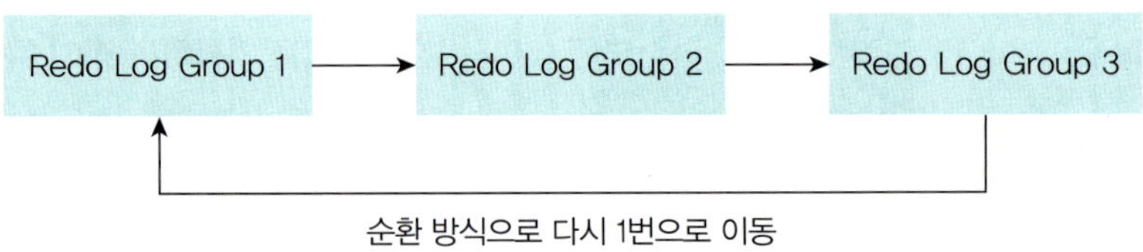

그림 10-5 Redo Log 동작 방식

따라서 Redo Log File의 크기가 너무 작으면 자주 순환이 발생하여 성능 저하를 일으킬 수 있으므로 파일의 크기와 개수를 적절하게 설정하여 성능을 최적화해야 한다.

Undo Log

Undo Log는 **트랜잭션이 데이터를 변경하기 전 기존 값을 저장하는 공간**으로 트랜잭션 롤백이나 MVCC(멀티 버전 동시성 제어) 기능을 지원한다. 즉, Undo Log는 트랜잭션 롤백 시 변경 사항을 원래 상태로 되돌리는 역할을 하고 MVCC를 통해 오래된 데이터를 조회하는 세션이 일관된 데이터를 읽을 수 있도록 관리하는 데에 활용된다.

빠른 이해 Undo Log 동작 원리

1. 트랜잭션이 데이터를 변경하기 전

- 변경 전 값(Old Value)을 Undo Tablespace에 저장
- 변경된 블록에는 Undo 정보의 위치(Undo Block Address)를 기록

2. ROLLBACK 실행 시

- Undo Tablespace의 이전 값을 읽어와 데이터 복원

  예) SALARY를 3000 → 5000으로 변경 → ROLLBACK → 3000으로 복원

3. 읽기 일관성 제공 (MVCC)

- 다른 트랜잭션이 UNCOMMITED 데이터를 조회할 때
- Undo Log를 참조하여 변경 전 데이터 제공
- 각 트랜잭션은 자신의 시작 시점 기준 일관된 데이터를 봄

4. 트랜잭션 완료 후

- COMMIT: Undo 데이터는 나중에 재사용 가능 상태로 변경
- ROLLBACK: Undo 데이터를 사용하여 복원 후 재사용 가능

① MVCC

MVCCMulti-Version Concurrency Control(다중 버전 동시성 제어)는 데이터의 일관성을 유지하면서 동시에 여러 트랜잭션이 수행될 수 있도록 하는 기술이며 오라클은 Undo Log를 이용하여 MVCC를 구현한다.

빠른 이해 MVCC 동작 원리

1. 트랜잭션이 실행될 때 Undo Log를 사용하여 트랜잭션이 시작된 시점의 데이터를 읽음
2. 동시에 다른 트랜잭션이 데이터를 수정해도 Undo Log를 활용하여 변경 전 데이터를 제공 → 일관된 조회 가능

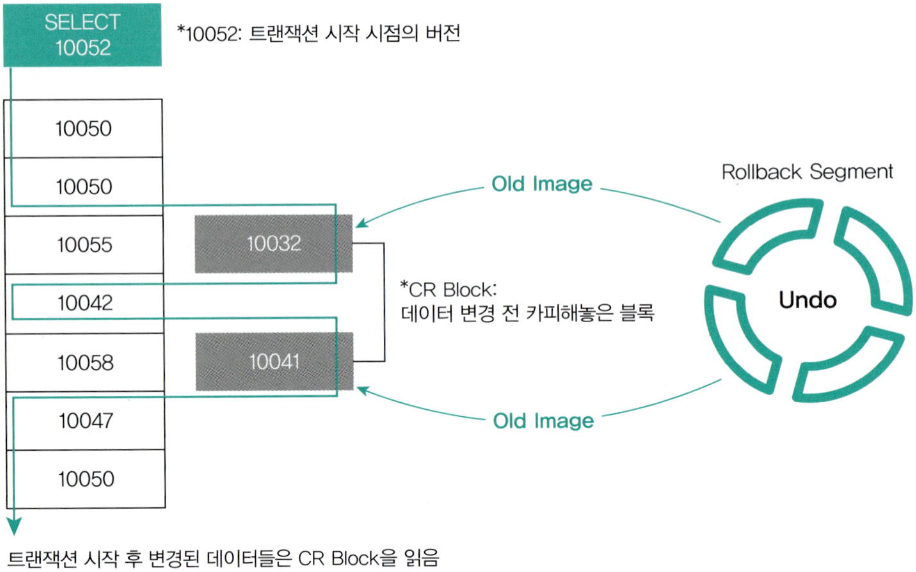

그림 10-6 MVCC 동작 과정

MVCC는 SELECT가 UPDATE와 충돌하지 않게 함으로써 읽기 작업과 쓰기 작업이 충돌 없이 수행될 수 있도록 해주고 Read Committed, Serializable 등의 격리 수준Isolation Level을 지원하여 동시성 조절을 가능하게 해준다.

표 10-6 MVCC 기반 트랜잭션 격리 수준 비교

격리 수준	Dirty Read	Non-Repeatable Read	Phantom Read	특징
Read Uncommitted	허용됨	허용됨	허용됨	가장 낮은 격리 수준. 커밋되지 않은 데이터도 읽을 수 있음
Read Committed (*기본값)	허용되지 않음	허용됨	허용됨	커밋된 데이터만 읽음. 대부분의 DBMS 기본값
Repeatable Read	허용되지 않음	허용되지 않음	허용됨	조회 시점의 행은 항상 동일. 단, 새로운 행 삽입은 감지함
Serializable	허용되지 않음	허용되지 않음	허용되지 않음	가장 높은 격리 수준. 트랜잭션을 직렬화된 순서처럼 처리함. 동시성 낮음

Undo Log의 경우 Undo Tablespace의 크기를 충분히 확보해야 한다는 유의 사항이 있으며 그렇지 않을 경우 Snapshot Too Old 오류가 발생할 수 있으므로 주의가 필요하다.

② Snapshot Too Old 오류

Snapshot Too Old 오류는 Undo Log에서 찾고자 하는 CR Block이 이미 삭제되고 없을 때 발생하는 오류이다. CR Block이 삭제되는 이유에는 여러 가지가 있을 수 있는데 대표적으로 Undo Tablespace가 부족하여 이전 데이터를 보관할 수 없는 경우, 혹은 장시간 실행되는 쿼리가 Undo 데이터를 참조하려고 할 때 해당 데이터가 이미 Overwrite(덮어쓰기)되어버린 경우 등이 여기에 해당된다.

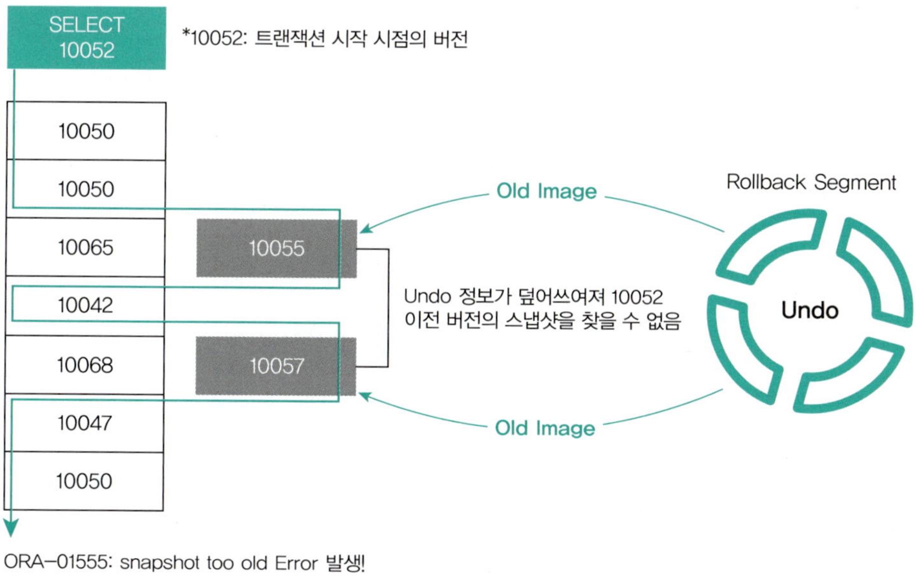

그림 10-7 Snapshot Too Old 오류

이를 방지하기 위해서는 Undo Tablespace의 크기를 늘리거나 Undo Retention 시간을 늘리는 등의 대안이 있을 수 있고 근본적으로는 장시간 실행되는 쿼리를 최적화하여 대량의 데이터가 효율적으로 처리되도록 하는 방법 등이 있다.

10.4 튜닝의 목적

지금까지 튜닝을 하기 위한 기초 지식에 대해 알아보았다. 그럼 이쯤에서 튜닝의 근본적인 목적에 대해 이야기해보도록 하자.

SQL 튜닝이란 SQL 문장의 성능을 최적화하여 최소한의 리소스로 원하는 결과를 빠르게 도출하게끔 만드는 과정이다. 물론 처음부터 SQL을 완벽하게 작성한다면 튜닝 자체가 필요하지 않을 수도 있겠지만 작성자들의 실력이 각기 천차만별이고 나아가 데이터베이스에 적재되는 데이터의 양이나 통계 등이 계속해서 변화하기 때문에 처음에는 빨랐던 SQL이 시간이 지남에 따라 느려질 가능성 또한 배제할 수 없다.

따라서 SQL 튜닝은 시스템의 성능을 최적화하기 위한 필수 과정이라고 할 수 있으며 튜닝이 제대로 이루어지지 않는다면 응답 시간이 길어지고 시스템 자원(CPU, 메모리, I/O 등) 또한 과도하게 사용되어 데이터베이스의 전반적인 성능이 저하될 것이다.

튜닝의 주요 목적

① 성능 향상

SQL 튜닝을 수행하는 가장 큰 이유는 쿼리 실행 속도를 향상시키는 것이다. 잘못 작성된 SQL은 불필요한 연산을 발생시키거나 디스크 I/O를 증가시켜 성능 저하를 유발할 수 있다. 튜닝을 통해 Table Full Scan을 Index Scan으로 변경하거나 불필요한 정렬을 줄여 SQL 실행 속도를 단축한다면 결과적으로 응답 시간을 줄이고 대량의 데이터를 빠르게 처리하는 데 기여할 수 있다.

② 시스템 자원 절약

SQL 튜닝은 단순히 속도를 높이는 것뿐만 아니라 시스템 자원의 효율적인 활용에도 중요한 역할을 한다. 데이터베이스가 처리할 수 있는 CPU, 메모리, 디스크 I/O 등의 자원은 한정적이므로 SQL 문장을 최적화하여 불필요한 연산을 줄이면 CPU 사용률을 낮추고 메모리 및 디스크 사용량을 절감할 수 있다. 특히 OLTPOnline Transaction Processing 시스템에서는 짧은 응답 시간이 중요하기 때문에 SQL 튜닝을 통해 빠르게 데이터를 조회하고 처리할 수 있도록 해야 한다.

빠른 이해 OLTP vs OLAP

1. OLTP (Online Transaction Processing)

OLTP는 실시간으로 발생하는 트랜잭션 데이터를 빠르게 처리하고 저장하는 데 초점을 맞춘 시스템이다. 대표적인 예로는 은행 거래, 쇼핑몰 주문, 회원 가입 및 로그인 시스템 등이 있다. OLTP 시스템은 다음과 같은 특징을 가진다.

- 주요 목적: 트랜잭션 처리(삽입, 수정, 삭제)
- 사용자 수: 다수의 동시 사용자
- 쿼리 유형: 단순하고 짧은 SQL 문
- 데이터 구조: 정규화된 구조, 많은 테이블 간 관계
- 응답 시간: 매우 짧아야 함
- 데이터 양: 개별 트랜잭션은 적지만 전체적으로는 많음

2. OLAP (Online Analytical Processing)

OLAP는 대용량의 데이터를 다양한 관점에서 분석하여 의사결정에 필요한 통계와 인사이트를 제공하는 시스템이다. 주로 경영 보고서, 데이터 마트, 비즈니스 인텔리전스(BI) 분석 환경에서 사용된다.

- 주요 목적: 데이터 조회, 통계 분석, 패턴 발견
- 사용자 수: 분석가, 관리자 등 소수의 전문 사용자
- 쿼리 유형: 복잡하고 긴 SQL 문(집계, JOIN 등)
- 데이터 구조: 비정규화 또는 다차원 모델
- 응답 시간: 비교적 긴 시간도 허용 가능
- 데이터 양: 대규모

③ 동시성 향상 및 경합 최소화

동시에 실행되는 트랜잭션이 많을 경우 SQL 문장 간의 충돌이 발생할 가능성이 높아지고 경합이 심해질 수 있다. 이러한 문제를 해결하기 위해 SQL 튜닝을 통해 불필요한 Lock을 줄이고 Undo 및 Redo Log 사용량을 최적화하여 데이터베이스의 동시 실행 성능을 높일 수 있다.

④ 확장성 확보

데이터베이스는 시간이 지남에 따라 데이터가 증가하게 되는데 튜닝이 적용되지 않은 SQL 문장은 데이터 증가에 따라 성능이 급격하게 저하될 가능성이 높다. 따라서 SQL 튜닝을 통해 대량의 데이터가 저장되더라도 일정한 성능을 유지할 수 있도록 최적화해야 한다. 예를

들어, 파티셔닝Partitioning 기법을 적용하면 데이터가 많아져도 특정 범위의 데이터만 조회하도록 최적화할 수 있다.

> **빠른 이해** 파티셔닝
>
> 파티셔닝은 대용량 테이블을 논리적으로 여러 파티션으로 나누어 저장해 조회 성능과 관리 효율을 높이는 기술이다. Range(범위), List(목록), Hash(균등 분산), Composite(혼합), Interval(자동 생성) 등이 대표적이며, Reference 파티션처럼 부모-자식 테이블 구조를 반영하는 방식도 있다. 파티셔닝을 사용하면 필요한 파티션만 읽는 프루닝으로 I/O가 줄고, 오래된 데이터만 선택적으로 관리할 수 있어 운영 비용이 크게 감소한다. 따라서 적절한 파티션 설계는 성능과 확장성 확보의 중요한 요소 중 하나라고 할 수 있다.

⑤ 비즈니스 요구 사항 충족 및 운영 비용 절감

SQL 튜닝을 수행하면 비즈니스 요구사항을 효과적으로 충족하고 운영 비용을 절감할 수 있다. 애플리케이션의 응답 속도가 개선되면 사용자 경험이 향상되며 불필요한 서버 증설 비용을 절약할 수 있기 때문이다. 나아가 정확한 성능 튜닝을 통해 데이터베이스 관리 및 유지보수 비용을 줄이고 IT 인프라의 효율성까지 높일 수 있으니 튜닝 작업은 단순한 성능 개선이 아니라 데이터베이스 운영의 효율성을 극대화하는 필수 과정이라고 할 수 있겠다.

튜닝을 위한 기본 전략

SQL 튜닝이 필요한 대표적인 증상으로는 쿼리 실행 속도가 느려지거나 CPU 사용률이 급격히 증가하는 경우, 디스크 I/O가 급증하는 경우 등이 있다. 이 외에도 Snapshot Too Old 오류가 발생하거나 log file switch(checkpoint incomplete)와 같은 오류가 자주 발생할 경우에도 튜닝 작업이 필요하다고 볼 수 있다.

① 문제 SQL 식별

SQL 튜닝을 수행하기 위해서는 문제 발생 원인을 정확히 분석한 후 적절한 해결 방법을 적용하는 것이 중요하다. 우선 사용중인 모니터링 툴이나 V$SQLAREA, V$SESSION 뷰 등을 활용하여 성능 저하를 유발하는 SQL 문장을 찾아야 한다. 또한 AWRAutomatic Workload Repository 및 Statspack 리포트를 활용하여 데이터베이스의 자원 사용량을 분석할 수 있다.

② SQL 실행 계획 분석

계속해서 강조하고 있지만 SQL 실행 계획을 확인하는 것은 SQL 튜닝에서 가장 중요한 과정 중 하나이다. EXPLAIN PLAN, DBMS_XPLAN.DISPLAY_CURSOR 등을 활용하여 실행 계획을 분석함으로써 어떤 연산이 많은 비용을 차지하여 병목을 일으키고 있는지 확인한다. 예를 들어, Table Full Scan 때문에 느려지는 경우라면 인덱스를 추가하거나 WHERE 절을 최적화하여 스캔 범위를 줄이는 방식으로 성능을 개선할 수 있다.

③ 인덱스 최적화

인덱스는 SQL 튜닝에서 가장 강력한 성능 개선 도구 중의 하나이다. 하지만 모든 칼럼에 인덱스를 생성하면 오히려 성능이 저하될 수 있으므로 적절한 칼럼에 인덱스를 적용해야 한다. WHERE 절에 자주 등장하는 칼럼이나 ORDER BY 절, 또는 JOIN 조건으로 자주 등장하는 칼럼을 인덱스로 설정하는 것이 좋으며 여러 칼럼을 조합하여 생성하는 결합 인덱스의 경우 칼럼의 조합 순서 또한 신중하게 고려하여 결정해야 한다.

④ SQL 문장 최적화

SQL 문장을 최적화하는 것도 튜닝에서 중요한 부분이다. SQL을 잘못 작성하면 인덱스가 존재하더라도 비효율적으로 사용되거나 아예 활용되지 않는 경우가 발생할 수 있다. 또한 불필요한 테이블 액세스가 이루어지는 경우에도 SQL 문장에 대한 최적화가 필요하다.

⑤ DBMS 옵티마이저 힌트 활용

SQL 실행 계획을 강제로 조정해야 할 경우 오라클에서 제공하는 옵티마이저 힌트Hint를 활용할 수 있다. 예를 들어, 특정 인덱스를 강제로 사용하려면 /*+ INDEX(테이블명 인덱스명) */ 힌트를 사용할 수 있으며JOIN 방식을 변경하려면 USE_NL 또는 USE_HASH 힌트를 적용할 수 있다.

10.5 옵티마이저의 작동 방식

SQL 문이 실행될 때 데이터베이스는 단순히 작성된 순서대로 처리하지 않는다. 내부적으로는 SQL을 가장 빠르고 효율적으로 실행할 수 있는 방법을 먼저 계산하는데 이 역할을 수행하는 것이 바로 **옵티마이저**Optimizer이다. 옵티마이저는 SQL을 실행하기 전에 다양한 실행 계획 중에서 가장 비용이 낮은 계획을 선택하며, 이 선택은 데이터베이스 성능에 큰 영향을 미친다.

옵티마이저란?

옵티마이저는 **SQL을 실행할 수 있는 다양한 방법들 중에서 가장 효율적인 실행 계획**Execution Plan**을 선택해주는 SQL 실행 계획 생성 엔진**이다. 한 SQL에도 실행 방법은 수십 가지가 될 수 있고 옵티마이저는 이 중에서 가장 효율적인 길을 고르는 내비게이션과 같은 역할을 한다. 옵티마이저는 다음 두 가지 방식으로 구분된다.

표 10-7 옵티마이저의 종류

종류	설명
RBO(Rule-Based Optimizer)	과거 방식으로 "인덱스가 있으면 무조건 사용"과 같은 사전에 정해진 규칙(Rule)에 따라 실행 계획을 선택한다. 현재는 거의 사용되지 않는다.
CBO(Cost-Based Optimizer)	통계 정보를 바탕으로 여러 실행 계획의 비용(Cost)을 계산하고 가장 낮은 비용을 가진 계획을 선택한다. 현재 대부분의 DBMS는 CBO를 사용한다.

대부분의 튜닝은 CBO 기반의 작동 원리를 이해하고 접근해야 하며 CBO의 작동 흐름은 다음과 같다.

1. **SQL 파싱**: SQL 문을 분석하고 내부적으로 의미를 해석한다.
2. **통계 정보 조회(Statistics Lookup)**: 옵티마이저는 테이블, 인덱스, 칼럼 등에 대한 통계 정보(행 수, 블록 수, NULL 비율, 데이터 분포 등)를 확인한다.
3. **실행 계획 후보 생성**: 다양한 실행 계획을 가상으로 시뮬레이션한다.
   예) Nested Loop Join vs Hash Join, Index Scan vs Table Full Scan 등
4. **비용 계산(Cost Estimation)**: 각 실행 계획의 예상 I/O, CPU 자원 소모 등을 계산하여 비용(Cost)을 추정한다.
5. **최종 실행 계획 선택**: 비용이 가장 낮은 실행 계획을 선택하고, 해당 계획을 기반으로 SQL이 실행된다.

옵티마이저의 실행 계획 선택 요소

옵티마이저가 실행 계획을 선택할 때는 다양한 요소를 종합적으로 고려한다. 주요 판단 기준은 다음과 같다.

① 테이블과 인덱스에 대한 통계 정보

가장 중요한 정보다. 옵티마이저는 해당 객체가 얼마나 많은 데이터를 가지고 있는지, 블록 수는 얼마나 되는지 등을 바탕으로 비용을 계산한다.

② 칼럼의 데이터 분포

예를 들어 특정 칼럼이 고르게 분포되어 있는지, 아니면 특정 값에 데이터가 몰려 있는지에 따라 인덱스 사용 여부가 달라질 수 있다.

③ 인덱스 유무와 유형

해당 칼럼에 인덱스가 존재하는지, 그리고 인덱스의 유형이 무엇인지도 고려 대상이다. B-Tree 인덱스인지, 혹은 다른 유형의 인덱스인지에 따라 효율이 달라지기 때문이다.

④ JOIN 수행 방식과 조건

옵티마이저는 JOIN이 수행되는 방식과 그 조건도 분석한다. Nested Loop Join, Hash Join, Merge Join 등 다양한 JOIN 방식 중에서 어떤 것이 가장 적절할지 판단하며 JOIN 조건의 효율성 역시 평가 대상이다.

⑤ WHERE 조건의 형태

WHERE 절에 사용된 조건의 범위 역시 중요한데 특정 칼럼에 대해 '=' 연산이 사용되었는지, 아니면 BETWEEN, LIKE, > 등의 범위 조건이 사용되었는지에 따라 인덱스 활용 가능성이 달라진다.

⑥ ORDER BY / GROUP BY 여부

ORDER BY나 GROUP BY와 같은 정렬 또는 집계 연산의 유무도 실행 계획에 영향을 준다. 정렬이 필요한 경우에는 정렬 연산 비용이 추가되며 이 비용을 줄이기 위해 인덱스를 활용하는 계획을 선택할 수도 있다.

⑦ 힌트

옵티마이저는 사용자가 명시한 힌트 또한 반영한다. 힌트는 옵티마이저의 기본 판단을 무시하고 사용자가 지정한 방식으로 실행 계획을 유도하는 명령어로 실행 방식에 직접적인 영향을 줄 수 있다.

⑧ 시스템 자원 상태

마지막으로 현재 시스템의 자원 상태(CPU, 메모리, I/O 등)도 고려한다. 특정 실행 계획이 이론적으로는 효율적일지라도 현재 시스템의 부하 상황에 따라 다른 경로가 더 나은 성능을 가져올 수 있기 때문이다.

옵티마이저 힌트

SQL을 작성할 때 우리는 일반적으로 SQL만 작성하고 실행 계획은 옵티마이저에게 맡기는 경우가 대부분이다. 하지만 때에 따라 옵티마이저가 예상치 못한 실행 계획을 선택하여 성능 저하가 발생할 수도 있는데 이럴 때 사용하는 것이 바로 **힌트**Hint이다.

힌트는 **개발자가 SQL 문 안에 직접 작성하여 옵티마이저에게 특정 실행 계획을 유도하도록 지시하는 명령어**이다. 즉, 옵티마이저가 기본적으로 선택하는 실행 계획을 의도적으로 바꾸고 싶을 때 사용하는 수단으로 이용할 수 있다.

힌트는 일반적인 SQL 문에 주석(/*+ 힌트 */) 형태로 삽입되며 실행 시 옵티마이저가 이를 인식하여 실행 계획을 결정하게 된다.

```
SELECT /*+ FULL(EMPLOYEES) */ *
FROM EMPLOYEES
WHERE EMPLOYEE_ID = 'E005';
```

간단한 예로 이 쿼리는 EMPLOYEES 테이블에 대해 Table Full Scan을 하도록 옵티마이저에게 요청하는 힌트이다.

실행 계획

```
-----------------------------------------------------------------------------------------
| Id  | Operation          | Name      | Starts | E-Rows | A-Rows |   A-Time   | Buffers |
-----------------------------------------------------------------------------------------
|   0 | SELECT STATEMENT   |           |      1 |        |      1 |00:00:00.01 |       3 |
|*  1 |  TABLE ACCESS FULL| EMPLOYEES |      1 |      1 |      1 |00:00:00.01 |       3 |
-----------------------------------------------------------------------------------------

Predicate Information (identified by operation id):
---------------------------------------------------

   1 - filter("EMPLOYEE_ID"='E005')
```

빠른 이해 힌트를 사용하는 이유

1. 옵티마이저가 잘못된 실행 계획을 선택했을 때 수동으로 개입하기 위해
2. 실행 계획을 의도적으로 통제하여 튜닝 결과를 안정적으로 유지하기 위해
3. 테스트 환경과 운영 환경의 차이로 인해 예상과 다른 경로가 선택되는 경우를 대비하기 위해

힌트를 사용할 때는 몇 가지 문법 규칙을 반드시 지켜야 한다. 우선 힌트는 반드시 **SQL 문의 SELECT, INSERT, UPDATE, DELETE 키워드 뒤에 위치**해야 하며, 그렇지 않으면 옵티마이저가 힌트를 인식하지 못한다. 힌트는 겉보기에는 주석처럼 보이지만 실제로는 옵티마이저가 읽고 해석하여 실행 계획에 반영하는 명령어이기 때문에, 단순 주석이라고 무시되는 것이 아니다.

다만 문법이 틀리거나 존재하지 않는 힌트를 작성했을 경우, 또는 논리적으로 불가능한 힌트를 사용했을 경우에는 오류가 발생하지 않고 단순히 무시되므로 사용 시 정확한 힌트명을 알고 있어야 하며 실수로 인한 오작동 여부를 실행 계획을 통해 반드시 확인해야 한다.

다음은 자주 사용되는 대표적인 힌트들이다.

표 10-8 힌트의 종류

힌트 이름	설명
FULL(table명)	해당 테이블을 Full Scan하도록 유도
INDEX(table명 index명)	지정된 인덱스를 사용하도록 유도
NO_INDEX(table명)	인덱스를 사용하지 않도록 유도
USE_NL(table명)	해당 테이블에 Nested Loop Join을 적용
USE_HASH(table명)	해당 테이블에 Hash Join을 적용
LEADING(table명)	JOIN 순서를 지정
ORDERED	FROM 절 테이블 순서대로 JOIN을 수행
PARALLEL(table명, N)	병렬 처리(Parallel Execution) 지정

Tip. 테이블에 alias를 사용한 경우 힌트에도 alias를 사용해야 한다.

힌트는 옵티마이저에게 실행 계획을 선택할 때 강한 권유를 전달하는 역할을 하지만 무조건적인 명령이 아닌 만큼 주의해서 사용해야 한다. 특히 힌트를 잘못 사용하면 오히려 성능이 저하되는 결과를 초래할 수 있으므로 실행 계획에 대한 충분한 분석 없이 무분별하게 적용해서는 안 된다.

또한 힌트는 통계 정보에 의존하는 옵티마이저의 판단과 상충될 수 있기 때문에 만약 테이블이나 인덱스의 통계 정보가 오래되었거나 부정확한 상태라면 힌트를 통해 강제된 실행 계획이 실제 환경에서는 비효율적으로 작동할 수 있다.

이와 더불어 운영 환경과 테스트 환경이 다를 경우 힌트를 통해 유도한 실행 계획이 실제 시스템에서는 예상과 전혀 다른 방식으로 동작할 가능성도 존재한다. 이는 환경 차이에 따른 데이터 양, 자원 상태, 인덱스 유무 등이 영향을 미치기 때문이다.

따라서 힌트는 SQL 성능을 개선하는 보조 수단으로 활용할 수는 있지만, 가능하다면 힌트를 사용하기 전에 통계 정보를 최신 상태로 유지하고 SQL 문 자체의 구조를 개선하는 것이 우선적으로 고려되어야 할 튜닝 전략이라고 할 수 있겠다.

실행 계획의 COST 계산 원리

SQL 문이 실행될 때 데이터베이스는 다양한 실행 경로 중 어떤 방식이 가장 효율적인지를 결정하기 위해 각 경로에 대한 비용을 계산한다. 이때 비용 계산을 수행하는 주체가 바로 옵티마이저이며 이를 통해 최종 실행 계획이 결정된다.

여기서 말하는 비용은 단순한 금전적인 개념이 아니라 해당 실행 계획을 수행하는 데 소모될 것으로 예상되는 시스템 자원량을 의미한다. 즉, 쿼리를 처리하는 데 얼마나 많은 I/O가 필요한지, CPU를 얼마나 사용하는지, 메모리 사용량은 어떤지를 종합적으로 고려한 추정치라 할 수 있다.

오라클의 CBOCost-Based Optimizer는 이 비용 값을 기준으로 여러 실행 계획 중 가장 효율적인 경로를 선택하며 따라서 COST 값이 낮을수록 더 좋은 실행 계획이라는 의미가 된다.

COST는 주로 두 가지 주요 자원 요소를 기반으로 계산된다.

1. **I/O 비용**: 데이터를 가져오기 위해 접근해야 할 블록의 수를 추정한다. 특히 Table Full Scan과 같이 많은 블록을 읽어야 하는 작업은 COST가 높게 계산된다.
2. **CPU 비용**: 조건을 비교하고 정렬하거나 JOIN하는 과정, Hash 테이블을 생성하는 과정 등에서 CPU 연산이 얼마나 필요한지를 계산한다. 연산이 복잡하거나 JOIN 대상의 데이터가 많을수록 COST가 올라간다.

실제로 오라클에서는 이 두 자원을 내부적으로 수치화하여 총 비용 값을 산출하며 이는 옵티마이저가 참조하는 기준이 된다.

하지만 중요한 점은 **COST 값은 단위가 없는 상대적인 값**이라는 것이다. COST가 20인 쿼리와 COST가 100인 쿼리를 비교하면 전자가 더 효율적이라는 뜻은 되지만, '20은 몇 초, 100은 몇 MB'와 같이 직접적인 시간이나 자원 사용량을 의미하지는 않는다.

또한 동일한 SQL이라고 하더라도 환경, 통계 정보, 인덱스 유무 등에 따라 COST 값은 달라질 수 있다. 따라서 COST는 실행 계획을 비교하고 판단하는 데 있어 상대적인 기준으로 해석해야 한다.

COST를 정확하게 계산하기 위해서는 정확한 통계 정보가 필수적이다. 예를 들어 테이블의 전체 행 수, 특정 칼럼의 데이터 분포, NULL 값 여부, 블록 수 등의 통계가 최신 상태로 유지되어야 옵티마이저가 실행 계획에 대해 현실적인 비용을 산정할 수 있다. 통계 정보가 오래되었거나 부정확할 경우 옵티마이저는 잘못된 실행 계획을 선택할 수 있으며 이로 인해 성능이 크게 저하될 수 있다.

통계 정보와 수집 방법

SQL 문이 실행될 때 옵티마이저는 다양한 실행 계획을 평가한 뒤 최적의 경로를 선택한다. 이때 중요한 기준이 되는 것이 바로 **통계 정보**Statistics이다. 통계 정보란 **테이블, 인덱스, 칼럼에 대한 데이터의 양과 데이터 분포, 저장 구조에 대한 정보를 수치화한 데이터**로 옵티마이저는 이 정보를 기반으로 실행 계획의 비용을 추정한다. 즉, 통계 정보는 옵티마이저가 '판단'을 내릴 수 있게 해주는 근거 자료라고 할 수 있다.

통계 정보는 크게 다음과 같은 항목들로 구성된다.

표 10-9 통계 정보 항목

항목	설명
행 수(Num Rows)	테이블에 저장된 총 레코드 수
블록 수(Blocks)	데이터를 저장하고 있는 블록 개수
평균 행 길이(Avg Row Length)	각 레코드의 평균 크기
NULL 값 비율(Nulls)	특정 칼럼에 널 값이 존재하는 비율
칼럼 카디널리티(Cardinality)	특정 칼럼이 가진 서로 다른 값(DISTINCT)의 개수
히스토그램(Histogram)	칼럼 값의 분포를 정밀하게 표현한 자료
인덱스 레벨(Index Level)	B-Tree 인덱스의 깊이 및 저장 구조 정보
클러스터링 팩터(Clustering Factor)	인덱스와 테이블의 물리적 정렬 일치도

옵티마이저는 이 정보를 바탕으로 테이블 액세스 방식, 인덱스 사용 여부, JOIN 순서 및 방식 등을 결정하게 된다.

빠른 이해 **통계 정보가 중요한 이유**

1. **정확한 실행 계획 수립**: 통계 정보가 최신일수록 옵티마이저는 현실적인 실행 계획을 선택할 수 있다. 예를 들어, 특정 조건의 데이터가 적은 줄 알고 인덱스를 선택했는데 실제로는 조건에 해당하는 데이터가 수십만 건이라면 쿼리 성능이 급격히 저하될 수 있다.
2. **인덱스 선택의 기준**: 옵티마이저는 인덱스를 사용할지 말지, 어떤 인덱스를 사용할지 등을 통계 정보에 근거하여 결정한다. 잘못된 통계 정보는 잘못된 인덱스 선택으로 이어질 수 있다.
3. **JOIN 순서 및 방식 결정**: JOIN 시 어떤 테이블을 먼저 읽을지, 어떤 JOIN 방식을 사용할지 등도 통계 정보에 따라 달라진다.

Oracle에서는 통계 정보를 수집하는 방식으로 **자동 수집**과 **수동 수집**, 두 가지 방법을 제공한다.

먼저 **자동 수집**은 Oracle 10g 이후부터 기본적으로 설정되어 있는 기능으로 데이터베이스가 매일 밤 자동 통계 수집 작업Auto Gather Stats을 수행한다. 이 작업은 GATHER_STATS_JOB이라는 이름으로 등록되어 있으며 일반적으로 Maintenance Window라 불리는 정해진 시간대(보통 밤 10시부터 다음 날 오전 6시 사이)에 실행된다.

이 자동 수집 기능은 시스템 전반의 통계 정보를 주기적으로 최신 상태로 유지해주는 데 유용하지만 대량의 데이터 삽입, 삭제, 갱신이 발생한 경우에는 자동 수집 시점까지 기다리지 않고 수동으로 통계를 갱신하는 것이 안전하며 실시간 성능을 보장하거나 정확한 실행 계획이 필요한 환경에서는 특히 그렇다고 볼 수 있다.

한편 **수동 수집**은 개발자나 DBA가 직접 명령어를 통해 필요한 시점에 통계 정보를 갱신하는 방식이다. 예를 들어 테이블에 대량의 데이터를 한꺼번에 적재한 경우나 기존 데이터를 대규모로 갱신하거나 삭제한 경우처럼 데이터 분포나 크기 구조가 급격히 바뀌었을 때는 적절한 수동 통계 수집이 필요하다. 이러한 수집은 DBMS_STATS 패키지를 사용하여 수행할 수 있으며 테이블 단위, 인덱스 단위, 혹은 전체 스키마 단위로도 실행할 수 있다.

정확하고 시의적절한 통계 수집은 옵티마이저가 현실적인 실행 계획을 선택할 수 있도록 돕는 핵심 작업이므로 특히 변동성이 큰 데이터를 다루는 시스템에서는 자동 수집과 수동 수집을 적절하게 병행하는 것이 바람직하겠다.

SQL 튜닝 사전 체크리스트

SQL 튜닝은 단순히 실행 계획만 들여다보고 인덱스를 추가하는 작업이 아니다. 정확한 원인 분석과 사전 점검 없이 이루어진 튜닝은 오히려 문제를 악화시키거나 일시적인 효과에 그칠 수 있다. 따라서 본격적인 튜닝 작업에 앞서 반드시 체크해야 할 핵심 항목들을 점검하는 것이 매우 중요하다. 앞서 학습한 내용을 토대로 SQL 튜닝 사전 체크리스트를 정리해보자.

① 실행 계획 확인은 했는가?

튜닝의 출발점은 항상 실행 계획이다. SQL이 어떤 방식으로 실행되고 있는지, 인덱스를 사용하고 있는지, JOIN 방식이나 정렬 연산이 포함되어 있는지를 먼저 파악해야 한다. TABLE ACCESS FULL, INDEX RANGE SCAN, NESTED LOOPS, HASH JOIN 등 다양한 접근 방식을 통해 현재 SQL이 어떤 자원 소비 패턴을 가지고 있는지 이해하고 각 단계에서의 I/O 등을 확인하여 병목 구간을 체크하도록 하자.

② 통계 정보는 최신 상태인가?

옵티마이저가 적절한 실행 계획을 선택하려면 테이블과 인덱스에 대한 통계 정보가 최신 상태여야 한다. 만약 통계가 오래되었거나 수집되지 않은 상태라면 옵티마이저는 잘못된 판단을 내릴 가능성이 높다. 튜닝을 시작하기 전에 통계 정보를 점검하고 필요한 경우 수동으로 재수집해야 한다.

③ 인덱스는 존재하는가? 존재한다면 적절하게 사용되고 있는가?

해당 SQL 문에서 필터 조건, JOIN 조건, 정렬 등에 사용 가능한 인덱스가 존재하는지와 존재한다면 실제로 사용되고 있는지를 확인해야 한다. 종종 인덱스는 존재하지만 조건절 작성 방식이나 통계 정보 부재로 인해 사용되지 않는 경우도 많다. 특히 결합 인덱스가 있는 경우에는 선두 칼럼을 포함하고 있는지도 체크해야 하며 WHERE 절 조건이 인덱스 탐색에 적합한 형태인지도 점검해야 한다.

④ 데이터 양과 분포는 어느 정도인가?

SQL의 성능은 데이터의 양과 분포에 따라 크게 달라진다. 조건절에서 사용하는 칼럼이 편향된 값을 가지고 있다거나 너무 많은 중복 값을 포함하고 있다면 인덱스가 비효율적일 수 있다. 따라서 NUM_ROWS, NUM_DISTINCT, DENSITY 등의 칼럼 통계를 참고하여 조건절이 얼마나 데이터를 좁혀주는지 확인해야 한다.

⑤ 바인드 변수를 사용하는가?

바인드 변수는 SQL 재사용성과 보안 측면에서는 유리하지만 옵티마이저가 정확한 실행 계획을 선택하기 어렵게 만드는 단점도 있다. 바인드 변수 피킹Bind Peeking 문제로 인해 특정 조건 값에 최적화된 실행 계획이 다른 값에는 적합하지 않게 되는 경우가 많기 때문에 튜닝 전 SQL이 바인드 변수를 사용하고 있다면 값에 따라 실행 계획이 달라지는지 여부를 꼭 검토해야 한다.

⑥ JOIN 순서와 방식은 적절한가?

복잡한 SQL일수록 JOIN 순서와 방식이 성능에 미치는 영향이 크다. Nested Loop, Hash Join, Merge Join 등 각 JOIN 방식은 데이터 양, 인덱스 존재 여부, JOIN 조건에 따라 성능 차이가 발생하므로 현재 SQL이 어떤 방식으로 JOIN을 수행하고 있는지를 반드시 확인해야 한다. 만약 필요하다면 옵티마이저 힌트(LEADING, USE_NL, USE_HASH 등)를 사용해 JOIN 순서를 유도하는 것도 고려할 수 있다.

⑦ 정렬, 집계, 서브쿼리 등의 고비용 연산이 있는가?

ORDER BY, GROUP BY, DISTINCT, 윈도우 함수 등은 모두 쿼리 성능에 부담을 주는 연산이다. 이러한 연산이 있는 경우 인덱스를 통한 정렬 생략 가능 여부, 집계 범위 축소 등을 통해 성능을 개선할 수 있는 여지가 있는지 확인하는 것이 필요하다.

⑧ 하드 파싱이 자주 발생하고 있는가?

SQL이 자주 하드 파싱되고 있다면 라이브러리 캐시 부하나 CPU 사용량 증가로 이어질 수 있다. 비슷한 형태의 SQL이 자주 발생하는데 바인드 변수 없이 매번 하드 파싱되고 있다면 SQL 재사용성이 떨어져 성능에 영향을 줄 수 있다. VSQL, VSQLAREA 뷰 등을 통해 SQL 사용 현황과 파싱 횟수를 확인해보는 것도 필요하다.

빠른 이해 V$SQL과 V$SQLAREA

SQL 튜닝을 수행할 때 현재 데이터베이스에서 어떤 SQL이 실행되고 있으며 얼마나 자주 실행되는지, 얼마나 많은 자원을 소모하고 있는지를 파악하는 것이 매우 중요하다. 이럴 때 활용할 수 있는 것이 바로 오라클의 동적 성능 뷰(Dynamic Performance Views) 중 하나인 V$SQL과 V$SQLAREA이다. 이 두 뷰는 모두 라이브러리 캐시에 저장된 SQL 문에 대한 정보를 보여주며 SQL 성능 분석의 출발점이라고 할 수 있다.

1. V$SQL

라이브러리 캐시에 존재하는 각각의 SQL 문에 대한 세부적인 실행 정보를 담고 있다. 이 뷰를 통해 SQL의 실행 횟수, 버퍼 읽기 수, 디스크 읽기 수, 수행 시간, CPU 시간 등 매우 구체적인 실행 데이터를 확인할 수 있다. 주요 칼럼은 다음과 같다.

칼럼명	설명
SQL_ID	SQL 문을 식별하는 고유ID
SQL_TEXT	실제 SQL 문장
EXECUTIONS	SQL이 실행된 총 횟수
BUFFER_GETS	SQL 실행 시 논리적 읽기 횟수 (메모리 I/O)
DISK_READS	SQL 실행 시 물리적 읽기 횟수 (디스크 I/O)
CPU_TIME	SQL 실행 시 소모된 CPU 시간
ELAPSED_TIME	SQL 실행에 소요된 총 시간 (마이크로초 단위)
ROWS_PROCESSED	전체 실행에서 처리한 총 행 수

2. V$SQLAREA

V$SQLAREA는 V$SQL보다 한 단계 높은 요약 수준의 뷰로, 동일한 SQL 문장을 공유 커서(Shared Cursor) 기준으로 묶어서 집계한 통계를 제공한다. 즉, 동일한 SQL 문이 여러 번 실행되는 경우 V$SQL에서는 여러 줄로 나타나지만 V$SQLAREA는 SQL_ID 기준으로 하나로 요약하여 보여준다. 주요 칼럼은 다음과 같다.

칼럼명	설명
SQL_ID	SQL 문을 식별하는 고유ID
SQL_TEXT	실제 SQL 문장
EXECUTIONS	SQL이 실행된 총 횟수
PARSE_CALLS	SQL이 파싱된 횟수

BUFFER_GETS	SQL 실행 시 논리적 읽기 횟수 (메모리 I/O)
DISK_READS	SQL 실행 시 물리적 읽기 횟수 (디스크 I/O)
ROWS_PROCESSED	전체 실행에서 처리한 총 행 수

이러한 사전 점검을 통해 문제의 원인을 명확히 파악한 뒤 정확하고 효과적인 튜닝 전략을 수립하는 것이 SQL 성능 최적화의 시작이라고 할 수 있겠다.

10.6 AI와 함께 실행 계획 분석하기

AI를 활용하면 실행 계획을 빠르게 해석하고 개선 방안을 제안받을 수 있다. DBMS_XPLAN.DISPLAY_CURSOR의 출력 결과를 복사해 챗GPT에게 붙여 넣고 분석을 요청하면 실행 시점의 실제 처리 Rows, 인덱스 사용 여부, ORDER BY 처리 방식, 튜닝 포인트 등을 구체적으로 확인이 가능하다.

이를 활용하여 AI가 제시한 개선 아이디어를 실제 실행 계획과 비교하면서 튜닝 포인트를 검증하면 실전 역량을 크게 높일 수 있으리라 생각된다.

프롬프트

다음 SQL의 DISPLAY_CURSOR 실행 계획 결과를 단계별로 해석해줘.

```
SELECT *
FROM EMPLOYEES
WHERE DEPARTMENT_ID = 'D10';
---------------------------------------------------------------------------------------
| Id  | Operation          | Name      | Starts | E-Rows | A-Rows |   A-Time    | Buffers |
---------------------------------------------------------------------------------------
|   0 | SELECT STATEMENT   |           |      1 |        |      4 |00:00:00.01 |       3 |
|*  1 |  TABLE ACCESS FULL| EMPLOYEES |      1 |      4 |      4 |00:00:00.01 |       3 |
```

```
-----------------------------------------------------------------------------------------

Predicate Information (identified by operation id):
---------------------------------------------------

   1 - filter("DEPARTMENT_ID"='D10')
```

실행 계획 단계별 해석

① Id = 0 | SELECT STATEMENT

이 단계는 전체 쿼리 실행의 루트 노드이다. 오라클은 이 노드를 통해 아래 단계(Id 1)의 결과를 받아 최종 출력한다. Starts = 1은 쿼리가 한 번 수행되었다는 의미이고, A-Rows = 4는 최종적으로 4개의 행이 반환되었음을 뜻한다. A-Time = 00:00:00.01, Buffers = 3으로 보아 쿼리가 매우 가볍고, 캐시에서 대부분 처리된 것으로 보인다.

요약하면, 전체 쿼리가 단 한 번 실행되어 4행을 반환했고, 논리적으로 읽은 블록이 3개뿐인 효율적인 실행이었다.

② Id = 1 | TABLE ACCESS FULL | EMPLOYEES

이 단계는 EMPLOYEES 테이블에 대해 Full Table Scan(FTS) 을 수행한 것이다. 즉, 인덱스를 사용하지 않고 테이블 전체를 읽은 뒤 WHERE DEPARTMENT_ID = 'D10' 조건으로 행을 필터링하였다.

Starts = 1은 이 연산이 한 번 수행되었음을 의미하고, E-Rows = 4, A-Rows = 4로 추정치와 실제 행 수가 완전히 일치하므로 옵티마이저의 통계 정보가 정확하게 유지되고 있음을 알 수 있다. Buffers = 3은 EMPLOYEES 테이블을 읽는 데 사용된 블록 수이다. 테이블이 작거나 자주 접근되어 캐시에 있었을 가능성이 높다.

따라서 오라클은 인덱스를 사용하지 않고 FTS를 선택했지만, 실제 수행 결과를 보면 이 선택은 합리적인 판단이었다고 할 수 있다.

③ Predicate Information

1 – filter("DEPARTMENT_ID"='D10')

이 부분은 필터 조건을 보여준다. 즉, Full Table Scan으로 모든 레코드를 읽은 뒤 각 행에 대해 DEPARTMENT_ID = 'D10' 조건을 검사하였다. 조건이 인덱스를 통한 ACCESS가 아니라, 행을 읽은 후 필터링이므로 FILTER PREDICATE로 분류된다.

종합 해석

이 실행 계획은 EMPLOYEES 테이블 전체를 읽는 단순한 쿼리로, 데이터량이 매우 적거나 캐시 적중률이 높은 상황에서는 Full Table Scan이 오히려 효율적이다. E-Rows와 A-Rows가 일치하므로 옵티마이저의 판단이 정확하며, Buffers = 3으로 보아 I/O 부하가 거의 없는 쿼리이다.

만약 테이블이 커진다면?

테이블이 수십만 행 이상으로 커질 경우 동일한 조건에서도 Full Scan은 비효율적일 가능성이 높다. 그럴 때는 다음과 같은 조치를 고려할 수 있다.

인덱스 생성 CREATE INDEX IDX_EMP_DEPT ON EMPLOYEES(DEPARTMENT_ID);

이후 실행 계획은 INDEX RANGE SCAN + TABLE ACCESS BY INDEX ROWID 형태로 바뀔 가능성이 있다.

형변환 및 함수 주의 WHERE TRIM(DEPARTMENT_ID) = 'D10' 또는 TO_NUMBER(DEPARTMENT_ID) = 10 과 같은 형태는 인덱스를 타지 못한다.

통계 최신화 DBMS_STATS.GATHER_TABLE_STATS 명령으로 최신 통계를 유지해야 옵티마이저가 정확한 경로를 선택한다.

결론

이 실행 계획은 작은 테이블에 대한 Full Table Scan이 가장 효율적이었던 사례이다. 실제 읽은 블록이 2개에 불과하며, 예상 행수와 실제 행수가 일치하여 옵티마이저의 판단이 적절했음을 알 수 있다. 즉, 현재 상태에서는 인덱스보다 FTS가 더 효율적인 상황이다.

Chapter 11

AI와 함께 인덱스 설계하기

데이터베이스에서 SQL 쿼리의 성능을 최적화하는 가장 효과적인 방법 중 하나는 바로 **인덱스**Index를 활용하는 것이다. 많은 사람이 인덱스를 사용하면 데이터 검색 속도가 획기적으로 빨라지고 불필요한 연산을 줄일 수 있다는 사실을 알고 있지만 왜 인덱스가 성능을 향상시키는지, 그리고 어떤 원리로 동작하는지 정확하게 이해하는 경우는 많지 않다.

인덱스를 잘 활용하기 위해서는, 역설적으로 단순히 인덱스만 추가한다고 해서 무조건 성능이 개선되는 것은 아니라는 점을 이해해야 한다. 적절하지 않은 인덱스를 생성할 시 오히려 성능이 저하되거나 유지보수 비용이 증가할 수도 있다. 따라서 인덱스가 **SQL 성능을 향상시키는 원리를 정확히 이해하고 상황에 따라 최상의 인덱스를 설정하는 것**이 중요하다.

이 장에서는 인덱스가 SQL 성능을 어떻게 향상시키는지에 대해 살펴보고 인덱스의 개념과 동작 방식, 그리고 효율적인 인덱스 활용 전략을 심층적으로 탐구해보도록 하겠다.

11.1 인덱스를 생성하면 왜 빨라질까?

인덱스란 **데이터베이스 테이블에서 원하는 데이터를 빠르게 찾을 수 있도록 도와주는 오브젝트**이다. 우리가 책의 맨 뒷부분에 있는 색인을 활용하여 발췌독을 하는 것처럼 DB에서 특정 데이터를 검색할 때 전체 데이터를 읽는 것이 아니라 필요한 부분만 찾아서 빠르게 조회할 수 있도록 해준다.

예를 들어 기술 서적에서 'Redo'라는 단어를 찾아야 한다고 가정해보자. 책을 첫 장부터 한 페이지씩 넘기면서 찾는 것보다 색인을 이용하여 'Redo'가 포함된 페이지로 바로 이동하는 것이 훨씬 빠를 것이다. 데이터베이스의 인덱스도 이와 같은 원리로 동작하며 전체 테이블을 읽는 대신 인덱스를 먼저 검색하여 원하는 데이터가 있는 위치를 빠르게 찾아갈 수 있도록 도와준다.

데이터 저장 구조

인덱스를 본격적으로 알아보기 전에 앞 장에서 잠깐 언급했던 **블록**Block에 대해 좀 더 깊이 살펴볼 필요가 있다. 데이터베이스에서 블록은 **데이터가 실제로 저장되는 최소 단위**로, SQL 성능과 저장 구조를 이해하기 위한 핵심 개념이기 때문이다.

일반적으로 많이 사용되는 행Row 기반 데이터베이스의 경우 블록에 데이터가 행 단위로 저장되며 테이블의 행 크기에 따라서 하나의 블록에 여러 개의 행이 저장될 수 있다.

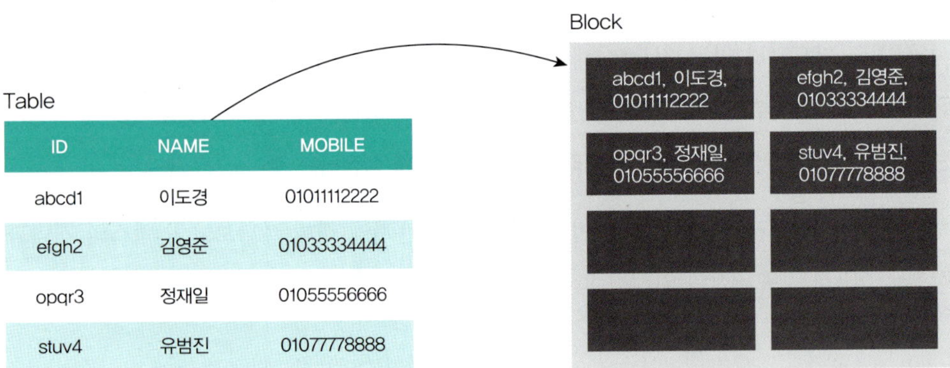

그림 11-1 테이블 데이터가 블록 단위로 저장되는 구조

즉 [그림 11-1]의 경우, ID가 'abcd1'인 사람의 MOBILE 데이터를 조회할 때와 NAME, MOBILE 데이터를 함께 조회할 때 읽어야 하는 블록의 수(Block I/O)가 동일하다는 것을 의미한다.

블록의 크기가 크면 한 번에 더 많은 데이터를 읽을 수 있어 대량 데이터 조회에 유리하지만 작은 데이터를 처리할 때는 낭비되는 공간이 많아질 수 있다. 반대로 블록의 크기가 작으면 불필요한 공간의 낭비가 줄어들지만 많은 I/O가 발생할 가능성이 높아진다.

인덱스의 기본 구조

테이블에 인덱스를 생성하면 테이블 자체의 데이터는 변경되지 않고 테이블과는 독립적인 새로운 인덱스 오브젝트(Segment)가 생성된다. 이 인덱스 오브젝트는 기존 테이블과는 별도로 관리되며 인덱스가 적용된 칼럼의 값들이 정렬된 상태로 유지되어 인덱스 오브젝트에 저장된다. 참고로 정렬의 기본값은 오름차순(ASC)이며 필요 시 내림차순(DESC)으로도 생성이 가능하다.

또한 인덱스에는 해당 원본 데이터가 테이블의 어느 위치에서 저장되어 있는지를 가리키는 주소 값(ROWID)이 함께 저장되는데 인덱스는 이 정렬된 데이터 값과 ROWID를 활용하여 검색 속도를 향상시킨다고 이해할 수 있다.

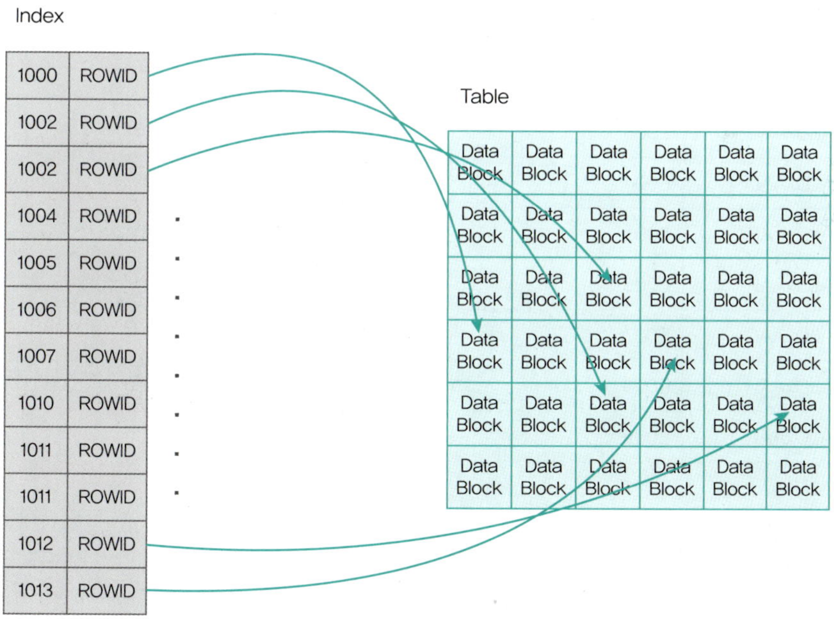

그림 11-2 데이터 값과 ROWID 활용

ROWID 왼쪽의 데이터(1000, 1002, 1002, …)는 인덱스로 설정된 칼럼의 데이터이다.

빠른 이해 ROWID란?

ROWID는 오라클 데이터베이스에서 특정 행(ROW)의 물리적인 위치를 나타내는 주소값이다. 즉, ROWID를 통해 데이터가 저장된 정확한 블록과 위치를 알 수 있으며 이를 활용하여 빠르게 데이터를 조회할 수 있다. 참고로 ROWID는 데이터 오브젝트 번호(6자리), 데이터 파일 번호(3자리), 데이터가 저장된 블록(Block) 번호(6자리), 블록 내의 행(Row) 번호(3자리)로 구성된다.

실제로 쿼리를 통해 ROWID를 확인할 수 있다.

```
SELECT ROWID, EMPLOYEE_ID, SALARY FROM EMPLOYEES;
```

출력 결과

ROWID	EMPLOYEE_ID	SALARY
AAAI9XAABAAALDxAAA	E001	5,000,000
AAAI9XAABAAALDxAAB	E002	4,800,000
AAAI9XAABAAALDxAAC	E003	5,100,000
AAAI9XAABAAALDxAAD	E004	4,300,000
AAAI9XAABAAALDxAAE	E005	4,500,000
AAAI9XAABAAALDxAAF	E006	4,000,000
AAAI9XAABAAALDxAAG	E007	4,200,000
AAAI9XAABAAALDxAAH	E008	4,700,000
AAAI9XAABAAALDxAAI	E009	4,600,000
AAAI9XAABAAALDxAAJ	E010	3,800,000

B-Tree 인덱스

우리가 일반적으로 가장 많이 사용하는 인덱스 유형이 바로 **B-Tree 인덱스**이다. 여기서 B-Tree의 B는 Balanced를 의미하며 세가지 주요 노드인 루트 노드Root Node, 브랜치 노드Branch Node, 리프 노드Leaf Node로 구성된다. B-Tree 인덱스는 Balanced라는 의미에 맞게 검색 성능을 일정하게 유지하기 위해 균형을 유지하는 트리 구조를 가지는데 이러한 구조 덕분에 데이터가 많아지더라도 검색 속도가 급격히 저하되지 않고 일정한 성능을 유지할 수 있다. [그림 11-3]은 B-Tree 인덱스의 구조를 도식화한 모습이다.

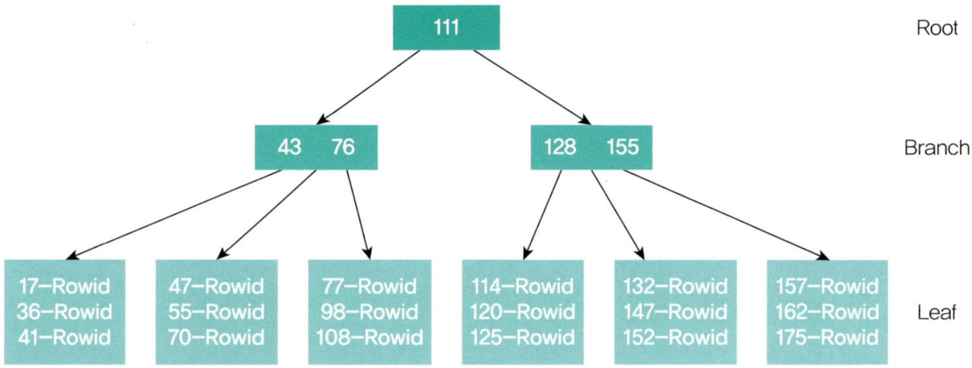

그림 11-3 B-Tree 인덱스 구조

루트 노드는 트리의 가장 상단에 있는 노드로 인덱스 검색이 시작되는 지점이다. 사용자가 조건을 주고 데이터를 검색할 때 루트 노드에서부터 탐색이 시작되어 브랜치 노드로 이어진다. 브랜치 노드는 검색 경로를 결정하는 중간 노드로 루트 노드와 리프 노드를 연결하는 다리 역할을 한다. 이 노드는 특정 값이 어느 리프 노드 범위에 존재하는지를 판단해 탐색 경로를 효율적으로 안내한다.

마지막에 위치한 리프 노드는 인덱스의 최하위 노드이며 실제로 인덱스 칼럼의 값과 함께 해당 값이 저장된 테이블의 ROWID가 저장된다. 이 ROWID를 통해 데이터베이스는 테이블에서 해당 행을 직접 찾아갈 수 있다. 또한 리프 노드의 모든 값은 정렬된 상태로 저장되어 있어 범위 검색에도 매우 유리하다.

B-Tree 인덱스에서 데이터를 검색하는 과정은 두 가지 주요 탐색 방식으로 나뉜다.

① 수직적 탐색

수직적 탐색은 인덱스 트리의 최상위 루트 노드에서 시작하여 리프 노드까지 내려가는 과정이다. 이는 찾고자 하는 데이터가 어느 인덱스 블록에 저장되어 있는지를 결정하는 과정이며 주어진 키 값이 어느 브랜치 노드로 연결되는지를 판단하여 트리의 아래쪽으로 이동하는 방식이다.

[그림 11-4]에서 데이터 70을 검색하는 과정을 예로 들어보자.

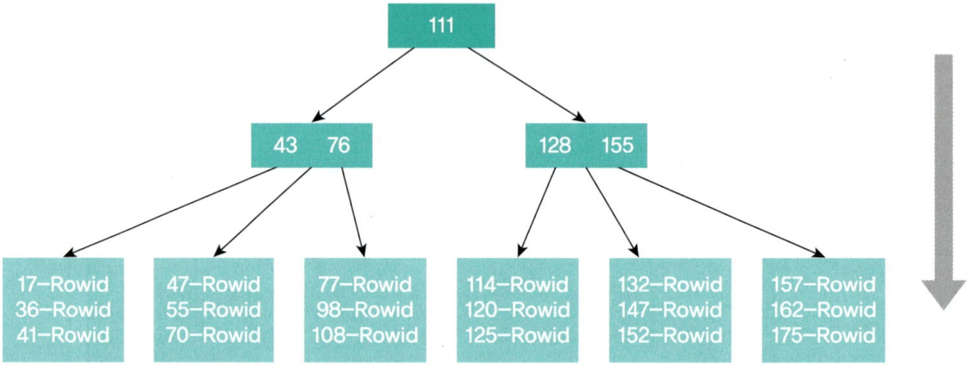

그림 11-4 수직적 탐색 과정

1단계 - 루트 노드 탐색

루트 노드에서 70을 찾아가려면 어느 방향으로 이동해야 하는지 결정한다. 만약 70이 현재 노드보다 작다면 왼쪽 브랜치(하위 노드)로 이동, 반대로 현재 노드보다 크다면 두 번째 브랜치로 이동한다.

2단계 - 브랜치 노드 탐색

이동한 브랜치 노드에서도 같은 방식으로 탐색을 반복하여 리프 노드에 도달할 때까지 진행한다(그림에서는 편의상 브랜치 노드를 하나의 depth로 표현했지만 데이터 양에 따라 더 깊어질 수 있다). 70이 브랜치 노드의 어느 값들 사이에 위치하는지 확인하고 해당하는 리프 노드로 이동할 수 있도록 방향을 결정한다.

3단계 - 리프 노드 도착

리프 노드에 도착하면 이제 해당 노드에 실제 값이 존재하는지 확인한다.

여기까지의 과정이 수직적 탐색에 해당하고 이 과정이 완료되면 이제 수평적 탐색 단계로 넘어가 범위 검색을 수행할 수 있다.

② 수평적 탐색

수평적 탐색은 리프 노드에서 데이터를 실제로 스캔하면서 원하는 범위의 데이터를 검색하는 과정이다. 리프 노드는 논리적으로 정렬된 상태이므로 좌에서 우(오름차순), 또는 우에서 좌(내림차순) 방향으로 데이터를 탐색할 수 있다.

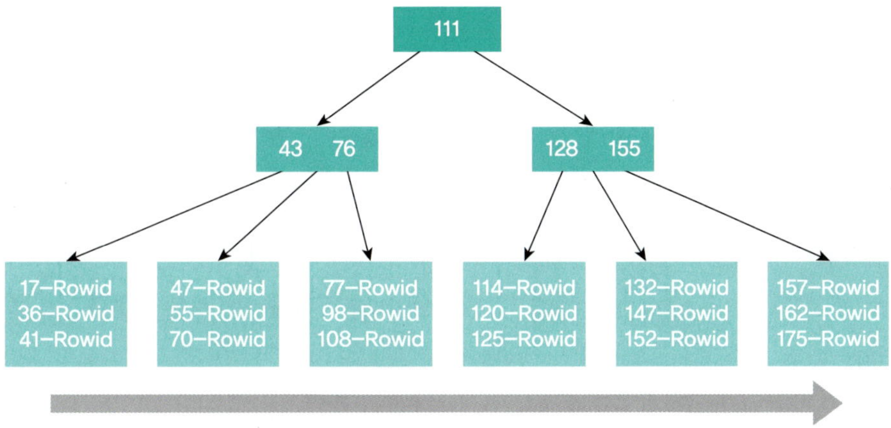

그림 11-5 수평적 탐색 과정

4단계 - 리프 노드에서 값 확인

리프 노드에서 70이라는 값을 찾으면 해당 데이터의 ROWID를 가져온다. ROWID를 이용하여 테이블의 블록을 찾아가 추가 데이터를 조회할 수 있는데 이 과정을 테이블 랜덤 액세스라고 한다. 하지만 만약 SELECT 절에서 인덱스 칼럼만 찾고 있는 상황이라면 ROWID를 사용하지 않고 바로 결과를 반환하는 것도 가능하다.

5단계 - 다음 데이터 탐색

WHERE 절의 조건을 만족하는 데이터를 찾을 때까지 리프 노드를 순차적으로 탐색하다가 조건을 만족하는 데이터가 나오지 않으면 탐색을 종료한다(WHERE 절에 범위 조건이 있거나 70이라는 값이 여러 개 존재하는 경우 범위 스캔이 이루어진다).

인덱스 손익분기점

데이터베이스에서 인덱스를 사용하는 것이 항상 최적의 선택인 것은 아니다. 일부 상황에서는 인덱스를 사용하기보다 Table Full Scan을 수행하는 것이 더 효율적일 수도 있으며 이러한 기준을 결정하는 것이 바로 **인덱스 손익분기점**Break-even Point이다.

인덱스 손익분기점이란 **인덱스를 활용할 때 더 성능이 향상되는지, 아니면 테이블 전체를 스캔하는 게 더 효율적인지 구분하는 기준**을 의미하며 보통 WHERE 절의 조건을 만족하는 데이터의 비율이 특정 수준을 초과하면 인덱스 사용이 비효율적일 수 있다고 판단한다.

일반적으로 SELECT 쿼리가 전체 테이블의 10~15% 이상의 데이터를 출력하는 경우 인덱스를 사용하는 것보다 Table Full Scan을 수행하는 것이 더 빠를 가능성이 높다고 보는데 이는 인덱스를 사용하면 테이블 랜덤 액세스가 증가하기 때문이다. 반면 조회 대상이 테이블의 10% 미만이라면 인덱스를 사용하는 것이 더 효율적일 가능성이 크다.

따라서 인덱스를 효과적으로 활용하기 위해서는 손익분기점을 고려해야 하며 실행 계획에서 Table Full Scan이 확인된다고 해서 무조건 잘못된 쿼리라고 판단하는 것은 잘못된 것임을 알아야 한다.

다음은 STUDENT_NO를 PK 인덱스로 갖는 STUDENTS 테이블에서 STUDENT_NO에 대해 equal 조건으로 데이터를 조회하는 쿼리에 대한 예시이다.

```
SELECT *
FROM STUDENTS
WHERE STUDENT_NO = '0010';
```

실행 계획을 확인하면 다음과 같이 나타난다.

```
-----------------------------------------------------------------------------------------------------
| Id  | Operation                    | Name        | Starts | E-Rows | A-Rows |   A-Time   | Buffers |
-----------------------------------------------------------------------------------------------------
|   0 | SELECT STATEMENT             |             |      1 |        |      1 |00:00:00.01 |       2 |
|   1 |  TABLE ACCESS BY INDEX ROWID| STUDENTS    |      1 |      1 |      1 |00:00:00.01 |       2 |
|*  2 |   INDEX UNIQUE SCAN          | STUDENTS_PK |      1 |      1 |      1 |00:00:00.01 |       1 |
-----------------------------------------------------------------------------------------------------

Predicate Information (identified by operation id):
---------------------------------------------------
```

```
  2 - access("STUDENT_NO"='0010')
```

STUDENTS_PK 인덱스를 활용하여 인덱스 스캔이 된 것을 확인할 수 있으며 A-Rows를 통하여 총 1건의 데이터가 출력되었음을 알 수 있다. 이번에는 STUDENT_NO에 대해 범위 조건으로 데이터를 조회해보고 실행 계획을 확인해보도록 하자.

```
SELECT *
FROM STUDENTS
WHERE STUDENT_NO > '0010';
```

실행 계획을 확인하면 다음과 같이 나타난다.

```
------------------------------------------------------------------------------------
| Id  | Operation          | Name     | Starts | E-Rows | A-Rows |   A-Time   | Buffers |
------------------------------------------------------------------------------------
|   0 | SELECT STATEMENT   |          |      1 |        |     40 |00:00:00.01 |       3 |
|*  1 |  TABLE ACCESS FULL| STUDENTS |      1 |     40 |     40 |00:00:00.01 |       3 |
------------------------------------------------------------------------------------

Predicate Information (identified by operation id):
---------------------------------------------------

   1 - filter("STUDENT_NO">'0010')
```

동일하게 STUDENT_NO를 이용한 조건절을 작성하였지만 이번에는 인덱스를 활용하지 않고 테이블을 전체 스캔하였으며 해당 조건 또한 access 조건이 아닌 filter 조건으로 사용된 것을 확인할 수 있다. 이는 A-Rows에 나타났듯이 최종 출력 데이터가 40건으로(전체 데이터 50건) 인덱스 손익분기점을 고려했을 때 인덱스 스캔보다는 테이블 전체 스캔이 더 유리하다고 옵티마이저가 판단한 것이다(때에 따라 옵티마이저가 같은 SQL에 대해 Index Scan을 선택할 수도 있다).

결합 인덱스

결합 인덱스 Composite Index는 **둘 이상의 칼럼을 하나의 인덱스로 묶어서 만든 인덱스**를 의미한다. 일반적인 단일 인덱스가 하나의 칼럼으로만 이루어진 반면 결합 인덱스는 여러 개의 칼럼으로 구성되어 두 개 이상의 조건이 결합된 WHERE 절이나 다중 칼럼 정렬(ORDER BY)이 사용된 쿼리에 훨씬 효율적이다.

```
CREATE INDEX IDX_ST_NAME_BIRTH
ON STUDENTS(NAME, BIRTH_DATE);
```

이와 같이 NAME과 BIRTH_DATE를 결합하여 인덱스를 만들면 다음과 같은 쿼리에 매우 효과적일 수 있다.

```
SELECT *
FROM STUDENTS
WHERE NAME = '김승호'
AND BIRTH_DATE = '1993-05-16';
```

실행 계획

```
----------------------------------------------------------------------------------------------------
| Id  | Operation                    | Name              | Starts | E-Rows | A-Rows |   A-Time    | Buffers |
----------------------------------------------------------------------------------------------------
|   0 | SELECT STATEMENT             |                   |      1 |        |      1 |00:00:00.01 |       2 |
|   1 |  TABLE ACCESS BY INDEX ROWID| STUDENTS          |      1 |      1 |      1 |00:00:00.01 |       2 |
|*  2 |   INDEX RANGE SCAN           | IDX_ST_NAME_BIRTH |      1 |      4 |      1 |00:00:00.01 |       1 |
----------------------------------------------------------------------------------------------------

Predicate Information (identified by operation id):
---------------------------------------------------

   2 - access("NAME"='김승호' AND "BIRTH_DATE"='1993-05-16')
```

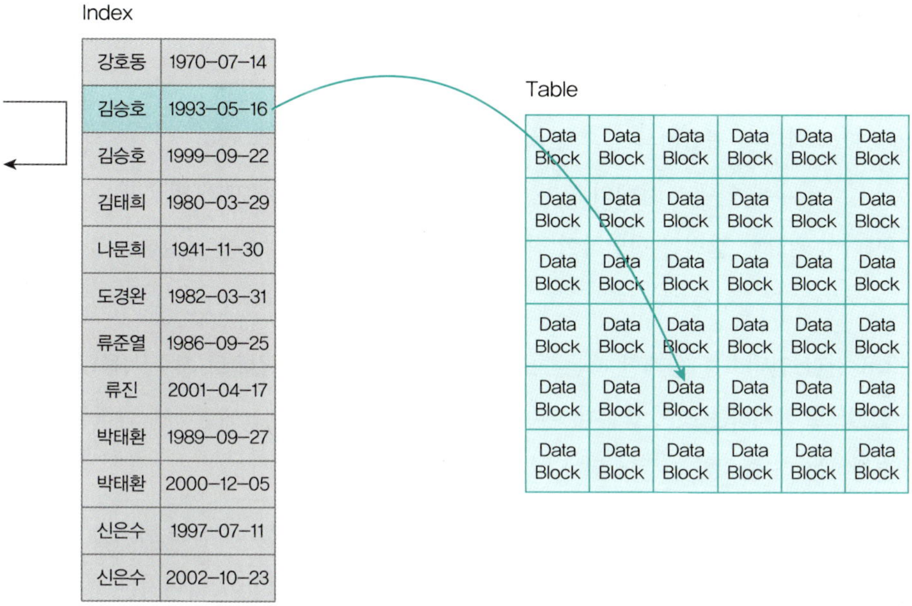

그림 11-6 결합 인덱스 예시 (*지면 관계상 해당하는 데이터 부분만 표시했다)

결합 인덱스는 결합된 칼럼의 순서대로 정렬된 형태를 이루고 있으며 그렇기 때문에 쿼리의 ORDER BY 절에 포함된 칼럼의 순서와 정렬 방향이 일치하는 경우 내부적인 SORT 연산을 생략할 수 있어 효율적이다.

결합 인덱스를 만들 때는 몇 가지 유의사항을 반드시 고려해야 한다. 먼저 결합 인덱스의 선두 칼럼은 WHERE 절에서 가장 자주 필터링에 사용되는 칼럼으로 설정하는 것이 바람직하다. 인덱스는 선두 칼럼부터 순차적으로 조건이 걸려야 제대로 작동하므로 가장 많이 사용되는 조건 칼럼을 앞에 배치해야 인덱스 효율을 극대화할 수 있다.

인덱스 사용이 가능한 경우

```
WHERE NAME = '김승호'
WHERE NAME = '김승호' AND BIRTH_DATE = '1993-05-16'
```

인덱스 사용이 어려운 경우(Index Skip Scan 제외)

```
WHERE BIRTH_DATE = '1993-05-16'
```

→ 선두 칼럼(NAME)이 조건에 없으므로 Index Range Scan 불가

→ Full Table Scan 또는 Index Skip Scan 수행

또한 너무 많은 칼럼을 결합하는 것은 오히려 성능 저하를 유발할 수 있다. 인덱스에 포함된 칼럼 수가 많아질수록 인덱스 자체의 크기가 커지고 이로 인해 오버헤드가 발생할 수 있기 때문이다. 따라서 필요한 칼럼만 선별하여 적절한 수준에서 결합 인덱스를 구성하는 것이 중요하다.

마지막으로 결합 인덱스를 설계할 때는 범위 조건보다는 **equal 조건으로 자주 사용되는 칼럼을 선두 칼럼으로 배치하는 것**이 좋은데 이는 인덱스가 조건을 얼마나 세밀하게 좁혀줄 수 있는지를 결정하는 데 중요한 기준이 된다.

equal 조건은 특정 값을 정확하게 지정하기 때문에 인덱스를 사용할 때 검색 범위를 가장 빠르고 효율적으로 줄여주는 역할을 한다. 반면 범위 조건은 결과 집합이 넓어지는 특성이 있어 인덱스의 필터링 효과가 상대적으로 떨어진다.

예를 들어 다음과 같은 결합 인덱스를 가정해보자.

```
CREATE INDEX IDX_ST_BIRTH_REGION
ON STUDENTS(BIRTH_DATE, REGION);
```

```
SELECT *
FROM STUDENTS
WHERE REGION = '서울'
AND BIRTH_DATE BETWEEN '1990-01-01' AND '1999-12-31';
```

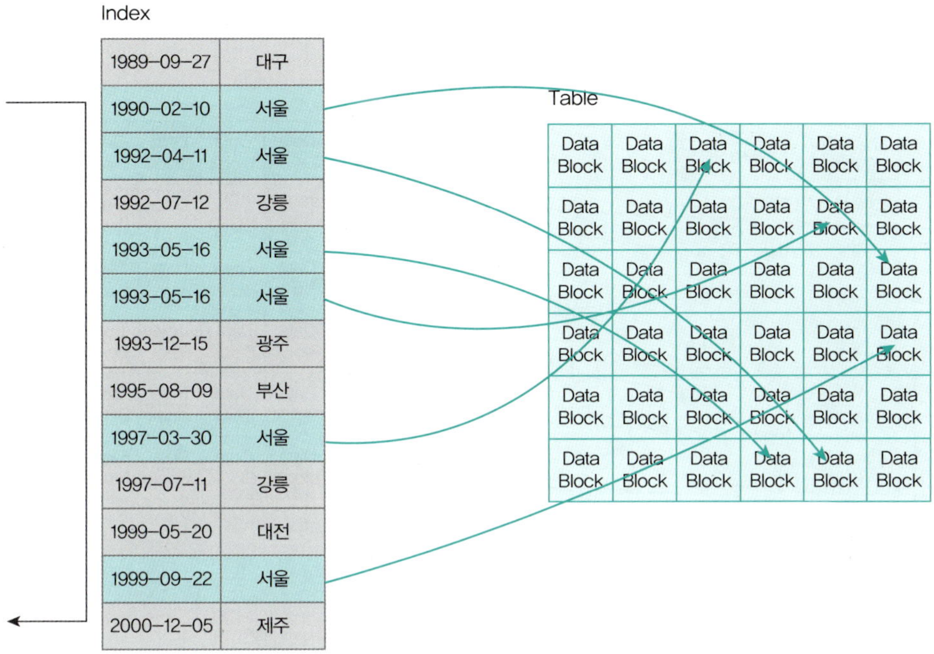

그림 11-7 비효율적인 결합 인덱스(*지면 관계상 해당하는 데이터 부분만 표시했다)

인덱스 선두 칼럼인 BIRTH_DATE에 between 범위 조건을 사용한 경우 나머지 조건인 REGION = '서울'을 만족하는 레코드들이 여기저기 흩어져 있게 된다. 결국 불필요한 레코드들까지 모두 스캔한 뒤에 조건을 만족하지 않는 건들을 버려야 하는 비효율이 발생하게 되는 것이다.

그럼 이번에는 REGION 칼럼을 선두 칼럼으로 하는 결합 인덱스를 가정해보자.

```
CREATE INDEX IDX_ST_REGION_BIRTH
ON STUDENTS(REGION, BIRTH_DATE);
```

```
SELECT *
FROM STUDENTS
WHERE REGION = '서울'
AND BIRTH_DATE BETWEEN '1990-01-01' AND '1999-12-31';
```

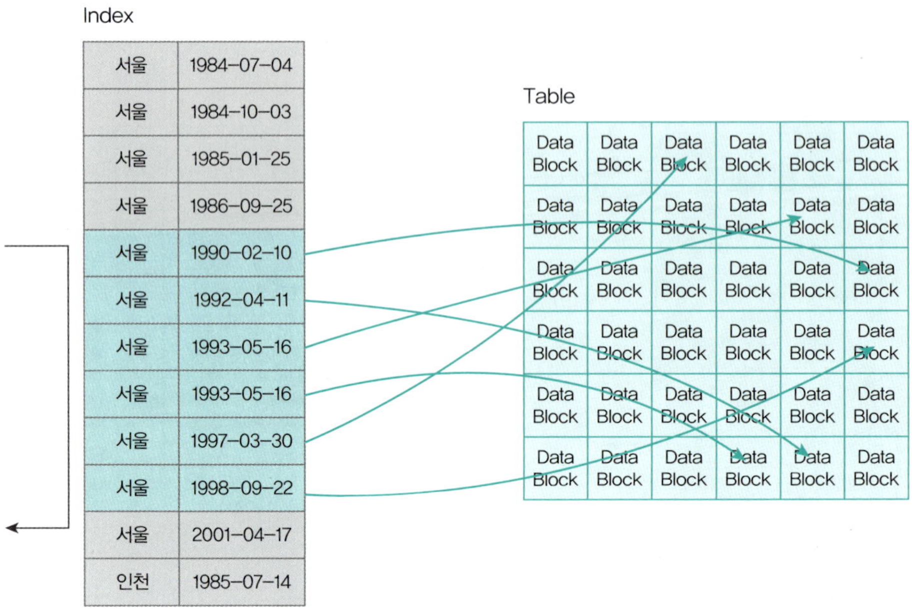

그림 11-8 스캔 범위가 줄어든 결합 인덱스(*지면 관계상 해당하는 데이터 부분만 표시했다)

앞선 상황과 비교했을 때 인덱스 스캔 범위가 줄어든 것을 확인할 수 있는데 이럴 경우 REGION 칼럼으로 먼저 정확한 대상을 좁히고 그 이후에 범위 조건을 적용함으로써 더 빠르고 정밀한 검색이 가능해진다. 따라서 결합 인덱스를 설계할 때는 equal 조건이 자주 사용되는 칼럼을 앞에 배치하고 범위 조건이 뒤에 오도록 구성하는 것이 성능 향상에 유리하다.

11.2 Index Scan vs Table Full Scan

인덱스 탐색의 동작 방식을 이해하면 SQL의 실행 계획을 보다 정확하게 해석할 수 있으며 이를 바탕으로 SQL 튜닝의 방향도 명확하게 설정할 수 있다. 쿼리가 어떤 방식으로 데이터에 접근하는지, 그리고 어떤 경우에 인덱스가 사용되지 않는지를 명확하게 판단할 수 있기 때문이다.

결국 SQL 튜닝은 단순히 구문을 바꾸는 수준의 작업이 아니라 인덱스가 어떤 조건에서 작동하며 언제 최적의 성능을 발휘하는지를 이해하는 것에서 출발해야 한다. 인덱스 탐색 방식에 대한 깊은 이해는 성능 향상을 위한 핵심적인 기반이 되며 성공적인 튜닝 전략의 첫걸음이라고 할 수 있는 것이다.

인덱스를 활용한 데이터 탐색

인덱스를 활용하여 데이터를 탐색하는 과정은 다음 두 단계로 이루어진다.

① Index Scan

인덱스 구조를 이용해 조건에 맞는 값 또는 범위의 ROWID를 찾아내는 과정이다. 인덱스는 정렬된 구조를 가지고 있기 때문에 이 과정은 속도가 매우 빠르다고 할 수 있다.

② Table Random Access (TABLE ACCESS BY INDEX ROWID)

인덱스에서 얻은 ROWID를 사용하여 테이블 블록으로 이동해 인덱스에 없는 칼럼 값을 가져오는 과정이다. 이때의 테이블 접근은 보통 **랜덤 접근**Random Access 방식으로 이루어지며 비교적 높은 비용을 요구한다.

빠른 이해 왜 Random인가?

- 인덱스 순서 ≠ 테이블 블록 순서
- 연속된 인덱스 엔트리라도 테이블 블록은 흩어져 있음
- 각 ROWID마다 별도의 블록 I/O 발생 가능

결국 인덱스 탐색은 이 두 단계의 조합으로 이루어지기 때문에 대체적으로 빠르지만 때에 따라서 I/O 비용이 커질 수 있다는 점을 이해해야 한다.

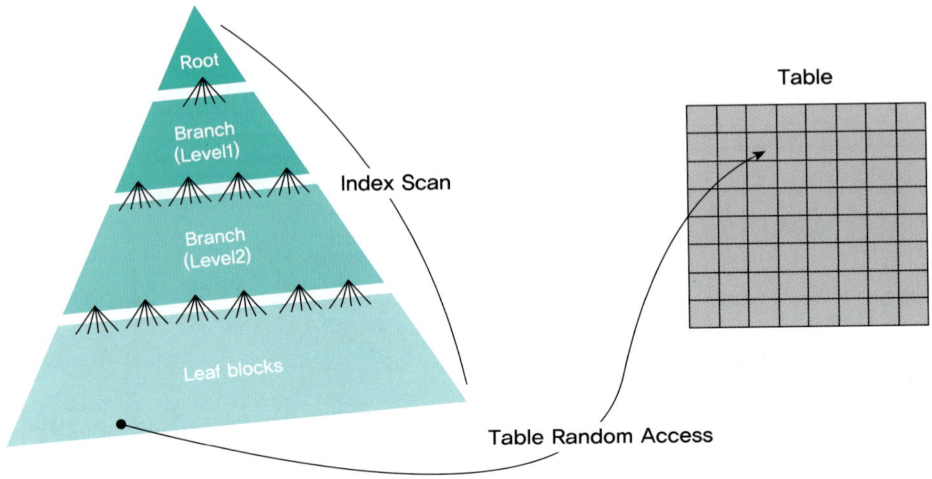

그림 11-9 인덱스를 활용한 데이터 탐색

그렇다면 테이블 접근은 왜 랜덤으로 이루어지는 걸까? 데이터베이스에서 테이블의 데이터는 디스크 상의 데이터 블록Data Block 단위로 저장된다. 하지만 시간이 지나면서 이 데이터는 처음처럼 깔끔하게 정돈된 상태를 유지하지 못하고 블록 여기저기에 흩어져 저장되는 현상이 발생하게 되는데 이러한 현상이 나타나는 데는 여러 가지 이유가 있다.

① DELETE와 INSERT에 따른 공간 재사용

운영 중인 테이블에는 새로운 데이터가 지속적으로 추가되기도 하고 기존 데이터가 삭제되기도 한다. 이 과정에서 삭제된 공간이 다시 사용되며 새로운 레코드가 기존의 빈 공간에 삽입될 수 있다. 이처럼 빈 공간을 재활용하는 과정에서 데이터는 처음의 순서를 잃고 블록 곳곳으로 흩어지게 되는데 예를 들어 100번째 회원이 삭제된 뒤 200번째 회원이 그 공간에 삽입되게 되면 회원번호 순서로 봤을 때 물리적 저장 순서가 어긋나게 되는 것이다.

② UPDATE로 인한 행 이동

레코드의 값이 갱신(UPDATE)되어 크기가 커졌을 때 현재 블록에 그 값을 저장할 공간이 부족하면 해당 레코드는 다른 블록으로 이동Row Migration하게 되는데 이 역시 데이터가 블록에 흩어져 저장되게 만드는 원인이 된다.

③ 병렬 처리 및 대량 입력 작업

병렬 Insert 작업이나 대용량 배치 작업에서도 데이터가 블록에 흩어질 가능성이 높아진다. 병렬 작업은 여러 프로세스가 동시에 데이터를 삽입하므로 각 작업이 서로 다른 블록에 데이터를 나누어 저장하게 된다. 이로 인해 테이블은 인덱스 칼럼 기준으로 정렬되지 않고 전체적으로 데이터가 분산된 형태를 가지게 된다.

데이터가 테이블 블록에 흩어져 저장되는 구조는 결국 데이터베이스가 데이터를 조회할 때 랜덤 액세스를 많이 수행하게 만든다. 랜덤 액세스란 디스크나 메모리 상의 데이터를 연속적인 순서가 아닌 이곳저곳 흩어진 위치에서 개별적으로 접근해야 하는 작업을 의미하며 이는 데이터 조회 성능 저하의 주된 원인 중 하나이다.

예를 들어 WHERE 조건절에 따라 인덱스를 사용하여 특정 레코드를 찾았다고 가정하자. 인덱스는 해당 레코드가 어느 블록에 있는지를 알려주지만 그 블록이 물리적으로 연속되어 있지 않고 무작위로 흩어져 있다면 매번 디스크나 메모리의 다른 블록을 별도로 읽어야 하므로 I/O가 증가하게 된다.

이와 같은 랜덤 액세스가 반복되면 다음과 같은 문제가 발생한다.

- **디스크 I/O 증가**: 연속된 블록을 한 번에 읽는 Sequential Access보다 랜덤하게 흩어진 블록을 개별적으로 접근하는 데 더 많은 시간이 소요된다.
- **버퍼 캐시 효율 저하**: 동일한 블록이 반복해서 사용되지 않으므로 캐시에 저장된 데이터의 재사용률이 낮아진다.
- **쿼리 성능 저하**: 특히 대량의 데이터를 처리하는 쿼리에서 응답 시간이 현저히 느려질 수 있다.

이처럼 DELETE, INSERT, UPDATE, 그리고 병렬 작업이나 오랜 시간 운영으로 인한 단편화 등으로 인해 테이블의 데이터가 블록에 흩어지게 되면 인덱스를 사용하더라도 물리적인 접근이 랜덤하게 이루어져 최종적으로 쿼리의 성능을 저하시킬 수 있다.

따라서 SQL 튜닝을 수행할 때는 인덱스 구조뿐만 아니라 데이터의 물리적인 저장 상태까지 함께 고려해야 하며 클러스터링 팩터와 랜덤 액세스 비용이 높은 원인을 정확히 파악하고 리빌드나 데이터 재정렬 등으로 개선해주는 것이 바람직하다.

Sequential Access vs Random Access

데이터베이스가 데이터에 접근하는 방식은 크게 Sequential Access와 Random Access로 나눌 수 있다. 이 두 가지 방식은 인덱스 사용 여부에 따라 결정되며 전체적인 성능에 큰 영향을 미친다.

① Sequential Access

Sequential Access는 데이터가 물리적으로 연속된 블록에 저장되어 있을 때 이를 순차적으로 읽어오는 방식을 의미한다. 이 방식은 디스크에서 헤드 이동이 거의 발생하지 않기 때문에 I/O 효율이 매우 높아 대량의 데이터를 빠르게 처리하는 데 유리하다. 인덱스의 Leaf Block을 스캔하는 과정(수평적 탐색)이나 Table Full Scan 등의 Multiblock Read를 하는 상황에서 Sequential Access가 발생하게 되는데 Random Access에 비해 처리 속도가 빠르며 비용이 적게 든다는 장점이 있다.

빠른 이해 Single block I/O vs Multi block I/O

1. Single block I/O

디스크에서 데이터를 읽을 때 한 번에 하나의 블록만 읽는 방식을 의미한다. 이는 데이터베이스에서 가장 기본적인 I/O 방식으로 주로 인덱스를 통해 특정 레코드를 빠르게 조회할 때 사용된다. Single block I/O는 정밀한 위치 탐색이 필요한 경우 적합한데 예를 들어 인덱스를 이용하여 특정 조건을 만족하는 소수의 행만 조회하는 경우 해당 레코드가 위치한 블록 하나만 정확하게 읽어 들이면 되기 때문에 I/O 낭비가 적고 빠른 응답 시간을 제공할 수 있다.

이러한 방식은 소량의 데이터를 빠르게 접근하는 데 유리하지만 반대로 전체 테이블의 데이터를 스캔하거나 대량 데이터를 조회할 경우에는 반복적인 블록 액세스가 발생하여 오히려 비효율적일 수 있다. 이런 경우에는 Multi block I/O가 더 효과적이다.

2. Multi block I/O

Multi block I/O는 한 번에 여러 개의 블록을 읽음으로써 I/O의 효율을 높이는 방식이다. 일반적으로 디스크에서 데이터를 읽을 때는 한 번에 하나의 블록씩 읽는 것이 기본이지만 대량의 데이터를 빠르게 처리해야 할 때는 한 번에 여러 블록을 읽는 Multi block Read 방식이 더 효율적이라고 할 수 있다. Table Full Scan, Index Fast Full Scan 등 병렬 처리 시 주로 사용되며 DB_FILE_MULTIBLOCK_READ_COUNT 파라미터를 통해 최대 읽기 블록 수를 조정할 수 있다.

② Random Access

Random Access는 데이터를 저장한 블록이 물리적으로 분산되어 있는 경우 해당 블록들을 하나하나 개별적으로 접근하는 방식이다. Random Access는 주로 인덱스를 사용하여 테이블의 원본 데이터에 접근하는 상황에서 발생하게 되는데 인덱스를 통해 조건에 맞는 ROWID를 먼저 찾고 이 ROWID를 기반으로 해당 row가 저장된 위치(블록)를 찾아가 데이터를 조회하기 위한 테이블 액세스가 여기에 해당한다.

여기서 고려해야 할 사항은 각각의 row가 모두 다른 블록에 저장되어 있는 경우 각 행마다 블록 I/O가 발생하게 되므로 그만큼 성능 부담이 커질 수 있다는 것이다. 특히 읽어와야 할 ROWID가 많은 경우 랜덤 I/O가 폭발적으로 증가하여 과도한 성능 저하로 이어질 수 있기 때문에 반드시 인덱스 손익분기점을 고려하여 실행 계획이 수립되어야 한다.

Index Range Scan

Index Range Scan(인덱스 범위 스캔)은 조건에 해당하는 값을 범위 내에서 탐색하는 방식이다. 단일 값이 아닌 여러 개의 값을 검색하는 범위 조건이 사용된 경우, 또는 equal 조건에 해당하는 값이 여러 개인 경우 발생하며 인덱스의 리프(Leaf) 블록을 좌 → 우 방향으로 연속적으로 스캔하면서 조건에 맞는 데이터를 찾는다.

즉, 수직적 탐색을 통해 시작 지점을 찾고 수평적 탐색으로 범위 조건을 만족하는 엔트리를 차례로 읽어가는 방식이라고 이해할 수 있겠다.

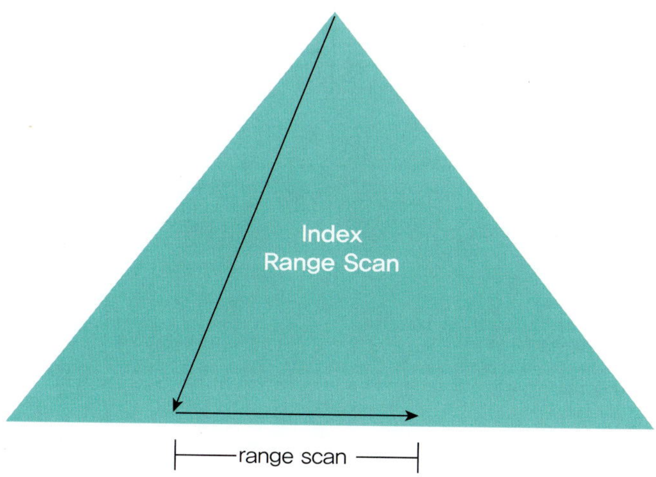

그림 11-10 인덱스 범위 스캔 과정

Index Range Scan은 다음과 같은 두 단계의 구조로 동작한다.

1. **수직적 탐색**: 루트(Root) → 브랜치(Branch) → 리프(Leaf) 순으로 B-Tree 인덱스를 타고 내려가 범위 조건의 시작 위치를 찾는다.
2. **수평적 탐색**: 시작 위치에 해당하는 리프 노드부터 시작해 조건에 해당하는 값이 끝날 때까지 오른쪽으로 인접한 리프 블록을 순차적으로 탐색한다.

빠른 이해 **Index Range Scan이 발생하는 경우**

- 범위 조건(BETWEEN, <, >, <=, >=) 사용

예) SELECT * FROM EMPLOYEES WHERE SALARY BETWEEN 5000 AND 7000;

- LIKE 접두어 검색

예) SELECT * FROM EMPLOYEES WHERE LAST_NAME LIKE 'SM%';

- 중복 데이터가 존재하는 인덱스 칼럼에 대한 equal 조건 사용(DEPARTMENT_ID 칼럼에 인덱스가 걸려있고 10인 사원이 다수 존재하는 경우)

예) SELECT * FROM EMPLOYEES WHERE DEPARTMENT_ID = 10;

다음은 범위 조건을 사용한 쿼리와 그에 대한 실행 계획이다.

```
SELECT *
FROM STUDENTS
WHERE STUDENT_NO BETWEEN '0010' AND '0020';
```

실행 계획을 확인하면 다음과 같이 나타난다.

```
-----------------------------------------------------------------------------------------------
| Id | Operation                    | Name        | Starts | E-Rows | A-Rows |   A-Time    | Buffers |
-----------------------------------------------------------------------------------------------
|  0 | SELECT STATEMENT             |             |      1 |        |     11 |00:00:00.01 |       2 |
|  1 |  TABLE ACCESS BY INDEX ROWID| STUDENTS    |      1 |     10 |     11 |00:00:00.01 |       2 |
|* 2 |   INDEX RANGE SCAN           | STUDENTS_PK |      1 |     10 |     11 |00:00:00.01 |       1 |
-----------------------------------------------------------------------------------------------
```

```
Predicate Information (identified by operation id):
---------------------------------------------------

   2 - access("STUDENT_NO">='0010' AND "STUDENT_NO"<='0020')
```

다음은 LIKE 조건을 사용한 쿼리와 그에 대한 실행 계획이다.

```
SELECT *
FROM STUDENTS
WHERE NAME LIKE '이%';
```

실행 계획을 확인하면 다음과 같이 나타난다.

```
-------------------------------------------------------------------------------------------------------------
| Id  | Operation                    | Name              | Starts | E-Rows | A-Rows |   A-Time   | Buffers |
-------------------------------------------------------------------------------------------------------------
|   0 | SELECT STATEMENT             |                   |      1 |        |      7 |00:00:00.01 |       2 |
|   1 |  TABLE ACCESS BY INDEX ROWID| STUDENTS          |      1 |      6 |      7 |00:00:00.01 |       2 |
|*  2 |   INDEX RANGE SCAN           | IDX_ST_NAME_BIRTH |      1 |      6 |      7 |00:00:00.01 |       1 |
-------------------------------------------------------------------------------------------------------------

Predicate Information (identified by operation id):
---------------------------------------------------

   2 - access("NAME" LIKE '이%')
       filter("NAME" LIKE '이%')
```

위 실행 계획에서 access 조건과 동일한 filter 조건이 나온 이유는 인덱스로 먼저 찾은 후보 레코드들 중에서 실제 조건이 한 번 더 확인(2단계 처리)되었다는 의미이다. 즉, 예비 검사 후 맞는지 틀린지 최종 필터링을 거쳤다고 이해하면 되겠다.

다음은 중복 데이터가 존재하는 인덱스 칼럼에 equal 조건을 사용한 쿼리와 그에 대한 실행 계획이다.

```
SELECT *
FROM STUDENTS
WHERE NAME = '박태환';
```

실행 계획을 확인하면 다음과 같이 나타난다.

```
-----------------------------------------------------------------------------------------------------------
| Id  | Operation                    | Name              | Starts | E-Rows | A-Rows |   A-Time    | Buffers |
-----------------------------------------------------------------------------------------------------------
|   0 | SELECT STATEMENT             |                   |      1 |        |      2 |00:00:00.01 |       2 |
|   1 |  TABLE ACCESS BY INDEX ROWID| STUDENTS          |      1 |      1 |      2 |00:00:00.01 |       2 |
|*  2 |   INDEX RANGE SCAN           | IDX_ST_NAME_BIRTH |      1 |      1 |      2 |00:00:00.01 |       1 |
-----------------------------------------------------------------------------------------------------------

Predicate Information (identified by operation id):
---------------------------------------------------

   2 - access("NAME"='박태환')
```

위 실행 계획을 보면 '박태환'이라는 Name을 가진 학생이 2명 존재하는 것을 알 수 있으며 이 2건의 데이터에 대한 Index Range Scan이 일어난 것 또한 확인할 수 있다.

이처럼 Index Range Scan은 범위 조건 검색에 매우 효율적인 방식이지만 조건의 설정 방식이나 인덱스 구조, 그리고 쿼리 작성 형태에 따라 성능이 크게 달라질 수 있다. 덧붙여 비교적 빠른 액세스 방식이긴 하지만 다음과 같은 전략들을 적용하면 훨씬 더 최적화된 성능을 얻을 수 있으니 기억해두도록 하자.

① 조건 칼럼에 적절한 인덱스 설정

Index Range Scan을 효과적으로 사용하기 위해서는 쿼리의 조건 칼럼이 인덱스와 정확하게 일치하거나 적어도 선행 칼럼이 반드시 WHERE 절에 포함되어야 한다. 결합 인덱스의 경우 첫 번째 칼럼이 조건절에 사용되지 않으면 옵티마이저는 해당 인덱스를 사용하지 않고 Table Full Scan을 선택할 수 있다.

또한 인덱스 칼럼에 연산이나 함수가 사용되면 인덱스가 무효화되므로 주의가 필요하다. 예를 들어 SUBSTR(BIRTH_DATE, 0, 4)처럼 함수가 포함된 조건은 인덱스를 사용할 수 없게 만들기 때문에 이런 경우 범위 조건으로 변경하여 인덱스가 제대로 사용되도록 쿼리를 조정하는 것이 좋다.

다음은 BIRTH_DATE 칼럼에 단일 인덱스를 설정한 뒤 이를 이용하여 조건절을 작성한 쿼리와 그에 대한 실행 계획이다.

```
CREATE INDEX IDX_ST_BIRTH_DATE ON STUDENTS(BIRTH_DATE);
```

```
SELECT *
FROM STUDENTS
WHERE BIRTH_DATE BETWEEN '1993-01-01' AND '1993-12-31';
```

실행 계획을 확인하면 다음과 같이 나타난다.

```
--------------------------------------------------------------------------------------------------------
| Id  | Operation                     | Name              | Starts | E-Rows | A-Rows |   A-Time   | Buffers |
--------------------------------------------------------------------------------------------------------
|   0 | SELECT STATEMENT              |                   |      1 |        |      3 |00:00:00.01 |       2 |
|*  1 |  FILTER                       |                   |      1 |        |      3 |00:00:00.01 |       2 |
|   2 |   TABLE ACCESS BY INDEX ROWID| STUDENTS          |      1 |      3 |      3 |00:00:00.01 |       2 |
|*  3 |    INDEX RANGE SCAN           | IDX_ST_BIRTH_DATE |      1 |      3 |      3 |00:00:00.01 |       1 |
--------------------------------------------------------------------------------------------------------

Predicate Information (identified by operation id):
---------------------------------------------------

   1 - filter(TO_DATE('1993-01-01')<=TO_DATE('1993-12-31'))
   3 - access("BIRTH_DATE">='1993-01-01' AND "BIRTH_DATE"<='1993-12-31')
```

IDX_ST_BIRTH_DATE 인덱스를 활용하여 INDEX RANGE_SCAN을 한 것을 확인할 수 있다.

다음은 같은 결과를 출력하는 쿼리이지만 BIRTH_DATE에 SUBSTR 함수를 적용하여 작성한 예시와 그에 대한 실행 계획이다.

```
SELECT *
FROM STUDENTS
WHERE SUBSTR(BIRTH_DATE, 0, 4) = '1993';
```

실행 계획을 확인하면 다음과 같이 나타난다.

```
-------------------------------------------------------------------------------------
¦ Id  ¦ Operation          ¦ Name     ¦ Starts ¦ E-Rows ¦ A-Rows ¦   A-Time    ¦ Buffers ¦
-------------------------------------------------------------------------------------
¦   0 ¦ SELECT STATEMENT   ¦          ¦      1 ¦        ¦      3 ¦00:00:00.01 ¦       2 ¦
¦*  1 ¦  TABLE ACCESS FULL¦ STUDENTS ¦      1 ¦      1 ¦      3 ¦00:00:00.01 ¦       2 ¦
-------------------------------------------------------------------------------------

Predicate Information (identified by operation id):
---------------------------------------------------

   1 - filter(SUBSTR(INTERNAL_FUNCTION("BIRTH_DATE"),0,4)='1993')
```

인덱스 칼럼인 BIRTH_DATE를 함수로 가공해버림으로써 IDX_ST_BIRTH_DATE 인덱스를 활용하지 못하고 전체 테이블을 스캔했음을 확인할 수 있다.

② 조건 범위를 가능한 좁게 설정

Index Range Scan은 지정된 범위 안의 인덱스 항목을 연속적으로 스캔하게 된다. 따라서 조건 범위가 넓을수록 많은 ROWID가 반환되고 이로 인해 테이블 접근 시 랜덤 I/O가 증가하게 되어 성능 저하로 이어질 수 있다.

따라서 가능한 한 구체적인 조건을 사용하거나 추가 필터 조건을 함께 사용하는 방식으로 선택도를 높이는 작업이 필요하다. 불필요하게 넓은 범위를 사용하는 대신 의미 있는 필터링 조건을 추가해 결과 행 수를 줄이는 것이 튜닝의 핵심 요소 중 하나라고 하겠다.

③ 불필요한 칼럼 조회 피하기

인덱스를 통해 ROWID를 찾은 이후에는 보통 테이블에 접근하여 나머지 칼럼을 조회하게 되는데 이때 Table Access by ROWID가 발생하며 이로 인한 랜덤 액세스 비용이 발생한다. 하지만 SELECT 문에서 인덱스에 포함된 칼럼만 조회할 경우 테이블 접근 없이 인덱스만으로 결과를 반환할 수 있는데 이런 구조를 유도하면 랜덤 I/O를 완전히 생략할 수 있다.

따라서 실제로 사용할 칼럼만 인덱스에 포함시키고 조회 시 해당 칼럼만 사용하도록 쿼리를 작성하면 훨씬 빠른 성능을 낼 수 있는데 인덱스가 테이블의 역할 일부를 대신하게 되는 셈인 것이다.

다음은 STUDENT_NO로 조건절을 작성한 뒤 전체 칼럼을 SELECT 하는 쿼리와 그에 대한 실행 계획이다.

```
SELECT *
FROM STUDENTS
WHERE STUDENT_NO > '0040';
```

실행 계획을 확인하면 다음과 같이 나타난다.

```
------------------------------------------------------------------------------------------------
| Id  | Operation                   | Name        | Starts | E-Rows | A-Rows |   A-Time    | Buffers |
------------------------------------------------------------------------------------------------
|   0 | SELECT STATEMENT            |             |      1 |        |     10 |00:00:00.01 |       2 |
|   1 |  TABLE ACCESS BY INDEX ROWID| STUDENTS    |      1 |     10 |     10 |00:00:00.01 |       2 |
|*  2 |   INDEX RANGE SCAN          | STUDENTS_PK |      1 |     10 |     10 |00:00:00.01 |       1 |
------------------------------------------------------------------------------------------------

Predicate Information (identified by operation id):
---------------------------------------------------

   2 - access("STUDENT_NO">'0040')
```

STUDENTS_PK 인덱스를 활용하여 INDEX_RANGE_SCAN을 한 뒤 전체 칼럼을 가져오기 위해 TABLE ACCESS BY INDEX ROWID 단계를 수행한 것을 확인할 수 있다.

다음은 EMP_NO, FIRST_NAME, MAJOR 칼럼으로 결합 인덱스를 생성한 뒤 앞의 예시처럼 인덱스에 포함된 칼럼만 SELECT하는 쿼리와 그 실행 계획이다.

```
CREATE INDEX IDX_ST_NO_NAME_MAJOR ON STUDENTS (STUDENT_NO, NAME, MAJOR);
```

```
SELECT STUDENT_NO, NAME, MAJOR
FROM STUDENTS
WHERE STUDENT_NO > '0040';
```

실행 계획을 확인하면 다음과 같이 나타난다.

```
----------------------------------------------------------------------------------------------------
| Id  | Operation         | Name                 | Starts | E-Rows | A-Rows |   A-Time    | Buffers |
----------------------------------------------------------------------------------------------------
|   0 | SELECT STATEMENT  |                      |      1 |        |     10 |00:00:00.01 |       1 |
|*  1 |  INDEX RANGE SCAN| IDX_ST_NO_NAME_MAJOR |      1 |     10 |     10 |00:00:00.01 |       1 |
----------------------------------------------------------------------------------------------------

Predicate Information (identified by operation id):
---------------------------------------------------

   1 - access("STUDENT_NO">'0040')
```

쿼리의 모든 동작을 인덱스 내에서 해결했으며 그로 인해 TABLE ACCESS BY INDEX ROWID 단계가 사라진 것을 확인할 수 있다. 실제로 이 방식은 인덱스 스캔 후 테이블에 랜덤 액세스 하는 단계에서 부하가 심하다고 판단될 때 적용해볼 수 있는 튜닝 전략이라고 할 수 있다.

④ 클러스터링 팩터 개선

Index Range Scan 이후 테이블 접근이 발생하는 경우 해당 행이 물리적으로 얼마나 가까운 위치에 저장되어 있느냐에 따라 랜덤 I/O의 양이 달라지게 되는데 이를 판단하는 지표를 클러스터링 팩터Clustering Factor라고 한다. 클러스터링 팩터가 높은 경우 같은 인덱스 조건을 만족하는 ROWID가 물리적으로 멀리 떨어져 있어 결과적으로 디스크 헤드 이동이 많아지고 성능 저하를 불러 일으키게 된다.

따라서 클러스터링 팩터가 너무 높다고 판단될 때에는 이를 개선하는 것이 필요한데 조건 칼럼을 기준으로 테이블을 정렬한다거나 Index Rebuild 및 통계 재수집을 통해 인덱스 구조를 최적화하는 방법 등을 활용해볼 수 있다.

빠른 이해 | 클러스터링 팩터

클러스터링 팩터(CF)는 특정 칼럼을 기준으로 같은 값을 가진 데이터가 물리적으로 얼마나 가까이 모여 있는지를 나타내는 지표로 CF가 좋은 칼럼에 인덱스를 생성하면 검색 효율이 매우 뛰어나게 된다. 예를 들어 「부서 = '개발팀'」에 해당하는 사원 데이터가 테이블 상에서 물리적으로 인접한 블록에 저장되어 있다면 데이터를 찾는 데 필요한 블록 접근 수가 줄어들어 조회 속도가 훨씬 빨라지게 된다. 쉽게 말해 개발팀 소속 직원들이 모두 같은 블록에 모여 있다면 CF가 좋은 경우에 해당하는데 이런 경우 개발팀 직원들을 모두 access한다고 해도 시간이 얼마 걸리지 않을 것이다. 반면 개발팀 직원들이 여러 블록에 흩어져 저장되어 있다면 한 사람 한 사람을 찾아가기 위해 많은 시간과 노력이 필요할 것이다.
이처럼 데이터가 물리적으로 모여 있을수록 검색 성능이 좋아지고 데이터가 흩어져 있을수록 접근 비용이 증가하게 되며 따라서 클러스터링 팩터는 성능 최적화에 중요한 개념으로서 작용하게 된다.

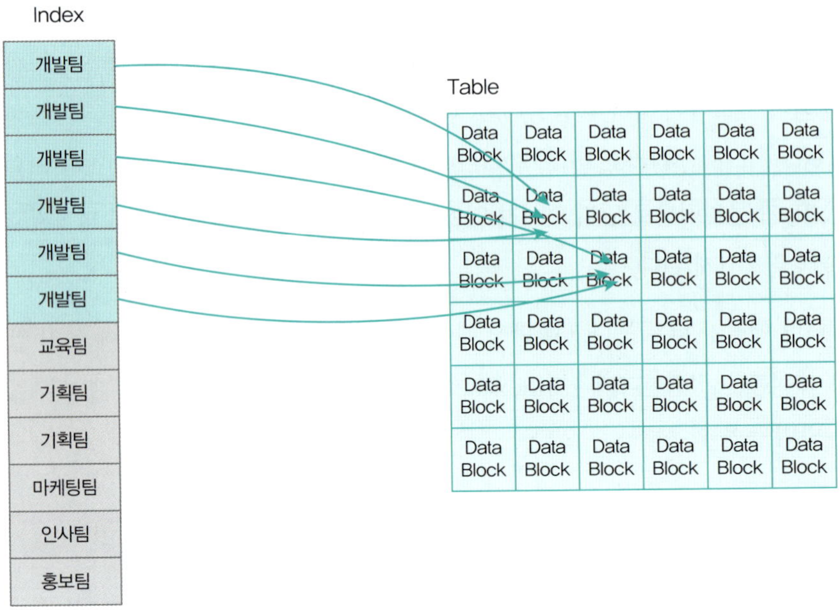

그림 11-11 클러스터링 팩터가 좋은 경우

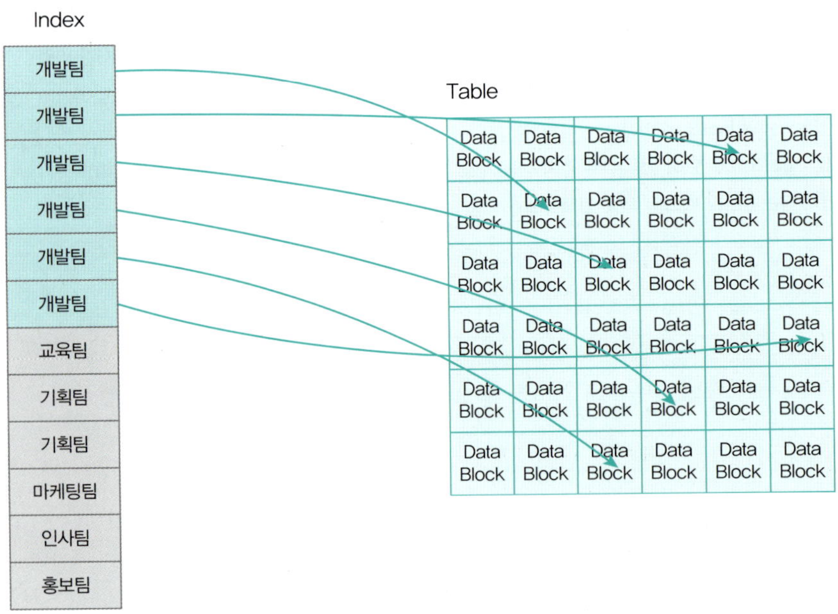

그림 11-12 클러스터링 팩터가 나쁜 경우

⑤ 정렬 순서 일치 여부 확인

B-Tree 인덱스는 내부적으로 정렬된 구조를 갖기 때문에 ORDER BY 절이 인덱스의 정렬 순서와 일치할 경우 별도의 정렬 연산 없이도 결과를 정렬된 형태로 반환할 수 있다. 이 경우 옵티마이저는 SORT ORDER BY 연산을 생략하게 되며 이로 인해 CPU 자원 절감과 처리 시간 단축이라는 이점을 얻을 수 있다.

반면 정렬 조건이 인덱스와 일치하지 않으면 인덱스가 사용되더라도 별도의 정렬 작업이 필요하게 되며 그만큼 비용이 추가되기 때문에 정렬이 자주 필요한 칼럼은 인덱스 칼럼의 선두에 배치하거나 필요한 순서에 맞춰 인덱스를 설계하는 것이 좋겠다.

다음은 결합 인덱스의 결합 순서와 다르게 ORDER BY 절이 작성된 쿼리와 그에 대한 실행 계획이다.

```
SELECT STUDENT_NO, NAME, MAJOR
FROM STUDENTS
WHERE STUDENT_NO > '0040'
ORDER BY STUDENT_NO, MAJOR, NAME;
```

실행 계획을 확인하면 다음과 같이 나타난다.

```
--------------------------------------------------------------------------------------------------------------------
| Id  | Operation          | Name               | Starts | E-Rows | A-Rows |   A-Time   | Buffers |  OMem |  1Mem | Used-Mem |
--------------------------------------------------------------------------------------------------------------------
|   0 | SELECT STATEMENT   |                    |      1 |        |     10 |00:00:00.01 |       1 |       |       |          |
|   1 |  SORT ORDER BY     |                    |      1 |     10 |     10 |00:00:00.01 |       1 |  2048 |  2048 | 2048  (0)|
|*  2 |   INDEX RANGE SCAN| IDX_ST_NO_NAME_MAJOR |      1 |     10 |     10 |00:00:00.01 |       1 |       |       |          |
--------------------------------------------------------------------------------------------------------------------

Predicate Information (identified by operation id):
---------------------------------------------------

   2 - access("STUDENT_NO">'0040')
```

SORT ORDER BY 연산이 수행되었으며 이를 위해 메모리 영역(Used_Mem)까지 사용된 것을 확인할 수 있다.

다음은 결합 인덱스의 결합 순서와 동일하게 ORDER BY 절이 작성된 쿼리와 그에 대한 실행 계획이다.

```
SELECT STUDENT_NO, NAME, MAJOR
FROM STUDENTS
WHERE STUDENT_NO > '0040'
ORDER BY STUDENT_NO, NAME, MAJOR;
```

실행 계획을 확인하면 다음과 같이 나타난다.

```
-------------------------------------------------------------------------------------------
| Id  | Operation         | Name                  | Starts | E-Rows | A-Rows |   A-Time   | Buffers |
-------------------------------------------------------------------------------------------
|   0 | SELECT STATEMENT |                        |      1 |        |     10 |00:00:00.01 |       1 |
|*  1 |  INDEX RANGE SCAN| IDX_ST_NO_NAME_MAJOR |      1 |     10 |     10 |00:00:00.01 |       1 |
-------------------------------------------------------------------------------------------

Predicate Information (identified by operation id):
---------------------------------------------------

   1 - access("STUDENT_NO">'0040')
```

이전 쿼리에서 나타났던 SORT ORDER BY 연산이 생략된 것을 확인할 수 있다. SORT ORDER BY는 결과 데이터를 사용자 지정 기준에 맞춰 정렬하는 중요한 역할을 하지만 쿼리 성능에 상당한 영향을 줄 수 있는 고비용 작업이기도 하다.

SORT ORDER BY의 동작 원리는 다음과 같다.

1. **결과 집합 생성**: 먼저 WHERE 절 등의 조건에 맞는 데이터 집합을 생성한다.
2. **메모리 내 정렬 시도**: 결과 집합이 작은 경우 데이터베이스는 메모리 영역(정렬 버퍼, Sort Area)을 활용해 정렬을 시도한다.

3. **디스크로 Spill 발생 가능**: 결과 집합이 너무 크거나 정렬 버퍼 크기보다 클 경우 디스크에 임시 영역(Temp Tablespace)을 사용하여 정렬 작업을 수행하게 된다. 이를 Spill이라고 한다.
4. **정렬 완료 후 결과 반환**: 정렬이 완료된 후 최종적으로 결과를 사용자에게 반환한다.

SORT ORDER BY는 결과 집합이 크거나 정렬 대상이 많을수록 메모리 사용량이 급증하고 디스크 I/O 또한 증가할 수 있다. 특히 정렬 작업이 메모리 내에서 처리되지 못하고 디스크로 Spill이 발생하면 정렬 속도가 급격히 느려지기 때문에 유의해야 한다.

따라서 정렬을 동반하는 쿼리는 일반적으로 [CPU 부하 + 메모리 사용량 + 디스크 I/O] 모두를 높이는 작업이기 때문에 튜닝이 필요한 주요 대상이 되며 이에 대한 대책으로 인덱스를 활용하여 SORT ORDER BY 연산을 생략하는 것이 하나의 좋은 전략이 될 수 있다.

Index Full Scan

Index Full Scan은 인덱스의 리프 블록 전체를 수평적으로 처음부터 끝까지 순차적으로 스캔하는 방식이다. 이는 인덱스를 통해 조건에 맞는 데이터를 필터링할 수는 있지만 인덱스 선두 칼럼이 조건절에 존재하지 않는 경우, 혹은 Table Full Scan 보다 인덱스를 통한 필터링 비용이 더 저렴하다고 판단될 때 발생할 수 있다.

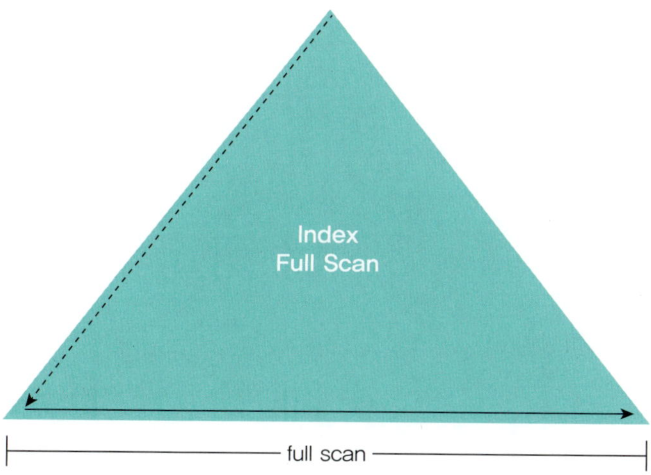

그림 11-13 Index Full Scan 과정

빠른 이해 Index Full Scan이 발생하는 경우

- WHERE 절에 인덱스 선두 칼럼이 빠져 있는 경우
- 테이블 전체를 스캔하는 것보다 인덱스를 활용해 필터링하는 것이 효율적일 경우
- 정렬이 필요한 쿼리에서 인덱스 정렬 순서를 활용할 수 있는 경우

일반적으로 옵티마이저는 조건절에 인덱스 선두 칼럼이 없는 경우 Table Full Scan을 우선으로 고려한다. 하지만 테이블이 매우 크고 전체 데이터를 읽는 데 드는 비용이 높다면, Index Full Scan을 활용해 조건에 맞는 인덱스 항목을 먼저 필터링하고 그 후 테이블에 접근하는 방식을 선택할 수 있다. 심지어 SELECT 절에서 인덱스 칼럼만 가져오는 경우라면 테이블 접근 없이 인덱스만으로 처리가 가능하기 때문에 성능면에서 매우 효율적이라고 할 수 있는데, 이를 Index Only Scan 또는 Covering Index Scan이라고 한다.

또한 B-Tree 인덱스는 칼럼 값 기준으로 정렬된 상태이기 때문에 ORDER BY 절이 인덱스 칼럼과 일치하는 경우에는 별도의 정렬(SORT) 연산을 생략할 수 있으며 이때 Index Full Scan은 정렬 비용을 줄이는 용도로도 사용될 수 있다.

다음은 인덱스 선두 칼럼이 조건절에 쓰이지 않았지만 ORDER BY 절에서 인덱스 선두 칼럼으로 정렬을 시도한 쿼리와 그에 대한 실행 계획이다.

```
SELECT STUDENT_NO, NAME, MAJOR
FROM STUDENTS
WHERE MAJOR IN ('경영학과', '심리학과')
ORDER BY STUDENT_NO, NAME, MAJOR;
```

실행 계획을 확인하면 다음과 같이 나타난다.

```
-----------------------------------------------------------------------------------------------------
| Id  | Operation          | Name                  | Starts | E-Rows | A-Rows |   A-Time    | Buffers |
-----------------------------------------------------------------------------------------------------
|   0 | SELECT STATEMENT |                         |      1 |        |      7 |00:00:00.01 |       1 |
|*  1 |  INDEX FULL SCAN | IDX_ST_NO_NAME_MAJOR |      1 |      3 |      7 |00:00:00.01 |       1 |
-----------------------------------------------------------------------------------------------------

Predicate Information (identified by operation id):
---------------------------------------------------

   1 - filter(("MAJOR"='경영학과' OR "MAJOR"='심리학과'))
```

Index Full Scan을 활용하여 데이터를 필터링하였고 인덱스를 활용한 덕분에 SORT ORDER BY 연산은 생략이 된 것을 확인할 수 있다. Index Full Scan은 효율적인 방식일 수 있지만 다음과 같은 상황에서는 오히려 성능 저하를 유발할 수 있으니 주의해야 한다.

- 조건에 맞는 레코드가 너무 많을 경우 모든 ROWID에 대해 테이블 랜덤 액세스가 발생하여 오히려 Table Full Scan보다 I/O가 많아질 수 있다.
- FIRST_ROWS 힌트 사용 시 사용자 의도와는 다르게 옵티마이저가 힌트만을 기준으로 잘못된 판단을 내릴 수도 있다. 예를 들어 경영학과나 심리학과를 전공하는 학생들이 매우 많은 수를 차지하고 있다면 위 조건은 필터링 효과가 낮게 되는데 이 경우 Index Full Scan을 선택하더라도 거의 모든 ROWID가 반환되고 결국 대부분의 블록에 테이블 접근이 발생하기 때문에 Table Full Scan 보다 성능이 더 나쁠 수 있다.

빠른 이해 **FIRST_ROWS 힌트**

일반적으로 옵티마이저는 전체 쿼리의 수행 시간을 최소화하는 방향으로 실행 계획을 선택하는데 이런 기본 모드를 'All Rows 모드'라고 한다. 하지만 사용자 입장에서는 전체 결과를 다 기다리기보다는 먼저 몇 건이라도 빠르게 보고 싶은 경우가 많은데 예를 들어 웹 화면이나 검색 결과에서는 사용자가 전체 데이터를 다 보기 전에 처음 몇 건만 빨리 보여주는 것이 중요할 수 있기 때문이다. 이럴 때 FIRST_ROWS 힌트를 사용하면 옵티마이저가 전체 처리 최적화 대신 초기 결과 반환 최적화를 목표로 실행 계획을 세우게 된다.

Index Unique Scan

Index Unique Scan은 B-Tree 인덱스를 통해 단 하나의 레코드만을 정확히 조회할 수 있는 경우 발생하는 인덱스 탐색 방식으로 인덱스의 모든 키 칼럼에 대한 equal 조건(=)이 주어지고 해당 조건이 UNIQUE 또는 PRIMARY KEY 제약조건을 만족할 때 옵티마이저가 선택한다. Index Unique Scan은 정확히 하나의 값을 찾는 인덱스 탐색이기 때문에 탐색 범위가 가장 작고 성능이 가장 빠른 인덱스 접근 방식 중 하나이다.

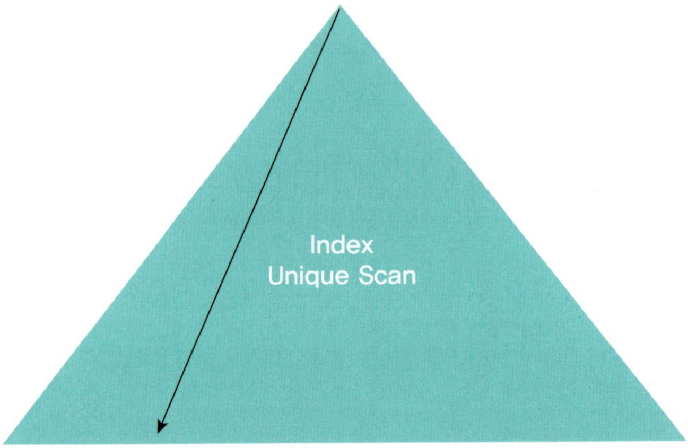

그림 11-14 Index Unique Scan 과정

Index Unique Scan은 다음과 같은 방식으로 동작한다.

- 루트 노드에서 시작해 브랜치 노드를 따라 내려가며 지정된 키 값이 포함된 리프 블록을 정확히 탐색
- 해당 키에 연결된 ROWID를 반환
- 이후 TABLE ACCESS BY ROWID를 통해 테이블의 실제 데이터를 가져옴

이 과정에서 탐색은 수직적으로만 이루어지며 수평적인 블록 스캔은 발생하지 않는다. 즉, 한 번의 경로 탐색만으로 필요한 값의 위치를 정확히 찾을 수 있기 때문에 탐색 비용이 가장 적다고 할 수 있다.

> **빠른 이해** Index Unique Scan이 발생하는 경우
>
> – 인덱스가 Unique 또는 Primary Key 제약조건을 기반으로 생성되어 있음
> – WHERE 절에서 인덱스의 모든 키 칼럼에 대해 equal 조건(=)이 주어짐
> – 하나의 ROWID만 반환되므로 중복된 값이 없어야 함

다음은 PK 칼럼으로 조건절을 작성한 쿼리와 그에 대한 실행 계획이다.

```
SELECT *
FROM STUDENTS
WHERE STUDENT_NO = '0025';
```

실행 계획을 확인하면 다음과 같이 나타난다.

```
-----------------------------------------------------------------------------------------------
| Id  | Operation                    | Name        | Starts | E-Rows | A-Rows |   A-Time   | Buffers |
-----------------------------------------------------------------------------------------------
|   0 | SELECT STATEMENT             |             |      1 |        |      1 |00:00:00.01 |       2 |
|   1 |  TABLE ACCESS BY INDEX ROWID| STUDENTS    |      1 |      1 |      1 |00:00:00.01 |       2 |
|*  2 |   INDEX UNIQUE SCAN          | STUDENTS_PK |      1 |      1 |      1 |00:00:00.01 |       1 |
-----------------------------------------------------------------------------------------------

Predicate Information (identified by operation id):
---------------------------------------------------

   2 - access("STUDENT_NO"='0025')
```

A–Rows 항목에서 1건의 데이터가 출력된 것을 알 수 있으며 STUDENT_PK 인덱스를 활용하여 INDEX UNIQUE SCAN이 수행된 것을 확인할 수 있다.

Index Skip Scan

Index Skip Scan은 결합 인덱스에서 선두 칼럼이 조건절에 포함되지 않은 경우에도 인덱스

를 활용할 수 있는 방식이다. 일반적으로 인덱스의 첫 번째 칼럼이 조건절에 등장해야 인덱스가 사용되지만 이 방식은 선두 칼럼이 빠진 경우에도 후행 칼럼의 조건을 기준으로 인덱스를 탐색할 수 있도록 한다.

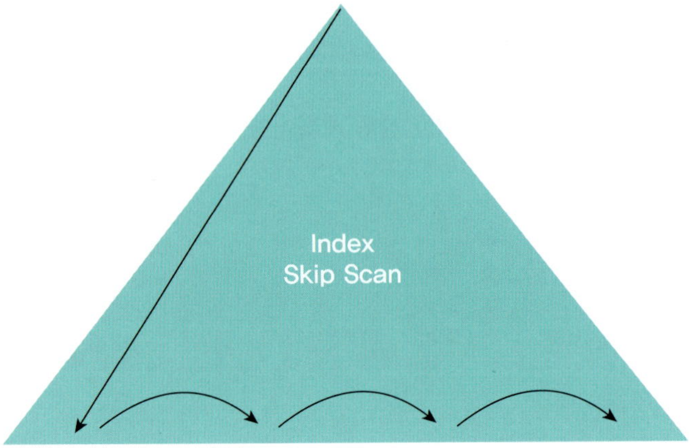

그림 11-15 Index Skip Scan 과정

예를 들어 [직급, 연봉]이라는 결합 인덱스가 있을 때 다음과 같이 직급에 대한 조건 없이 연봉 조건만 사용하는 경우 Index Skip Scan이 발생할 수 있다(가정 사항을 예시로 든 것으로 제공 스크립트와는 무관하다).

```
SELECT *
FROM EMPLOYEES
WHERE SALARY BETWEEN 5000 AND 7000;
```

Index Skip Scan은 선두 칼럼의 각 값마다 Index Range Scan을 반복 수행하는 방식으로 작동한다. 예를 들어 직급 데이터에 '사원', '대리', '과장'이 존재할 경우 옵티마이저는 다음과 같이 세 번의 인덱스 탐색을 수행한다.

- 직급 = '사원'일 때 연봉 BETWEEN 5000 AND 7000 조건에 대해 Index Range Scan 수행
- 직급 = '대리'일 때 동일한 조건으로 다시 Index Range Scan 수행
- 직급 = '과장'일 때 동일한 조건으로 다시 Index Range Scan 수행

이처럼 선두 칼럼의 가능한 값을 가정하여 인덱스를 반복 탐색하므로 실제로는 후행 칼럼만 사용한 쿼리임에도 인덱스를 효율적으로 사용할 수 있게 된다.

빠른 이해 **Index Skip Scan이 발생하는 경우**

– 선두 칼럼의 distinct 값이 적을 때
예) 성별, 구분코드, 직급 등 소수의 고유값
– 후행 칼럼의 distinct 값이 많을 때
예) 급여, 등록일, 거래일 등 다양한 값이 존재하는 경우

다음은 조건절에 선두 칼럼은 없지만 후행 칼럼에 대한 조건이 존재하는 쿼리와 그에 대한 실행 계획이다.

```
CREATE INDEX IDX_ST_GENDER_MAJOR ON STUDENTS (GENDER, MAJOR);
```

```
SELECT *
FROM STUDENTS
WHERE MAJOR = '컴퓨터공학과';
```

실행 계획을 확인하면 다음과 같이 나타난다.

```
------------------------------------------------------------------------------------------------------
¦ Id  ¦ Operation                    ¦ Name                ¦ Starts ¦ E-Rows ¦ A-Rows ¦   A-Time    ¦ Buffers ¦
------------------------------------------------------------------------------------------------------
¦   0 ¦ SELECT STATEMENT             ¦                     ¦      1 ¦        ¦      1 ¦00:00:00.01 ¦       2 ¦
¦   1 ¦  TABLE ACCESS BY INDEX ROWID¦ STUDENTS            ¦      1 ¦      1 ¦      1 ¦00:00:00.01 ¦       2 ¦
¦*  2 ¦   INDEX SKIP SCAN            ¦ IDX_ST_GENDER_MAJOR ¦      1 ¦      1 ¦      1 ¦00:00:00.01 ¦       1 ¦
------------------------------------------------------------------------------------------------------

Predicate Information (identified by operation id):
---------------------------------------------------
```

```
2 - access("MAJOR"='컴퓨터공학과')
    filter("MAJOR"='컴퓨터공학과')
```

선두 칼럼인 GENDER를 스킵하고 MAJOR 칼럼을 인덱스에서 스캔한 다음 테이블 랜덤 액세스를 수행한 것을 확인할 수 있다. Index Skip Scan은 유용한 기능이지만 항상 성능 향상을 보장하지는 않는다. 다음과 같은 상황에서는 오히려 비효율적일 수 있으니 참고하도록 하자.

- 선두 칼럼의 값이 너무 많을 경우 인덱스 탐색이 과도하게 반복되어 오히려 비용이 증가할 수 있다.
- 후행 칼럼의 조건이 선택도가 낮거나 결과 건수가 많을 경우 Skip Scan의 효과가 줄어든다.
- 옵티마이저가 Skip Scan을 자동으로 선택하지 않는 경우도 있으며 이때는 index_ss 힌트를 통해 강제할 수 있다.

Index Skip Scan은 항상 첫 번째 리프 블록과 마지막 리프 블록에 무조건 접근한다는 특징이 있는데 이는 모든 경우에 가능한 조건이 있는지를 확인하기 위한 안전장치이다. 이로 인해 Index Range Scan보다 효율이 떨어질 수도 있다는 점도 고려해야 한다.

Index Fast Full Scan

Index Fast Full Scan은 전체 인덱스를 통째로 읽는 방식으로 앞서 언급한 Index Full Scan과 유사한 스캔 방식이다. 하지만 Index Fast Full Scan은 인덱스를 정렬 구조가 아닌 데이터 저장 구조로 활용하는 접근 방식을 취하여 루트 → 브랜치 → 리프 블록 순서로 탐색하지 않고 리프 블록 전체를 Multiblock I/O 방식으로 스캔하기 때문에 Index Full Scan보다 빠른 속도를 가진다. 여러 인덱스 블록을 한꺼번에 읽기 때문에 결과 데이터는 정렬되지 않은 상태로 반환되며 이후 필요시 별도로 정렬을 수행해야 한다.

빠른 이해 **Index Fast Full Scan이 발생하는 경우**

- 쿼리에 사용된 모든 칼럼이 인덱스 칼럼에 포함되어 있어 테이블 I/O 없이 인덱스로만 결과 추출이 가능한 경우
- WHERE 절이 없거나 전체 인덱스를 조회하는 경우
- 별도의 정렬이 불필요한 경우

다음은 테이블 전체 행을 세야 하지만 NAME 칼럼이 인덱스에 모두 포함되어 있으므로 인덱스만 빠르게 스캔하는 쿼리와 그에 대한 실행 계획이다.

```
SELECT COUNT(NAME)
FROM STUDENTS;
```

실행 계획을 확인하면 다음과 같이 나타난다.

```
-----------------------------------------------------------------------------------------------------
| Id  | Operation              | Name              | Starts | E-Rows | A-Rows |   A-Time   | Buffers |
-----------------------------------------------------------------------------------------------------
|   0 | SELECT STATEMENT       |                   |      1 |        |      1 |00:00:00.01 |       3 |
|   1 |  SORT AGGREGATE        |                   |      1 |      1 |      1 |00:00:00.01 |       3 |
|   2 |   INDEX FAST FULL SCAN| IDX_STUDENTS_NAME |      1 |     50 |     50 |00:00:00.01 |       3 |
-----------------------------------------------------------------------------------------------------
```

별도의 테이블 랜덤 액세스가 필요하지 않아 Index Fast Full Scan이 사용되었고 집계 함수를 수행하기 위해 SORT AGGREGATE 연산이 수행된 것을 확인할 수 있다.

표 11-1 Index Full Scan과 Index Fast Full Scan의 차이

항목	Index Full Scan	Index Fast Full Scan
탐색 방식	인덱스 구조 루트를 따라 탐색	리프 블록 전체를 빠르게 스캔
정렬 유지 여부	인덱스 키 순서 보장	정렬되지 않은 상태로 결과 반환
I/O 방식	Single Block I/O	Multiblock I/O
테이블 I/O	인덱스 칼럼 외의 칼럼 조회 가능	인덱스 칼럼만 조회하는 경우 유리

11.3 인덱스 구성 전략

인덱스가 데이터베이스에서 데이터를 빠르게 검색할 수 있도록 도와주는 자료구조라는 것을 이제는 확실히 이해했으리라 생각한다. 하지만 잘못된 인덱스 설계는 오히려 성능 저하를 초래할 수 있기 때문에 주의가 필요하다. 그렇다면 인덱스를 어떻게 설정하는 것이 현명한지 설계 시 체크해야 할 사항들을 알아보도록 하자.

① 조회 빈도가 높은 칼럼

우선 조회 빈도가 높은 칼럼에 인덱스를 설정하는 것이 기본 원칙이다. WHERE 절에 자주 사용되거나 JOIN 조건, 그리고 ORDER BY, GROUP BY 절에 반복적으로 등장하는 칼럼은 인덱스 설정의 우선 대상이 된다. 예를 들어 고객 테이블에서 고객번호나 이메일처럼 검색 조건으로 자주 쓰이는 칼럼은 인덱스를 부여하는 것이 바람직하다고 할 수 있다.

② 선택도가 낮은 칼럼

선택도가 낮은 칼럼을 인덱스로 설정하는 것이 좋다. 선택도Selectivity란 전체 데이터 중에서 조건절에 의해 선택되는 데이터의 비율을 나타내는 지표로 고유 값이 다양할수록 선택도가 낮다고 판단된다. 예를 들어 '성별'처럼 값의 종류가 몇 개 되지 않는 칼럼은 선택도가 높으므로 인덱스를 설정해도 성능 향상이 미미하지만 핸드폰 번호나 상품코드처럼 유일한 값이 많은 칼럼은 선택도가 낮아 인덱스의 효용이 크다.

③ 데이터 변경 작업이 잦은 테이블

데이터 변경 작업이 잦은 테이블이라면 인덱스 생성을 신중하게 결정해야 한다. 인덱스는 SELECT 작업을 할 때에는 성능을 향상시키지만 INSERT, UPDATE, DELETE와 같은 작업을 할 때에는 오히려 성능 부하를 일으킬 수 있다. 이유는 인덱스가 많을수록 데이터 변경 시마다 인덱스를 갱신해야 하며 정렬된 상태를 유지시키기 위한 연산 작업 또한 행해져야 하기 때문인데 특히 대량의 데이터에 대한 변경이 이루어지는 경우에는 성능 부하의 정도가 심각할 수 있으므로 주의해야 한다. 따라서 읽기 작업이 많은 테이블에는 인덱스를 적극적으로 활용하되 쓰기 작업이 많은 테이블에는 최소한의 인덱스만 유지하는 것이 바람직하다.

④ 불필요한 인덱스 제거

불필요한 인덱스는 주기적으로 제거하는 것이 좋다. 시간이 지남에 따라 사용하지 않게 된 인덱스는 쿼리 최적화에 방해가 되며 스토리지 낭비를 초래하기 때문이다. 따라서 데이터베이스에서 제공하는 인덱스 사용 분석 기능을 활용하여 사용률이 낮은 인덱스를 지속적으로 점검하고 삭제하는 것이 바람직하다.

또한 인덱스가 언제나 만능일 수는 없다. 인덱스를 생성할지 말지, 그리고 인덱스를 생성한다면 어떤 방식으로 구성할 것인지는 테이블의 크기, 데이터의 분포, 쿼리 패턴, 트랜잭션 특성 등에 따라 다르게 판단되어야 한다. 따라서 통계 정보와 실행 계획을 바탕으로 한 분석과 충분한 테스트를 통해 신중하게 인덱스를 설계해야 한다.

결합 인덱스 구성 전략

결합 인덱스는 칼럼을 어떻게 구성하느냐에 따라 데이터 검색의 효율성이 달라지므로 구성 전략을 체계적으로 수립하는 것이 매우 중요하다. 다음은 결합 인덱스를 구성할 때 고려해야 할 주요 전략들이다.

① Equal 조건으로 자주 사용되는 칼럼을 선두에 배치

결합 인덱스는 왼쪽부터 순차적으로 사용할 수 있으므로 조건절에 자주 등장하는 칼럼을 앞쪽에 배치해야 한다. 예를 들어 다음과 같은 쿼리가 자주 실행된다고 가정해보자.

```
SELECT *
FROM ORDERS
WHERE CUSTOMER_ID = 'C001'
AND ORDER_DATE < '2025-03-01';
```

만약 ORDER_DATE + CUSTOMER_ID 순으로 결합 인덱스가 구성된다면 인덱스 스캔 시 다음과 같이 동작하게 된다.

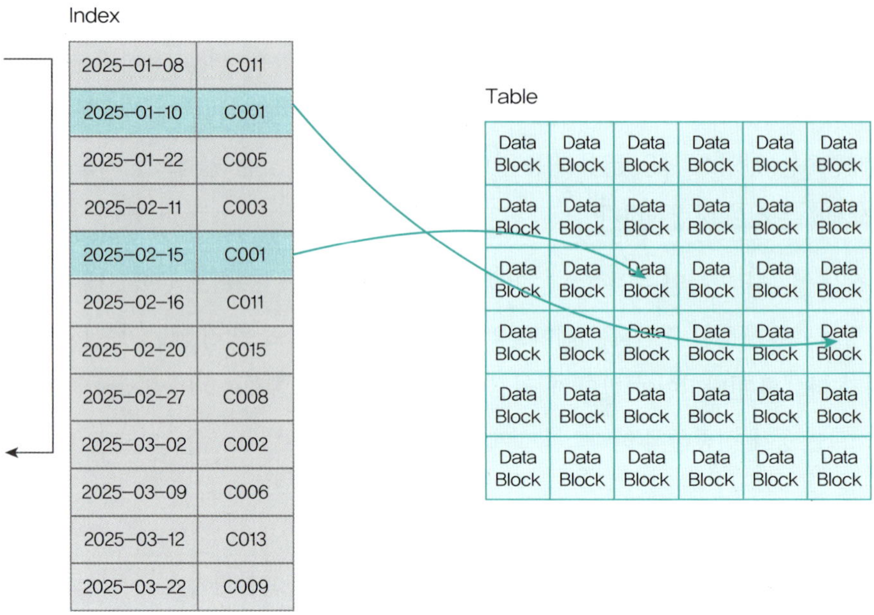

그림 11-16 ORDER_DATE + CUSTOMER_ID 순서 결합 인덱스 (*지면 관계상 해당하는 데이터 부분만 표시)

ORDER_DATE에 대한 범위 조건에 만족하는 데이터들이 스캔된 후 CUSTOMER_ID에 대한 조건이 필터 조건으로 작동되어 조건에 맞지 않는 데이터가 버려진 것을 확인할 수 있다.

하지만 CUSTOMER_ID + ORDER_DATE 순으로 결합 인덱스가 구성된다면 [그림 11-17]과 같이 동작하게 된다. 두 건의 데이터를 찾는 데에 불필요한 데이터를 스캔하는 비효율이 전혀 발생하지 않는다. 따라서 이 경우 결합 인덱스를 다음과 같이 구성하는 것이 효과적이다.

```
CREATE INDEX IDX_ORDERS_CUST_DATE ON ORDERS (CUSTOMER_ID, ORDER_DATE);
```

이처럼 equal 조건에 사용되는 칼럼 → 범위 조건에 사용되는 칼럼 순으로 결합 인덱스의 순서를 배치하는 것이 일반적인 최적화 전략 중 하나이다.

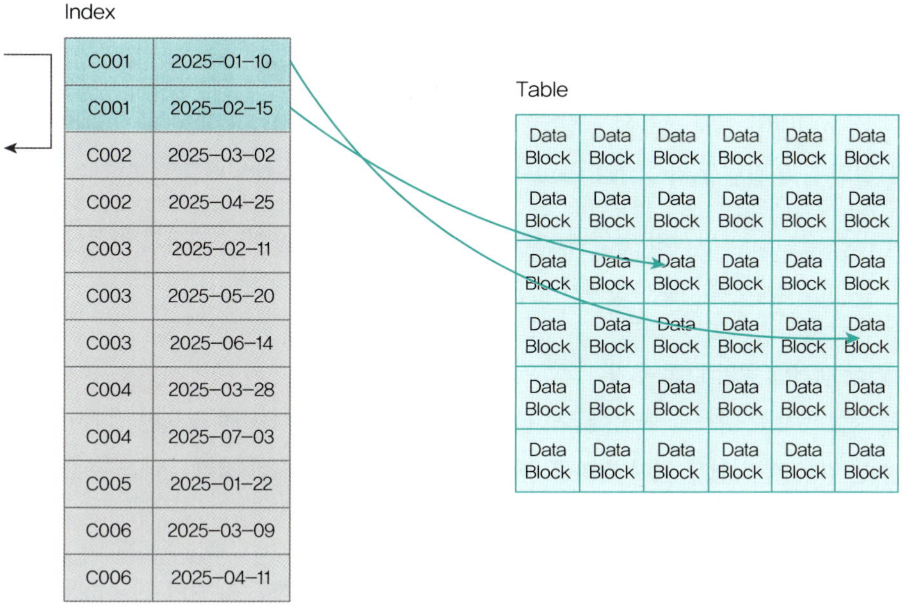

그림 11-17 CUSTOMER_ID + ORDER_DATE 순서 결합 인덱스

② 커버링 인덱스를 고려한 구성 전략

커버링 인덱스란 SELECT 문에서 필요한 모든 칼럼이 인덱스에 포함되어 있어서 테이블 접근 없이 인덱스만으로 결과를 반환할 수 있는 인덱스를 의미하는 것으로 테이블 I/O를 줄일 수 있어 매우 강력한 성능 최적화 기법이다.

예를 들어 다음과 같이 쿼리가 자주 수행되면서 테이블 I/O로 인한 부하가 심각한 경우를 살펴보자.

```
SELECT CUSTOMER_ID, ORDER_DATE, AMOUNT
FROM ORDERS
WHERE CUSTOMER_ID = 'C001'
AND ORDER_DATE < '2025-03-01';
```

이때 다음과 같이 커버링 인덱스를 구성할 수 있다.

```
CREATE INDEX IDX_ORDERS_COVERING ON ORDERS (CUSTOMER_ID, ORDER_DATE, AMOUNT);
```

이 인덱스는 WHERE 절에 사용되는 칼럼(CUSTOMER_ID, ORDER_DATE)뿐만 아니라 SELECT 절의 출력 칼럼(AMOUNT)도 포함하므로 인덱스만으로 데이터를 반환할 수 있다.

단, 너무 많은 칼럼을 포함시키면 인덱스 크기가 커지고 유지 비용이 증가하기 때문에 커버링 인덱스는 빈도 높은 쿼리에 한정해서 사용하는 것이 좋다.

③ 소트 연산 제거를 위한 칼럼 추가

인덱스는 항상 정렬된 상태를 유지하므로 ORDER BY, GROUP BY에 필요한 칼럼이 인덱스에 포함된 경우 정렬 연산 없이 결과를 반환할 수 있으며 따라서 이 전략은 매우 중요한 성능 최적화 포인트가 된다.

인덱스를 활용하여 소트 연산을 제거하기 위해서는 정렬하고자 하는 칼럼이 인덱스에 포함되어 있어야 하고 정렬 방향(ASC, DESC)이 동일해야 소트 연산을 대체할 수 있다. 덧붙여 인덱스의 칼럼 순서와 ORDER BY 순서가 일치해야 한다.

예를 들어 다음과 같은 인덱스가 존재한다고 가정해보자.

```
CREATE INDEX IDX_TAB ON T(COL1, COL2, COL3);
```

다음 쿼리들은 모두 인덱스를 통해 소트 오퍼레이션 생략이 가능하다.

```
SELECT * FROM TAB ORDER BY COL1, COL2, COL3;
SELECT * FROM TAB WHERE COL1 = 1 ORDER BY COL2, COL3;
SELECT * FROM TAB ORDER BY COL1, COL2;
```

④ 결합 인덱스를 만들기 전 단일 인덱스와의 충돌 여부 검토

결합 인덱스는 단일 인덱스를 대체하거나 보완할 수 있지만 불필요하게 많은 인덱스를 만들면 데이터 변경 작업 시 성능이 저하되고 인덱스 유지 비용이 증가한다. 예를 들어 다음과 같이 두 개의 단일 인덱스가 이미 존재하는 경우를 보자.

```
CREATE INDEX IDX_CUSTOMER_ID ON ORDERS(CUSTOMER_ID);
CREATE INDEX IDX_ORDER_DATE ON ORDERS(ORDER_DATE);
```

이 상태에서 또다시 위 칼럼들을 결합한 인덱스 생성 시 인덱스 간 중복이 발생할 수 있다. 이 경우에는 쿼리 빈도와 실행 계획을 비교한 뒤 단일 인덱스를 제거하고 결합 인덱스를 생성할지에 대한 여부를 결정하는 것이 좋다.

인덱스 튜닝 실전 사례

앞서 우리는 인덱스의 기본 동작 원리와 다양한 인덱스 스캔 방식에 대해 살펴보았다. 이제 이 개념들을 바탕으로 실제 인덱스를 활용한 튜닝을 어떤 방식으로 해야 하는지 구체적으로 알아보겠다. SQL 튜닝 관점에서 보았을 때 만약 각 SQL 문마다 최적화된 인덱스를 따로따로 생성할 수 있다면 인덱스 설계는 매우 쉬운 일이 될 것이다. 하지만 실제로 그렇게 하게 된다면 테이블마다 수십 개의 인덱스가 생성되어 관리가 어려워지고 INSERT나 UPDATE, DELETE의 이슈 때문에 오히려 시스템 부하가 가중되는 결과를 초래하게 된다.

인덱스 설계의 어려움은 바로 '전체 시스템을 고려한 전략적 접근'이 필요하다는 데에 있다. 좋은 인덱스는 특정 쿼리 하나만 빠르게 하는 것이 아니라 전체 시스템의 성능과 유지 관리까지 함께 고려한 선택이어야 한다.

① 인덱스 생성

앞에서도 언급했지만 인덱스를 설계할 때 무엇보다 중요한 두 가지 원칙이 있다.

첫째는 **WHERE 절에 항상 사용되거나 자주 등장하는 칼럼을 인덱스에 포함해야 한다**는 것이다. 특히 인덱스 스캔 중 가장 일반적인 Index Range Scan의 경우 결합 인덱스의 선두 칼럼이 조건절에 사용되지 않으면 인덱스 자체가 무용지물이 되기 때문에 해당 칼럼을 반드시 앞 쪽에 배치하는 것이 좋다.

둘째는 **equal 조건으로 자주 조회되는 칼럼을 인덱스의 앞쪽에 배치해야 한다**는 것이다. equal 조건은 특정 값을 정확히 찾는 경우로 다음에 위치한 칼럼까지 access 조건으로 활용이 가능하여 인덱스 탐색의 효율을 극대화할 수 있다. 반면 범위 조건(>, <, BETWEEN 등)이 선행

되면 인덱스 탐색 범위가 넓어져 성능상 이점이 줄어드는 측면이 있으므로 설계 시 유념하도록 하자.

물론 이 두 가지 기준만으로 모든 인덱스 설계가 해결되는 것은 아니다. 현실의 SQL 환경은 복잡하고 다양한 쿼리가 동시에 존재하기 때문에 모든 조건을 만족하려 하면 오히려 인덱스 개수만 지나치게 많아지는 부작용이 생길 수 있다. 따라서 인덱스 설계는 단순히 공식에 맞춰 기계적으로 하는 것이 아니라 비즈니스 특성, 데이터 특성, 쿼리 빈도, 시스템 자원까지 종합적으로 고려한 전략적 선택이 되어야 한다.

그렇다면 지금부터 다음 두 SQL 문을 기준으로 이 둘을 동시에 커버할 수 있는 하나의 인덱스를 어떻게 구성할지 생각해보자.

```
-- SQL 1
SELECT *
FROM STUDENTS
WHERE MAJOR = :major
AND BIRTH_DATE BETWEEN :from_dt AND :to_dt;

-- SQL 2
SELECT *
FROM STUDENTS
WHERE MAJOR = :major
AND NAME LIKE :name||'%'
AND BIRTH_DATE BETWEEN :from_dt AND :to_dt;
```

이 두 쿼리는 모두 STUDENTS 테이블을 조회하며 공통적으로 MAJOR 와 BIRTH_DATE 조건을 사용하고 있다. 두 번째 SQL은 여기에 추가로 NAME 조건까지 포함하고 있는데 이 세 칼럼을 모두 고려해 하나의 결합 인덱스를 만든다면 다음과 같이 구성할 수 있다.

```
CREATE INDEX IDX_ST_COMPLEX
ON STUDENTS (MAJOR, BIRTH_DATE, NAME);
```

그렇다면 이렇게 구성하는 이유는 무엇일까? 상세하게 살펴보도록 하자.

1. **조건절에 항상 사용되는 칼럼을 앞에 둔다**: MAJOR는 두 SQL의 WHERE 절에 항상 등장한다. 또한 [MAJOR = :major]는 equal 조건이기 때문에 인덱스의 선두 칼럼으로 가장 적합하다고 할 수 있다.
2. **자주 사용되는 범위 조건은 그다음 순서로 둔다**: BIRTH_DATE BETWEEN :from_dt AND :to_dt 조건도 두 SQL에서 모두 사용되지만 이는 범위 조건이기 때문에 인덱스의 첫 번째 칼럼으로 넣을 경우 그 이후의 칼럼은 인덱스 탐색에 access 조건으로 활용되지 못할 수 있다. 따라서 두 번째 칼럼으로 배치하는 것이 일반적으로 효율적이다.
3. **LIKE 조건은 마지막에 배치한다**: 두 번째 SQL에서 사용되는 NAME LIKE :name || '%'는 Prefix Search(앞부분 일치)를 수행한다. 이 경우에는 인덱스 탐색이 가능하기 때문에 인덱스의 가장 마지막 칼럼으로 구성하여 두 번째 SQL을 더 효율적으로 수행할 수 있다.

이렇게 인덱스를 [MAJOR, BIRTH_DATE, NAME] 순서로 설계하면 다음과 같은 이점이 있다.

- SQL 1: MAJOR와 BIRTH_DATE 조건만 사용하므로 Index Range Scan 가능
  NAME은 사용되지 않아도 후행 칼럼이므로 무관
- SQL 2: 세 칼럼이 모두 조건에 사용되므로 Index Range Scan 가능
  NAME 조건의 필터링까지 인덱스에서 해결되어 테이블 랜덤 액세스량 감소

따라서 이 인덱스는 두 SQL 모두에 대해 효율적인 인덱스 탐색 경로를 제공하게 된다.

그럼 한 가지 예시를 더 생각해보자. 현재 MEMBERS 테이블에는 총 100만 명의 회원 데이터가 저장되어 있다. 이 중에서 한 달 이내에 가입한 회원은 약 2만 명 수준이며 전화번호가 '02'로 시작하는 회원은 약 50만 명에 이른다. 이러한 상황에서 다음과 같은 조건으로 회원 정보를 조회하는 SQL이 작성되었다고 가정해보자.

```
SELECT
    MEMBER_NO,
    NAME,
    MEMBER_TYPE,
    REGIST_DATE,
    PHONE_NO,
    GRADE
FROM MEMBERS
```

```
WHERE REGIST_DATE >= ADD_MONTHS(SYSDATE, -1)
AND MEMBER_TYPE IN ('NAVER', 'KAKAO')
AND PHONE_NO LIKE '02%';
```

이 SQL은 크게 세 가지 조건을 걸고 있다.

- **가입일 조건**
  - 최근 1개월 이내 가입한 회원만 조회 (REGIST_DATE >= ADD_MONTHS(SYSDATE, -1))
  - 비교적 필터링 효과가 높음 (20,000/1000,000)
- **회원 유형 조건**
  - 네이버 또는 카카오를 통해 가입한 회원만 조회 (MEMBER_TYPE IN ('NAVER', 'KAKAO'))
- **전화번호 조건**
  - 전화번호가 '02'로 시작하는 회원만 조회 (PHONE_NO LIKE '02%')
  - 절반이 해당되기 때문에 필터링 효과 낮음

이러한 조건을 고려할 때 인덱스를 다음과 같이 구성하는 것이 가장 효과적이라고 할 수 있다.

```
CREATE INDEX IDX_MEMBERS
ON MEMBERS (MEMBER_TYPE, REGIST_DATE, PHONE_NO);
```

왜 MEMBER_TYPE이 선두 칼럼인가?

[MEMBER_TYPE IN ('NAVER', 'KAKAO')] 조건은 단순히 보기에는 IN 조건처럼 보이지만 오라클 옵티마이저는 이를 내부적으로 IN-LIST ITERATOR 방식으로 변환하여 [MEMBER_TYPE = 'NAVER' OR MEMBER_TYPE = 'KAKAO'] 처럼 equal 조건으로 처리한다. 그리고 equal 조건은 인덱스 탐색 시 다음 인덱스 칼럼까지 access 조건으로 활용될 수 있게 하는 강력한 제약조건이기 때문에 인덱스의 선두 칼럼으로 배치하는 것이 가장 이상적이다.

REGIST_DATE는 왜 두번째인가?

REGIST_DATE는 선두 칼럼인 MEMBER_TYPE이 equal 조건이므로 인덱스의 해당 하위 범위에서 access 조건으로 추가 필터링을 적용하는 형태로 활용될 수 있다. 즉, 해당

MEMBER_TYPE에 해당하는 값들에 대해서만 REGIST_DATE 〉= 최근 1개월 조건이 적용되므로 정확한 범위 탐색이 가능해진다.

PHONE_NO는 왜 마지막인가?

[PHONE_NO LIKE '02%']는 선택도가 높기 때문에 전체 인덱스 탐색 범위를 좁히는 데 큰 기여를 하기는 어렵다. 하지만 인덱스의 후행 칼럼으로 배치해두면 이미 MEMBER_TYPE, REGIST_DATE 조건을 통해 좁혀진 범위 내에서 추가 필터링을 수행하는 데 도움이 될 수 있다. 결국 이 인덱스가 생성되면 옵티마이저는 다음과 같은 방식으로 데이터를 탐색할 가능성이 높다.

- IN-LIST ITERATOR: MEMBER_TYPE을 각각의 값에 대해 스캔
- Index Range Scan: REGIST_DATE 범위로 인덱스 리프 블록 탐색
- PHONE_NO 조건으로 최종 필터링

이 과정을 통해 불필요한 테이블 랜덤 액세스를 피하면서 필요한 조건을 모두 만족하는 레코드를 빠르게 조회할 수 있을 것이다.

Index

EMAIL	2025-03-05	02-111-2222
EMAIL	2025-04-19	032-210-4321
FACEBOOK	2025-03-14	02-123-1234
FACEBOOK	2025-04-30	031-000-1111
NAVER	2025-01-12	02-987-6543
NAVER	2025-03-11	02-111-3333
NAVER	2025-04-02	061-123-4567
NAVER	2025-04-03	02-234-5678
NAVER	2025-04-17	054-123-1234
KAKAO	2025-01-03	02-5678-1234
KAKAO	2025-02-13	031-111-4444
KAKAO	2025-04-13	02-2323-4545
KAKAO	2025-04-28	02-454-6789

그림 11-18 적절한 인덱스 설계로 복합 조건을 효율적으로 처리

만약 범위 조건인 REGIST_DATE가 선두 칼럼이 된다면?

만약 인덱스를 [REGIST_DATE, MEMBER_TYPE, PHONE_NO] 순서로 생성한다면 선택도가 낮은 칼럼을 선두에 적용할 수 있다는 이점이 있다. 하지만 범위 조건이 선두에 오게 되면 그 뒤에 위치한 칼럼(MEMBER_TYPE)이 인덱스 탐색 과정에서 효율적으로 활용되지 못하는 문제가 발생할 수 있다. 즉, REGIST_DATE 범위 안에서 다시 MEMBER_TYPE을 조건으로 걸어야 하기 때문에 access 조건이 아닌 filter 조건으로 수행이 되게 되고 이로 인해 전체적인 탐색 효율이 떨어질 수 있다.

결론적으로 REGIST_DATE를 선두 칼럼으로 두는 방식은 일정 부분 장점이 있지만 복합 조건을 모두 효율적으로 활용하기에는 다소 한계가 있다고 볼 수 있는 것이다.

Index

2025-01-03	KAKAO	02-5678-1234
2025-01-12	NAVER	02-987-6543
2025-02-13	KAKAO	031-111-4444
2025-03-05	EMAIL	02-111-2222
2025-03-11	NAVER	02-111-3333
2025-03-14	FACEBOOK	02-123-1234
2025-04-02	NAVER	061-123-4567
2025-04-03	NAVER	02-234-5678
2025-04-13	KAKAO	02-2323-4545
2025-04-17	NAVER	054-123-1234
2025-04-19	EMAIL	032-210-4321
2025-04-28	KAKAO	02-454-6789
2025-04-30	FACEBOOK	031-000-1111

그림 11-19 비효율적 인덱스 구성으로 인해 발생하는 불완전한 조건

② 통계 정보 현행화

앞에서 살펴본 것처럼 WHERE 절의 조건 칼럼을 기준으로 인덱스를 구성하고 equal 조건을 선두에 두는 방식은 인덱스 설계의 핵심 원칙이다. 하지만 실무에서는 이러한 원칙을 잘

지켜도 인덱스가 예상대로 동작하지 않거나 오히려 성능 저하를 유발하는 사례가 종종 발생하는데 이유는 인덱스는 단순한 정적 구조가 아니라 데이터 분포, 통계 정보, 쿼리 패턴, 시스템 상황 등 여러 요소와 함께 작동하는 복합적인 성능 요소이기 때문이다.

오라클 옵티마이저는 통계 정보를 기반으로 실행 계획을 수립하기 때문에 테이블이나 인덱스의 통계 정보가 오래되었거나 대량의 데이터 변경이 발생한 후에도 통계를 갱신하지 않았다면 옵티마이저는 부정확한 판단을 내릴 수 있다. 즉, 통계 정보가 최신이 아닐 경우 인덱스가 무시될 수 있는 것이다.

만약 쿼리에서 활용 가능한 인덱스를 구성했음에도 불구하고 옵티마이저가 테이블 풀스캔을 선택한다면 그 원인이 통계 정보의 부재일 수 있으므로 이런 경우에는 DBMS_STATS.GATHER_TABLE_STATS를 통해 통계를 재수집해주는 것이 필요하다.

11.4 인덱스를 타지 못하게 만드는 비효율 SQL

SQL 튜닝에서 인덱스는 성능을 좌우하는 핵심 도구이다. 그러나 아무리 잘 설계된 인덱스라 하더라도 쿼리 작성 방식에 따라 인덱스가 무시되거나 사용되지 않는 경우가 종종 발생한다.

이 장에서는 인덱스를 타지 못하는 비효율적인 SQL의 대표적인 패턴과 그 원인, 그리고 해결 방법을 상세히 살펴보도록 하자.

인덱스 칼럼에 함수 사용으로 인한 인덱스 무력화

쿼리에서 WHERE 조건절에 칼럼에 대한 함수를 적용하면 해당 칼럼에 인덱스가 있어도 사용되지 않는다. 예를 들어 날짜 칼럼에 TO_CHAR나 TRUNC 같은 함수를 걸면 옵티마이저는 해당 조건을 인덱스 기반으로 처리할 수 없다고 판단하여 전체 테이블을 스캔하게 된다.

```
SELECT *
FROM STUDENTS
WHERE TO_CHAR(BIRTH_DATE, 'YYYY') = '1999';
```

이 쿼리의 경우 BIRTH_DATE 칼럼에 인덱스가 생성되어 있다고 하더라도 좌변이 가공됨으로 인해 인덱스 스캔을 할 수 없게 된다. 다음은 앞선 쿼리에 대한 실행 계획이다.

```
-------------------------------------------------------------------------------------
¦ Id  ¦ Operation          ¦ Name     ¦ Starts ¦ E-Rows ¦ A-Rows ¦    A-Time    ¦ Buffers ¦
-------------------------------------------------------------------------------------
¦   0 ¦ SELECT STATEMENT   ¦          ¦      1 ¦        ¦      2 ¦00:00:00.01 ¦       2 ¦
¦*  1 ¦  TABLE ACCESS FULL¦ STUDENTS ¦      1 ¦      1 ¦      2 ¦00:00:00.01 ¦       2 ¦
-------------------------------------------------------------------------------------

Predicate Information (identified by operation id):
---------------------------------------------------

   1 - filter(TO_CHAR(INTERNAL_FUNCTION("BIRTH_DATE"),'YYYY')='1999')
```

이를 해결하기 위해서는 WHERE 조건에서 함수를 제거하고 실제 값을 기준으로 비교하는 방식으로 쿼리를 변경해야 한다. 예를 들어 연월을 비교하고자 할 때는 날짜 범위를 BETWEEN이나 부등호로 지정하는 것이 좋다.

```
SELECT *
FROM STUDENTS
 WHERE BIRTH_DATE BETWEEN '1999-01-01' AND '1999-12-31';
```

실행 계획을 확인하면 다음과 같이 나타난다.

```
------------------------------------------------------------------------------------------------------
¦ Id  ¦ Operation                     ¦ Name              ¦ Starts ¦ E-Rows ¦ A-Rows ¦   A-Time    ¦ Buffers ¦
------------------------------------------------------------------------------------------------------
¦   0 ¦ SELECT STATEMENT              ¦                   ¦      1 ¦        ¦      2 ¦00:00:00.01 ¦       2 ¦
¦*  1 ¦  FILTER                       ¦                   ¦      1 ¦        ¦      2 ¦00:00:00.01 ¦       2 ¦
¦   2 ¦   TABLE ACCESS BY INDEX ROWID¦ STUDENTS          ¦      1 ¦      1 ¦      2 ¦00:00:00.01 ¦       2 ¦
¦*  3 ¦    INDEX RANGE SCAN           ¦ IDX_ST_BIRTH_DATE ¦      1 ¦      1 ¦      2 ¦00:00:00.01 ¦       1 ¦
------------------------------------------------------------------------------------------------------
```

```
Predicate Information (identified by operation id):
---------------------------------------------------

   1 - filter(TO_DATE('1999-01-01')<=TO_DATE('1999-12-31'))
   3 - access("BIRTH_DATE">='1999-01-01' AND "BIRTH_DATE"<='1999-12-31')
```

묵시적 데이터 형변환으로 인한 인덱스 미사용

칼럼과 비교하는 리터럴의 데이터 타입이 불일치할 경우 오라클은 내부적으로 타입을 변환하는데, 이 과정에서 인덱스가 무력화된다. 예를 들어 문자형 칼럼을 숫자형 리터럴과 비교할 경우 묵시적 형변환이 발생하며 해당 조건은 인덱스 탐색 조건으로 사용할 수 없게 된다. 이런 문제를 방지하기 위해서는 리터럴의 데이터 타입을 칼럼과 동일하게 작성해야 한다. 문자형 칼럼이라면 리터럴도 반드시 문자열 형태로 작성하는 것이 인덱스 활용을 위해 안전하다.

다음은 VARCHAR2 타입의 STUDENT_NO 칼럼에 숫자형 리터럴을 비교하여 인덱스를 활용하지 못한 예이다.

```
SELECT *
FROM STUDENTS
WHERE STUDENT_NO = 0005;
```

실행 계획을 확인하면 다음과 같이 나타난다.

```
-------------------------------------------------------------------------------------
| Id  | Operation          | Name     | Starts | E-Rows | A-Rows |   A-Time   | Buffers |
-------------------------------------------------------------------------------------
|   0 | SELECT STATEMENT   |          |      1 |        |      1 |00:00:00.01 |       2 |
|*  1 |  TABLE ACCESS FULL| STUDENTS |      1 |      1 |      1 |00:00:00.01 |       2 |
-------------------------------------------------------------------------------------

Predicate Information (identified by operation id):
---------------------------------------------------
```

```
  1 - filter(TO_NUMBER("STUDENT_NO")=5)
```

Predicate Information을 보면 STUDENT_NO 칼럼에 내부적으로 TO_NUMBER 함수가 적용된 것을 확인할 수 있다. 이것은 결론적으로 앞서 얘기한 인덱스 칼럼에 함수를 적용한 것과 동일한 상황이 되기 때문에 마찬가지로 인덱스가 무력화되어 활용이 불가하게 된다.

이런 경우 다음과 같이 데이터 타입을 맞춰주기만 하면 인덱스를 활용할 수 있으므로 SQL 작성 시 꼭 유의해야 하겠다.

```
SELECT *
FROM STUDENTS
WHERE STUDENT_NO = '0005';
```

실행 계획을 확인하면 다음과 같이 나타난다.

```
-------------------------------------------------------------------------------------------------
| Id  | Operation                    | Name        | Starts | E-Rows | A-Rows |   A-Time   | Buffers |
-------------------------------------------------------------------------------------------------
|   0 | SELECT STATEMENT             |             |      1 |        |      1 |00:00:00.01 |       2 |
|   1 |  TABLE ACCESS BY INDEX ROWID| STUDENTS    |      1 |      1 |      1 |00:00:00.01 |       2 |
|*  2 |   INDEX UNIQUE SCAN          | STUDENTS_PK |      1 |      1 |      1 |00:00:00.01 |       1 |
-------------------------------------------------------------------------------------------------

Predicate Information (identified by operation id):
---------------------------------------------------

   2 - access("STUDENT_NO"='0005')
```

부정형 비교 연산자 (!=, 〈〉, NOT) 사용

WHERE 조건에서 NOT을 사용하는 경우 옵티마이저는 해당 조건을 인덱스로 효과적으로 처리할 수 없다. 이유는 NOT 조건은 필터링 범위를 명확하게 예측하기 어렵기 때문이며 결국 옵티마이저는 전체 테이블을 스캔하는 경로를 선택하게 된다.

```
CREATE INDEX IDX_EMP_DEPT_ID ON EMPLOYEES(DEPARTMENT_ID);
```

다음과 같은 경우에는 NOT 조건을 피하고 가능한 값을 명시적으로 나열하는 방식(IN 또는 OR) 으로 변경하는 것이 바람직하다.

비효율 SQL

```
SELECT *
FROM EMPLOYEES
WHERE DEPARTMENT_ID <> 'D10';
```

실행 계획

```
-------------------------------------------------------------------------------------------
| Id  | Operation          | Name      | Starts | E-Rows | A-Rows |   A-Time    | Buffers |
-------------------------------------------------------------------------------------------
|   0 | SELECT STATEMENT   |           |      1 |        |      5 |00:00:00.01 |       2 |
|*  1 |  TABLE ACCESS FULL| EMPLOYEES |      1 |      5 |      5 |00:00:00.01 |       2 |
-------------------------------------------------------------------------------------------

Predicate Information (identified by operation id):
---------------------------------------------------

   1 - filter("DEPARTMENT_ID"<>'D10')
```

개선된 SQL

```
SELECT *
FROM EMPLOYEES
WHERE DEPARTMENT_ID IN ('D20', 'D30');
```

실행 계획

```
---------------------------------------------------------------------------------------------------
| Id  | Operation                  | Name         | Starts | E-Rows | A-Rows |   A-Time    | Buffers |
```

```
-------------------------------------------------------------------------------------------------
| 0 | SELECT STATEMENT             |              |      1 |        |      5 |00:00:00.01 |       2 |
|* 1 |  TABLE ACCESS BY INDEX ROWID| EMPLOYEES    |      1 |      5 |      5 |00:00:00.01 |       2 |
| 2 |   INDEX FULL SCAN            | EMPLOYEES_PK |      1 |     10 |     10 |00:00:00.01 |       1 |
-------------------------------------------------------------------------------------------------

Predicate Information (identified by operation id):
---------------------------------------------------

   1 - filter(("DEPARTMENT_ID"='D20' OR "DEPARTMENT_ID"='D30'))
```

또는 범위 조건으로 변환할 수 있는 경우, 〉 또는 〈 조건으로 변경한다.

LIKE 연산자의 선두 와일드카드 사용

LIKE 조건에서 %가 앞에 오는 경우 인덱스를 사용할 수 없다. 인덱스는 선두 칼럼의 정렬 순서를 기반으로 검색하는데, %로 시작하면 탐색 범위를 특정할 수 없기 때문이다.

비효율 SQL

```
SELECT *
FROM STUDENTS
WHERE NAME LIKE '%이%';
```

실행 계획

```
-------------------------------------------------------------------------------------
| Id  | Operation          | Name     | Starts | E-Rows | A-Rows |   A-Time    | Buffers |
-------------------------------------------------------------------------------------
|   0 | SELECT STATEMENT   |          |      1 |        |      7 |00:00:00.01 |       2 |
|*  1 |  TABLE ACCESS FULL| STUDENTS |      1 |      3 |      7 |00:00:00.01 |       2 |
-------------------------------------------------------------------------------------

Predicate Information (identified by operation id):
---------------------------------------------------
```

```
  1 - filter(("NAME" LIKE '%이%' AND "NAME" IS NOT NULL))
```

위와 같은 경우 '이' 앞에도 문자가 존재할 수 있는 경우에는 어쩔 수 없지만 그렇지 않은 경우라면 '%'를 뒤에만 붙이도록 변경하는 방안을 고려해볼 수 있다.

개선된 SQL

```
SELECT *
FROM STUDENTS
WHERE NAME LIKE '이%';
```

실행 계획

```
-----------------------------------------------------------------------------------------------------------
| Id  | Operation                    | Name              | Starts | E-Rows | A-Rows |   A-Time    | Buffers |
-----------------------------------------------------------------------------------------------------------
|   0 | SELECT STATEMENT             |                   |      1 |        |      7 |00:00:00.01 |       2 |
|   1 |  TABLE ACCESS BY INDEX ROWID| STUDENTS          |      1 |      6 |      7 |00:00:00.01 |       2 |
|*  2 |   INDEX RANGE SCAN           | IDX_STUDENTS_NAME |      1 |      6 |      7 |00:00:00.01 |       1 |
-----------------------------------------------------------------------------------------------------------

Predicate Information (identified by operation id):
---------------------------------------------------

   2 - access("NAME" LIKE '이%')
       filter("NAME" LIKE '이%')
```

또는 역순 인덱스(REVERSE), 함수 기반 인덱스를 활용해 우회하는 방법도 고려해볼 수 있다.

IS NULL / IS NOT NULL 조건

오라클의 B-Tree 인덱스는 NULL 값을 저장하지 않는다. 즉, 인덱스 칼럼에 NULL만 존재하는 경우 해당 조건을 검색하기 위해서는 테이블 풀 스캔이 발생할 수 있다.

비효율 SQL

```
SELECT *
FROM EMPLOYEES
WHERE BONUS IS NULL;
```

실행 계획

```
--------------------------------------------------------------------------------------
| Id  | Operation          | Name      | Starts | E-Rows | A-Rows |   A-Time   | Buffers |
--------------------------------------------------------------------------------------
|   0 | SELECT STATEMENT   |           |      1 |        |      1 |00:00:00.01 |       2 |
|*  1 |  TABLE ACCESS FULL| EMPLOYEES |      1 |      1 |      1 |00:00:00.01 |       2 |
--------------------------------------------------------------------------------------

Predicate Information (identified by operation id):
---------------------------------------------------

   1 - filter("BONUS" IS NULL)
```

위와 같은 쿼리를 빈번하게 사용해야 하는 경우라면 BONUS 칼럼에 Default 값을 설정하여 NULL 값을 특정 값(예: 0)으로 변환해 저장한 뒤 인덱스를 생성한다거나 또는 함수 기반 인덱스를 사용하는 방법을 고려해볼 수 있다.

개선된 SQL

```
CREATE INDEX IDX_EMP_BONUS ON EMPLOYEES(NVL(BONUS, 0));

SELECT *
FROM EMPLOYEES
WHERE NVL(BONUS, 0) = 0;
```

실행 계획

```
--------------------------------------------------------------------------------------------------
| Id  | Operation                    | Name          | Starts | E-Rows | A-Rows |   A-Time   | Buffers |
```

```
----------------------------------------------------------------------------------------------------
|   0 | SELECT STATEMENT            |               |     1 |        |     2 |00:00:00.01 |       2 |
|   1 |  TABLE ACCESS BY INDEX ROWID| EMPLOYEES     |     1 |      1 |     2 |00:00:00.01 |       2 |
|*  2 |   INDEX RANGE SCAN          | IDX_EMP_BONUS |     1 |      1 |     2 |00:00:00.01 |       1 |
----------------------------------------------------------------------------------------------------

Predicate Information (identified by operation id):
---------------------------------------------------

   2 - access("EMPLOYEES"."SYS_NC00006$"=0)
```

11.5 AI에게 인덱스 추천 받기

그동안 인덱스 설계는 전적으로 DBA(데이터베이스 관리자)나 튜닝 전문가의 경험에 의존해왔다. WHERE절 칼럼, 조인 칼럼, 데이터 분포, 실행 계획을 종합적으로 판단해 인덱스를 만들어야 했기 때문이다.

하지만 이제는 AI가 SQL과 데이터 특성을 함께 해석하여 인덱스 후보를 제안할 수 있게 되었다. AI는 반복적인 실행 계획 분석을 대신 수행하며 사람이 놓칠 수 있는 조합(예: 다중 조건 인덱스, 정렬 순서 반영)을 빠르게 탐색한다. 다만 반드시 기억해야 하는 사항은 AI는 '인덱스를 대신 만들어주는' 존재가 아니라, '인덱스 설계 결정을 돕는 조언자'로서 작동한다는 것이다. 동일한 테이블과 인덱스라 하더라도 데이터베이스 환경이나 통계 값 등에 의해 성능이 현저히 달라질 수 있으므로 실제 인덱스 생성 전에 반드시 테스트와 성능 검증이 필요하다.

인덱스 설계 추천 예시

① 생년월일(범위 조건) + 전공(equal 조건) 검색 패턴

전공(MAJOR)은 동등(EQ) 조건, 생년월일(BIRTH_DATE)은 기간(BETWEEN) 조건이 결합된 전형적인 'EQ + RANGE' 검색 패턴이다. 이 경우 옵티마이저는 선두 칼럼에 Equal 조건이 있는 인덱스 구조를 선호한다.

프롬프트

다음은 STUDENTS 테이블에서 자주 실행되는 SQL 패턴이야
효율적인 인덱스를 추천해줘
전체 데이터 건수: 50건

```
SELECT NAME, REGION, MAJOR
FROM STUDENTS
WHERE BIRTH_DATE BETWEEN :from_dt
AND :to_dtAND MAJOR = :major;
```

1. 쿼리 패턴 분석

조건	형태	설명
MAJOR = :major	Equality(=) 조건	전공별로 학생을 구분하므로 선택도가 높을 수 있음
BIRTH_DATE BETWEEN :from_dt AND :to_dt	Range 조건	날짜 구간 검색으로 범위 스캔 발생
전체 데이터 건수	50건	매우 작은 테이블로, 현재 시점에서는 Full Table Scan 이 더 효율적일 가능성이 높음

2. 추천 인덱스

데이터가 현재는 적지만, 향후 학생 수가 수천 건 이상으로 늘어날 가능성이 있다면 다음 복합 인덱스 구성을 권장한다.

```
CREATE INDEX IDX_STUDENTS_MAJOR_BIRTH
ON STUDENTS (MAJOR, BIRTH_DATE);
```

인덱스 구성 이유

MAJOR는 Equality 조건, BIRTH_DATE는 Range 조건이므로, Equality 칼럼을 선두에 두는 것이 옵티마이저의 탐색 효율을 높인다.

옵티마이저는 먼저 MAJOR로 후보 집합을 좁히고, 이후 BIRTH_DATE 범위 조건을 적용하여 INDEX RANGE SCAN 방식으로 접근하게 된다.

3. 커버링 인덱스 확장안

조회 칼럼이 NAME, REGION, MAJOR이므로, 테이블 액세스를 줄이고 싶다면 다음과 같이 커버링 인덱스를 고려할 수 있다.

3. 커버링 인덱스 확장안

조회 칼럼이 NAME, REGION, MAJOR이므로, 테이블 액세스를 줄이고 싶다면 다음과 같이 커버링 인덱스를 고려할 수 있다.

```
CREATE INDEX IDX_STUDENTS_MAJOR_BIRTH_COVER
ON STUDENTS (MAJOR, BIRTH_DATE, NAME, REGION);
```

단, 문자열 칼럼이 많을수록 인덱스 크기가 커지므로 데이터 증가 추세에 따라 신중히 적용해야 한다.

4. 결론

상황	권장 인덱스	설명
현재 (50건 수준)	인덱스 불필요	Full Table Scan이 더 빠를 가능성이 높음
데이터 증가 예상 (수천 건 이상)	(MAJOR, BIRTH_DATE)	Equality + Range 조합으로 효율적
테이블 액세스 최소화 필요	(MAJOR, BIRTH_DATE, NAME, REGION)	커버링 인덱스로 성능 향상 가능

요약하자면, 현재 데이터 규모에서는 인덱스가 불필요하지만, 데이터가 많아질 경우 (MAJOR, BIRTH_DATE) 순서의 복합 인덱스가 가장 효율적이다. 이 구성은 옵티마이저가 MAJOR로 범위를 좁히고 BIRTH_DATE로 정렬된 탐색을 수행하도록 유도하여, 조건절의 형태에 가장 적합한 인덱스 구조이다.

② 카테고리(equal 조건) + 판매일자(범위 조건) 검색 패턴

CATEGORY는 동등(EQ) 조건, SALES_DATE는 기간(BETWEEN) 조건이 결합된 전형적인 'EQ + RANGE' 검색 패턴이다. 데이터 건수가 8만 건으로 충분히 크기 때문에, 옵티마이저는 CATEGORY를 선두 칼럼으로 둔 복합 인덱스를 강하게 선호한다.

프롬프트

다음은 PRODUCT_SALES 테이블에서 자주 실행되는 SQL 패턴이야
효율적인 인덱스를 추천해줘
전체 데이터 건수: 80,000건

```
SELECT
```

```
    PRODUCT_NAME,
    CATEGORY,
    SALES_DATE,
    SALES_AMOUNT
FROM PRODUCT_SALES
WHERE CATEGORY = :category
AND SALES_DATE BETWEEN :from_dt AND :to_dt;
```

1. 쿼리 패턴 분석

조건	형태	설명
CATEGORY = :category	Equality(=)	상품 카테고리 필터링
SALES_DATE BETWEEN ...	Range	판매일 범위 검색
전체 데이터 건수	80,000건	인덱스 필요성이 높음

2. 추천 인덱스

CREATE INDEX IDX_SALES_CATEGORY_DATE

ON PRODUCT_SALES (CATEGORY, SALES_DATE);

CATEGORY로 범위를 좁히고, SALES_DATE를 Range 조건으로 탐색하도록 구성하는 것이 효율적이다.

3. 커버링 인덱스 확장안

CREATE INDEX IDX_SALES_CATEGORY_DATE_COVER

ON PRODUCT_SALES (CATEGORY, SALES_DATE, SALES_AMOUNT);

4. 결론

상황	권장 인덱스	설명
기본	(CATEGORY, SALES_DATE)	Equality + Range 조합
테이블 액세스 최소화	(CATEGORY, SALES_DATE, SALES_AMOUNT)	커버링 인덱스

요약하자면, 판매일 구간 조회 중심의 카테고리 검색에는 (CATEGORY, SALES_DATE) 인덱스가 가장 적합하다.

③ 회원등급(IN 조건) + 가입일(범위 조건) 검색 패턴

GRADE는 IN 조건이지만 결국 여러 개의 Equal로 처리되는 EQ 조건이며, JOIN_DATE는 Range 조건으로 결합된다. 이 패턴 역시 "EQ + RANGE" 구조로, 등급으로 먼저 후보군을 좁힌 뒤 날짜 범위를 스캔하는 인덱스 구조가 가장 효율적이다.

프롬프트

다음은 MEMBERSHIP 테이블에서 자주 실행되는 SQL 패턴이야
효율적인 인덱스를 추천해줘
전체 데이터 건수: 25,000건

```
SELECT
    MEMBER_ID,
    GRADE,
    JOIN_DATE,
    POINT
FROM MEMBERSHIP
WHERE GRADE IN ('VIP', 'GOLD')
AND JOIN_DATE BETWEEN :from_dt AND :to_dt;
```

1. 쿼리 패턴 분석

조건	형태	설명
GRADE IN (...)	Equality(복수)	등급별 필터링
JOIN_DATE BETWEEN ...	Range	가입일 범위 검색
전체 데이터 건수	25,000건	인덱스 효율적

2. 추천 인덱스

```
CREATE INDEX IDX_MEMBERSHIP_GRADE_DATE
ON MEMBERSHIP (GRADE, JOIN_DATE);
```

3. 커버링 인덱스 확장안

```
CREATE INDEX IDX_MEMBERSHIP_GRADE_DATE_COVER
ON MEMBERSHIP (GRADE, JOIN_DATE, POINT);
```

4. 결론

상황	권장 인덱스	설명
일반	(GRADE, JOIN_DATE)	Equality + Range 조합
조회 칼럼 많을 경우	(GRADE, JOIN_DATE, POINT)	커버링 인덱스

요약하자면, VIP · GOLD 등급 회원의 가입일 기반 조회에는 (GRADE, JOIN_DATE) 복합 인덱스가 최적이다.

Chapter 12

AI가 알려주는 튜닝

AI는 단순히 코드 자동완성을 넘어 실행 계획을 분석하고 병목 구간을 추정하며 인덱스 설계 방향까지 제안하는 지능형 튜닝 어시스턴트로 발전하고 있다.

물론 AI가 제시하는 결과를 그저 맹신해서는 안 된다. 튜닝의 본질은 여전히 데이터의 특성과 실행 패턴을 이해하는 인간의 판단력에 달려 있다. 하지만 AI를 적극적으로 활용한다면 수많은 쿼리 중 어떤 부분이 병목인지 빠르게 파악하고 수동으로 탐색해야 했던 인덱스 조합이나 실행 계획 분석을 단 몇 초 만에 시뮬레이션할 수 있다.

이 장에서는 사람이 해오던 전통적인 튜닝 과정을 AI가 어떻게 보조할 수 있는지 살펴본다. 특히 JOIN 튜닝, SORT 튜닝 등 SQL 성능 향상의 핵심 단계를 AI의 시각으로 재구성해 볼 것이다.

12.1 프롬프트 구성

이제 AI 튜너에게 제대로 질문을 하는 방법을 알아보도록 하자. 전에도 언급했듯이 AI는 우리가 무엇을 묻느냐에 따라 완전히 다른 답을 내놓는다. "이 쿼리 너무 느린데 어떻게 고쳐?"와 "실행 계획의 어느 단계에서 병목이 발생했는지 분석하고, 가능한 튜닝 방향을 제시해줘."

는 겉보기엔 비슷한 요청이지만 결과물의 깊이 측면에서 전혀 다른 응답이 도출될 것이다.

튜닝 프롬프트를 잘 작성한다는 것은 AI에게 단순히 '정답'을 요구하는 것이 아니라 '튜너의 사고과정'을 재현하라고 지시하는 일이다. 프롬프트는 결국 사람의 분석 논리를 언어로 옮긴 형태이기 때문이다. 튜닝용 프롬프트는 보통 다음 다섯 단계로 구성된다.

표 12-1 튜닝용 프롬프트의 구성

단계	구성 요소	예시
① **상황 설명**	어떤 SQL / 어떤 환경인지 명시	"너는 튜닝 전문가야 Oracle 19c 환경에서 고객 주문 데이터를 조회하는 SQL을 튜닝해줘."
② **자료 제공**	원본 쿼리와 실행 계획 및 현재 설정되어있는 인덱스 제시	"[느린SQL] [실행 계획]"
③ **분석 요청**	AI가 수행할 작업 정의	"실행 계획의 각 단계 비용을 분석하고 병목 구간을 찾아줘."
④ **개선 요청**	대안 또는 설계 제안 요청	"효율적인 튜닝 방안을 제시해줘."
⑤ **출력 형식**	결과를 어떤 형태로 받을지	"튜닝 항목과 그렇게 판단한 이유가 무엇인지에 대한 상세 설명을 함께 작성해줘."

이 구조를 따르면, AI는 단순한 요약이 아니라 사람 튜너처럼 원인 → 분석 → 개선의 사고흐름으로 답을 만들어낸다.

프롬프트

너는 튜닝 전문가야
Oracle 19c 환경에서 다음 SQL을 튜닝해줘
실행 계획의 각 단계 비용을 분석하고 병목 구간을 찾은 후 효율적인 튜닝 방안을 제시해줘
튜닝 항목과 그렇게 판단한 이유가 무엇인지에 대한 상세 설명을 함께 작성해줘

```
SELECT
    STUDENT_NO,
    NAME,
    REGION,
```

```
  BIRTH_DATE
FROM STUDENTS
WHERE SUBSTR(BIRTH_DATE, 1, 4) = '1982';

------------------------------------------------------------------------------------------
| Id  | Operation          | Name     | Starts | E-Rows | A-Rows | A-Time      | Buffers |
------------------------------------------------------------------------------------------
|   0 | SELECT STATEMENT   |          |      1 |        |      6 |00:00:00.01  |       2 |
|*  1 |TABLE ACCESS FULL   | STUDENTS |      1 |      6 |      6 |00:00:00.01  |       2 |
------------------------------------------------------------------------------------------

Predicate Information (identified by operation id):
---------------------------------------------------

  1 - filter(SUBSTR(INTERNAL_FUNCTION("BIRTH_DATE"),1,4)='1982')

[설정된 인덱스]
STUDENT_NO [PK]
MAJOR
NAME
BIRTH_DATE
NAME, BIRTH_DATE
STUDENT_NO, NAME, MAJOR
```

```
[SQL 성능 분석 리포트]
환경: Oracle 19c
테이블: STUDENTS (약 50건)
SQL:
SELECT
    STUDENT_NO,
    NAME,
    REGION,
```

```
    BIRTH_DATE
FROM STUDENTS
WHERE SUBSTR(BIRTH_DATE, 1, 4) = '1982';
```

실행 계획 분석

Id	Operation	Name	Starts	E-Rows	A-Rows	A-Time	Buffers
0	SELECT STATEMENT		1		6	00:00:00.01	2
1	TABLE ACCESS FULL	STUDENTS	1	6	6	00:00:00.01	2

Predicate Information:

1 – filter(SUBSTR(INTERNAL_FUNCTION("BIRTH_DATE"),1,4)='1982')

단계별 비용 및 의미

단계	Operation	설명	비용 영향	병목 여부
0	SELECT STATEMENT	전체 SQL 실행	총 비용 집계 단계	–
1	TABLE ACCESS FULL	STUDENTS 테이블 전체 스캔	▲ 높음 (Full Scan 발생)	병목

분석: Oracle 옵티마이저는 SUBSTR(BIRTH_DATE, 1, 4) 때문에 인덱스를 사용할 수 없습니다.

– BIRTH_DATE가 DATE 타입임에도 문자형 함수가 적용되어 내부적으로 INTERNAL_FUNCTION 변환이 일어남.

– 이로 인해 전체 행을 읽고, 각 행마다 SUBSTR 연산을 수행한 뒤 조건을 비교함

– 데이터량이 많을수록 CPU 사용량이 급격히 증가하고, I/O 부하도 커짐

병목 구간 진단

원인 구분	병목 요소	세부 원인
CPU 병목	SUBSTR 연산 반복	행 단위로 함수 실행

핵심 병목 요약: SUBSTR 함수가 칼럼에 적용되어 옵티마이저가 인덱스를 활용하지 못함

→ "함수 적용에 의한 인덱스 무효화(Function-based Inefficiency)"

튜닝 목표

함수 제거를 통한 인덱스 활용

불필요한 연산 제거로 CPU 비용 절감

날짜 범위 검색으로 옵티마이저가 RANGE SCAN 수행 가능하도록 유도

튜닝 방안

튜닝 항목	구체적 조치	기대 효과	선택 이유
① 함수 제거 / 변형	WHERE BIRTH_DATE BETWEEN '19820101' AND '19821231'	인덱스 사용 가능	함수 제거 시 옵티마이저가 인덱스 탐색 경로 선택 가능
② 함수 기반 인덱스(Function-Based Index)	CREATE INDEX IDX_STUDENTS_BIRTH_YEAR ON STUDENTS(SUBSTR(BIRTH_DATE,1,4));	SUBSTR(BIRTH_DATE,1,4) 조건에서도 인덱스 스캔 가능	코드 수정이 어려운 환경(예: 레거시 SQL)에서 유용
③ 칼럼 분리(정규화)	BIRTH_YEAR 칼럼 추가 및 trigger/update 동기화	비교 단순화, 인덱스 효율 향상	함수 호출 비용 제거 + 문자열 처리 오버헤드 해소
④ 데이터 타입 검토	BIRTH_DATE가 CHAR형이라면 DATE형으로 변경	함수/형변환 제거	DATE형이면 범위 검색 및 연산 효율 ↑
⑤ 힌트 사용 (임시 대책)	SELECT /*+ INDEX(STUDENTS BIRTH_DATE) */ ...	옵티마이저가 인덱스 스캔 경로 강제	테스트 단계에서 성능 확인 용도 (상시 적용은 비추)

예시 튜닝 SQL

(1) 가장 이상적인 개선안

```
— DATE형 기준
SELECT
    STUDENT_NO,
    NAME,
    REGION,
    BIRTH_DATE
FROM STUDENTS
WHERE BIRTH_DATE BETWEEN DATE '1982-01-01' AND DATE '1982-12-31';
```

→ INDEX RANGE SCAN (BIRTH_DATE)으로 경로 변경 가능.

실행 계획 예시:

```
| Id | Operation                     | Name              | Rows | Cost | Time         |
|----|-------------------------------|-------------------|------|------|--------------|
|  0 | SELECT STATEMENT              |                   |      |      |              |
|* 1 | INDEX RANGE SCAN              | BIRTH_DATE        |  6   |   1  |  00:00:00.01|
|  2 | TABLE ACCESS BY INDEX ROWID   | STUDENTS          |  6   |   2  |  00:00:00.01|
```

(2) 코드 수정이 불가능한 경우

CREATE INDEX IDX_STUDENTS_BIRTH_YEAR

ON STUDENTS (SUBSTR(BIRTH_DATE, 1, 4));

→ 기존 SQL 유지하면서도 함수 기반 인덱스로 Index Range Scan 가능.

종합 판단 요약

항목	현재	개선 후	개선 효과
액세스 경로	TABLE ACCESS FULL	INDEX RANGE SCAN	I/O 최소화
CPU 비용	문자열 함수 계산	직접 비교	연산량 감소
인덱스 활용도	낮음 (비활성)	높음 (범위 탐색)	옵티마이저 효율 증가
유지보수성	보통	높음 (명확한 조건)	SQL 가독성 향상

해당 튜닝 결과는 데이터 건수가 50건에 불과한 아주 단순한 예제이지만, 칼럼에 함수를 씌워 인덱스를 무력화시키는 패턴은 실제 대용량 시스템에서도 매우 자주 등장한다. 업무에서 SUBSTR, TO_CHAR, NVL, TRIM 같은 함수를 WHERE 절의 칼럼에 직접 적용했다면, 이 예제와 동일한 문제가 발생할 가능성이 높다. AI는 여러 대안을 나열하는 데 능하지만, 어떤 대안을 실제로 선택할지는 비즈니스 상황(코드 수정 가능 여부, 배포 주기, 유지보수 난이도)에 따라 달라진다. 프롬프트에 "코드 수정이 쉬운 경우와 어려운 경우를 나누어 각각 최우선 방안을 한 개씩만 골라줘" 같은 조건을 추가하면, 실무에서 바로 적용 가능한 결론까지 뽑아낼 수 있다.

잊지 말아야 할 점은 AI가 만들어준 튜닝안은 '후보안'일 뿐이라는 것이다. 실제로는 테스트 환경에서 실행 계획과 통계를 다시 확인하고, 성능 테스트와 A/B 비교를 거쳐야 한다. 특히 함수 기반 인덱스나 칼럼 추가처럼 스키마를 변경하는 작업은 다른 SQL에 미치는 부작용도 함께 점검해야 한다.

12.2 AI를 활용한 튜닝 예제

데이터베이스의 성능 저하는 주로 SQL 처리 과정에서 발생하는 비효율성 때문이다. 이 현상은 크게 세 가지 주요 영역에서 발생하며, 각각은 SQL 튜닝의 핵심 대상이 된다.

첫째, **옵티마이저의 선택 오류**가 가장 근본적인 원인이다. 데이터베이스 관리 시스템(DBMS)의 옵티마이저는 실행 계획을 수립할 때, 통계 정보가 오래되었거나 부정확하여 비효율적인 실행 경로를 선택하게 되는 경우가 많다. 이는 성능 저하로 직결되며, 정확한 통계 정보 확보와 힌트 사용을 통한 튜닝이 필요하다.

둘째, **인덱스 설계의 부적절성**이다. 쿼리에서 자주 사용되는 검색 조건이나 조인(JOIN) 칼럼에 인덱스가 누락되었거나, 반대로 인덱스가 너무 많아 데이터 변경 작업(INSERT, UPDATE, DELETE) 시 인덱스 유지보수 비용(오버헤드)이 과도하게 발생하는 경우 성능이 저하된다. 특히 인덱스를 사용하지 못하게 하는 조건절(예: 함수 사용, 부정형 비교)의 사용도 흔한 원인이다.

셋째, **비효율적인 SQL 구문 사용**이다. 대량의 데이터를 처리할 때 ORDER BY나 GROUP BY 절에 의해 불필요한 정렬 작업이 발생하거나, 반복적인 서브쿼리 실행, 또는 필요 이상의 데이터 로드를 유발하는 SQL의 사용은 자원을 낭비시킨다. 또한, 트랜잭션의 격리 수준이 높게 설정되어 장기간 잠금(Lock)이 유지되거나, 대량의 데이터 수정 작업이 한 트랜잭션 내에서 처리되어 잠금 경합이 발생하는 것도 주요 성능 저하 원인이 된다.

따라서 데이터베이스의 성능 향상을 위해서는 단순히 개별 SQL 문장을 수정하는 수준을 넘어, 시스템 전반의 실행 패턴을 이해하고 구조적으로 최적화하는 접근이 필요하다. AI는 사람이 놓치기 쉬운 JOIN 순서의 비합리성, 인덱스 활용의 불균형, 불필요한 정렬과 서브쿼리 반복 등을 자동으로 감지하며, 데이터 특성과 워크로드에 따라 가장 효율적인 실행 전략을 도출할 수 있다. 이제 SQL 튜닝은 더 이상 '수작업의 영역'이 아니라, AI가 병목을 진단하고 최적 해법을 제안하는 지능형 성능 관리 단계로 발전하고 있는 것이다.

JOIN 튜닝이 필요한 상황

데이터베이스에서 여러 테이블을 조합해 의미 있는 결과를 도출하기 위해서는 JOIN 연산이 필수적이다. 하지만 조인의 설계나 실행 계획이 비효율적일 경우, SQL 전체의 성능은 급격히 저하된다. 특히 대용량 테이블 간의 조인은 시스템 자원(메모리, I/O, 네트워크)을 집중적으로 소비하므로 조인 구조가 잘못된 SQL은 곧 성능 병목의 핵심 원인이 된다.

JOIN 튜닝이 필요한 대표적인 상황은 다음과 같다.

첫째, **JOIN 순서가 비합리적으로 설정된 경우**이다. 옵티마이저가 통계 정보를 잘못 판단하거나 사용자가 직접 JOIN 순서를 고정(힌트 사용 등)했을 때 대용량 테이블이 드라이빙 테이블(선행 테이블)로 선택되면 불필요하게 많은 데이터를 읽게 된다. 예를 들어, EMPLOYEES(10만 건)과 DEPARTMENTS(100건)를 JOIN할 때 EMPLOYEES가 먼저 읽히게 되면 전체 스캔 이후에 조인 필터가 적용되어 I/O 부하가 크게 증가할 수 있다.

둘째, **JOIN 조건이 누락되거나 비상식적으로 작성된 경우**이다. 예를 들어, 두 테이블을 CROSS JOIN 형태로 결합하거나 JOIN 키에 함수 적용 또는 데이터 타입 변환이 들어가면 인덱스를 사용할 수 없게 된다. 예를 들어 ON TO_CHAR(A.DEPT_ID) = B.DEPT_ID와 같은 코드를 작성하면 조인 대상 칼럼의 형식 불일치로 인해 인덱스가 무시되고 전체 스캔이 발생하게 된다.

셋째, **JOIN 방식이 데이터 특성과 맞지 않는 경우**이다. 오라클 옵티마이저는 상황에 따라 NESTED LOOP, HASH JOIN, SORT MERGE JOIN 등을 선택하지만 통계정보가 부정확하면 잘못된 조인 방식을 채택할 수 있다. 예를 들어, 두 테이블이 모두 대용량임에도 NESTED LOOP가 선택되면 반복 접근으로 인한 Buffer Access가 폭증한다. 반대로, 소량 데이터 JOIN인데 HASH JOIN이 선택되면 불필요한 해시 메모리 사용이 발생하게 된다.

마지막으로, **필터 조건이 조인 이후에 적용되는 경우**이다. 즉, WHERE 절의 조건이 옵티마이저에 의해 조인 뒤로 밀려나면(비효율적인 Predicate Pushdown), 조인 대상 데이터량이 불필요하게 많아지게 된다. 이런 경우, AI 튜너나 DBA는 조건을 조인 전에 적용되도록 SQL 구조를 재작성하거나 옵티마이저 힌트(USE_NL, LEADING, PUSH_PRED 등)를 통해 필터 순서를 조정할 수 있다.

이처럼 JOIN 튜닝은 단순히 조인 방식을 바꾸는 문제가 아니라 데이터 접근 순서와 필터링 전략을 재구성하는 작업이다. AI 기반 SQL 튜너는 실행 계획과 실제 실행 통계를 비교하여, "JOIN 순서 변경", "JOIN 조건 개선", "적절한 JOIN 방식 재선택" 등을 자동으로 제안할 수 있다. 결국 JOIN 튜닝의 목적은 읽지 않아도 되는 데이터를 최대한 줄이는 것이며 이를 통해 전체 SQL의 실행 비용을 획기적으로 감소시킬 수 있을 것이다.

빠른 이해 **Join 알고리즘 이해하기**

1. Nested Loop Join

한쪽 테이블(선행 테이블, Driving Table)의 결과를 기준으로, 다른 테이블(후행 테이블)에 반복적으로 접근하는 방식이다. 선행 테이블에서 추출된 각 행마다 후행 테이블을 탐색하는 구조이므로 소량의 데이터 조인에 매우 효율적이다. 특히 후행 테이블의 조인 칼럼에 적절한 인덱스가 존재할 때 가장 큰 성능 이점을 얻는다. 반면, 선행 테이블의 결과 집합이 커질수록 후행 테이블 접근 횟수가 기하급수적으로 증가하여 비용이 급격히 높아진다. 따라서 Nested Loop Join은 "빠른 응답이 필요한 OLTP 환경", "조인 칼럼 인덱스가 잘 구성된 경우", "선행 테이블이 소량일 것으로 예상되는 경우"에 적합한 조인 방식이라고 할 수 있다.

2. Sort Merge Join

두 테이블을 각각 조인 키 기준으로 정렬(Sort)한 뒤, 정렬된 결과를 병합(Merge)하면서 조인을 수행하는 방식이다. 두 테이블 모두 조인 칼럼에 적절한 인덱스가 없거나, 조인 조건이 범위 조건 등으로 구성되어 있을 때 안정적인 성능을 제공한다. 정렬 비용이 수반되기 때문에 초기 오버헤드는 존재하지만, 대량의 데이터셋을 조인할 때는 정렬된 두 스트림을 순차적으로 스캔하며 병합하기 때문에 결과 생성 속도가 일정하고 예측 가능하다. 대규모 Batch 처리나 DW 환경에서 흔히 사용되는 이유가 여기에 있다.

3. Hash Join

대용량 조인에서 가장 널리 사용되는 방식으로, 보통 조인 조건이 '='(EQUI 조인)일 때 옵티마이저가 선호하는 방식이다. 작은 테이블(또는 서브쿼리 결과)을 기준으로 Hash Table을 생성하고, 다른 테이블의 조인 칼럼 값을 Hash Table에서 탐색하여 매칭한다. 정렬 과정이 필요 없고, Hash Table 기반 탐색이 빠르기 때문에 대량 데이터 조인에서 뛰어난 성능을 보인다. 다만, 메모리 사용량이 많고 Hash Area Size가 부족할 경우 디스크 Spill이 발생해 성능이 저하될 수 있다. 따라서 Hash Join은 대용량 테이블의 조인, 인덱스가 없거나 무시해도 될 정도로 데이터가 큰 경우, DW · 분석 시스템 등에서 강력한 성능을 제공한다.

JOIN 튜닝 사례

① 문제 상황 및 분석 대상

- 데이터 규모:
  T_ORDERS (주문 테이블): 약 1,000만 건 (10M)
  T_CUSTOMER (고객 테이블): 약 10만 건 (100K)
- 목표: 2025년 3분기 특정 주문의 고객 정보를 조회.
- 소요 시간: 현재 쿼리 실행에 약 45초 소요.

② 문제 쿼리 및 비효율적인 실행 계획 분석

프롬프트

너는 튜닝 전문가야
Oracle 19c 환경에서 다음 SQL을 튜닝해줘
실행 계획의 각 단계 비용을 분석하고 병목 구간을 찾은 후 효율적인 튜닝 방안을 제시해줘
튜닝 항목과 그렇게 판단한 이유가 무엇인지에 대한 상세 설명을 함께 작성해줘

```
SELECT
  C.CUST_NAME,
  O.ORDER_DATE,
  O.AMOUNT
FROM T_ORDERS O
INNER JOIN T_CUSTOMER C
ON O.CUST_ID = C.CUST_ID
WHERE O.ORDER_DATE BETWEEN DATE '2025-07-01' AND DATE '2025-09-30';
```

```
-------------------------------------------------------------------------------------------
| Id  | Operation          | Name      | Starts | E-Rows | A-Rows |    A-Time   | Buffers |
-------------------------------------------------------------------------------------------
|  0 | SELECT STATEMENT    |           |      1 | 300K   | 300K   |00:00:45.00 | 250000  |
|* 1 |  HASH JOIN          |           |      1 | 300K   | 300K   |00:00:44.50 | 240000  |
|* 2 |   TABLE ACCESS FULL |T_CUSTOMER|      1 | 100K   | 100K   |00:00:01.00 | 1000    |
|* 3 |   TABLE ACCESS FULL |T_ORDERS  |      1 | 3M     | 3M     |00:00:40.00 | 200000  |
-------------------------------------------------------------------------------------------
```

[설정된 인덱스]

T_ORDERS: CUST_ID

T_CUSTOMER: CUST_ID

① 실행 계획 분석 및 병목 구간 식별

제공된 실행 계획의 분석 결과는 다음과 같습니다.

```
-------------------------------------------------------------------------------------------
| Id | Operation            | Name       | Starts | E-Rows | A-Rows |    A-Time   | Buffers |
-------------------------------------------------------------------------------------------
|  0 | SELECT STATEMENT     |            |      1 | 300K   | 300K   |00:00:45.00 | 250000  |
|* 1 |  HASH JOIN           |            |      1 | 300K   | 300K   |00:00:44.50 | 240000  |
|* 2 |   TABLE ACCESS FULL  | T_CUSTOMER |      1 | 100K   | 100K   |00:00:01.00 | 1000    |
|* 3 |   TABLE ACCESS FULL  | T_ORDERS   |      1 | 3M     | 3M     |00:00:40.00 | 200000  |
--------------------------------------------------------------------------------------------
```

– 병목 구간 (Bottleneck Segment):

ID 3: TABLE ACCESS FULL T_ORDERS

근거: 전체 소요 시간 45초 중 해당 단계에서 40초가 소요됩니다 (A-Time: 00:00:40.00).

문제점: WHERE 절에 ORDER_DATE 범위 검색 조건이 있음에도 불구하고, T_ORDERS 테이블(1,000만 건)에 대한 전체 테이블 스캔(Full Table Scan)이 발생하고 있습니다. 이로 인해 200,000개의 버퍼 I/O가 발생하며 대량의 데이터(3M rows)가 불필요하게 읽히고 있습니다.

종합 진단:

필터링 조건 (ORDER_DATE 범위)이 대용량 테이블에서 인덱스 없이 처리되어 엄청난 양의 I/O와 시간을 소비하고 있으며, 이로 인해 이후 단계인 HASH JOIN의 처리 시간까지 극도로 길어진 비효율적인 실행 계획입니다.

② 튜닝 방안 및 상세 설명

튜닝 항목: 인덱스 신규 생성 및 조인 방식 변경 유도

튜닝 항목	상세 설명	판단 근거
복합 인덱스 생성	T_ORDERS 테이블에 (ORDER_DATE, CUST_ID) 복합 인덱스를 생성합니다.	WHERE 절의 필터 조건(ORDER_DATE)이 선행 칼럼으로 지정되어 범위 검색 효율을 극대화하고, 조인 키(CUST_ID)를 포함하여 인덱스만으로 데이터를 처리하는 커버링 인덱스(Covering Index) 역할을 기대합니다.

NESTED LOOP 유도	힌트(예: /*+ LEADING(o) USE_NL(c) */)를 사용하여 NESTED LOOPS JOIN을 유도합니다.	T_ORDERS에서 인덱스 스캔을 통해 필터링된 결과(300K)가 드라이빙 테이블(Driving Table) 역할을 하면, 이 적은 결과 건수를 가지고 T_CUSTOMER 테이블을 인덱스(PK 또는 Unique Index)를 통해 반복적으로 빠르게 조회하는 것이 HASH JOIN보다 훨씬 효율적입니다.

```
SELECT /*+ LEADING(o) USE_NL(c) */
    C.CUST_NAME,
    O.ORDER_DATE,
    O.AMOUNT
FROM T_ORDERS o
INNER JOIN T_CUSTOMER C
ON O.CUST_ID = C.CUST_ID
WHERE O.ORDER_DATE BETWEEN DATE '2025-07-01' AND DATE '2025-09-30';
```

이 예제는 대용량 테이블 조인에서 '드라이빙 테이블 + 인덱스 설계'가 얼마나 중요한지를 잘 보여준다. 표면적으로는 HASH JOIN 자체가 느려 보이지만, 실제 병목은 조인 이전 단계, 즉 T_ORDERS에 대한 Full Table Scan이다. WHERE 절에서 ORDER_DATE로 3개월 범위를 명시했음에도 옵티마이저가 사용할 만한 날짜 인덱스가 없기 때문에 1,000만 건 테이블 전체(실제 300만 행 읽힘)를 스캔한 뒤, 그 결과를 통째로 해시 테이블에 올려 조인하는 구조가 된 것이다. 즉, 이 쿼리의 문제는 '조인 방식이 HASH JOIN이라서'가 아니라, '조인 전에 데이터를 충분히 줄여놓지 못해서 HASH JOIN이 비대해진 것'이다.

즉, '조인 튜닝 = 조인 방식 변경'이 전부가 아니다. 진짜 시작점은 조인에 들어가기 전에 데이터를 얼마나 줄여서 넘겨줄 수 있는가이다. 대용량 테이블에서는 '범위 조건(ORDER_DATE) + 조인 키(CUST_ID)'를 함께 고려한 인덱스 설계가 필수적이다.

AI는 올바른 프롬프트가 주어지면 실행 계획을 분석하고, 필터링 전략 + 조인 전략을 동시에 제안하는 '보조 튜너' 역할을 수행할 수 있다. 다만, 복합 인덱스 도입 · 파티셔닝 · 조인 방식 결정 같은 최종 설계는 시스템 전체 부하, DML 패턴, 운영 정책을 알고 있는 사람 DBA와 개발자의 판단 영역이다.

SORT 튜닝이 필요한 상황

데이터베이스에서 정렬(SORT) 연산은 결과 집합을 특정 순서로 배치하기 위해 필수적으로 수행된다. ORDER BY, GROUP BY, DISTINCT, UNION, RANK() 함수 등은 모두 내부적으로 정렬을 요구한다. 하지만 정렬은 CPU와 메모리를 동시에 많이 사용하는 연산으로, 대용량 데이터 환경에서 정렬 과정이 비효율적이면 SQL 전체의 응답 시간이 폭증할 수 있다. 따라서 SORT 튜닝은 단순한 출력 순서 최적화가 아니라, SQL의 전체 자원 사용 구조를 개선하는 핵심 과정이다.

SORT 튜닝이 필요한 대표적인 상황은 다음과 같다.

첫째, **인덱스가 있음에도 불필요하게 정렬이 발생하는 경우**이다. 예를 들어 ORDER BY 절에 지정된 칼럼 순서와 인덱스 정렬 순서(Ascending/Descending)가 일치하지 않거나, 불필요한 형변환이 존재하면 옵티마이저는 인덱스를 활용하지 못하고 별도의 정렬 버퍼를 생성한다. 예를 들어, SUBSTR(NAME,1,3)이나 TO_CHAR(DATE_COL)처럼 함수가 적용되는 경우 정렬 키가 변형되어 인덱스 스캔 대신 TEMP 정렬이 발생한다. 이때 AI 튜너는 '정렬 칼럼과 인덱스 칼럼을 동일하게 유지'하거나 '함수 기반 인덱스 생성'을 제안할 것이다.

둘째, **GROUP BY, DISTINCT, UNION 등의 연산이 불필요하게 중첩된 경우**이다. 중복 제거를 위해 여러 단계의 정렬이 반복되면 TEMP 영역 사용량이 늘어나고 디스크 I/O가 병목이 된다. 예를 들어, 다음과 같이 DISTINCT와 GROUP BY를 동시에 사용하면 불필요한 중복 정렬이 일어난다.

```
SELECT DISTINCT, DEPT_ID, JOB_ID
FROM EMPLOYEES
GROUP BY DEPT_ID, JOB_ID;
```

이 경우 AI 기반 튜너는 'DISTINCT 제거 또는 집계 함수 기반 재작성'을 추천하여 정렬 횟수를 절반 이하로 줄이는 것을 제안할 것이다.

셋째, **대량 데이터 정렬이 TEMP 공간을 과도하게 점유하는 경우**이다. SORT_AREA_SIZE 또는 PGA_AGGREGATE_TARGET이 부족하면 Oracle은 정렬 데이터를 메모리에서 처리하지 못하고 TEMP 테이블스페이스로 Spill(임시 디스크 기록)을 수행한다. 이는 물리적 I/O를 동반하기 때문에 응답 속도를 수십 배 늦추는 결과를 초래한다. AI 튜너는 실행 계획에서 'SORT (disk)' 단계가 감지되면 정렬 영역 크기 조정이나 파티션 정렬(Partial Sort)로의 전환을 제안할 것이다.

넷째, **정렬이 불필요한 상황에서 ORDER BY가 습관적으로 사용된 경우**이다. 특히 애플리케이션 개발 중 디버깅 편의 목적으로 ORDER BY를 삽입해 둔 후 이를 제거하지 않는 사례가 종종 있다. 이 경우 결과 정확도에는 영향을 주지 않지만 성능상 비효율을 일으킬 수 있다. AI 기반 SQL 튜너는 실행 결과의 순서 의존성을 학습하여 '불필요한 정렬 구문'을 자동 식별하고 제거 권장 메시지를 생성할 수 있다.

마지막으로, **인덱스 활용을 통한 정렬 생략이 가능한 경우**이다. 예를 들어 다음 SQL은 Full Sort를 수행하지만 인덱스를 적절히 구성하면 정렬을 완전히 생략할 수 있다.

```
SELECT * FROM STUDENTS
WHERE BIRTH_DATE >= DATE '2000-01-01'
ORDER BY BIRTH_DATE;
```

이후 실행 계획은 INDEX SCAN으로 변경되어 SORT 단계가 사라지게 된다. 즉, '정렬을 줄이는 가장 좋은 방법은 정렬을 없애는 것'이며, AI 튜너는 이 원리를 기반으로 인덱스 구조를 자동 추천할 것이다.

이처럼 SORT 튜닝은 단순히 정렬 속도를 높이는 작업이 아니라, 정렬이 발생하지 않도록 SQL 구조를 설계하는 과정이다. AI 기반 SQL 튜너는 실행 계획에서 TEMP I/O, SORT 메모리 사용률, 인덱스 정렬 일치 여부를 분석하여 '정렬 생략 가능한 인덱스 구성', 'DISTINCT /GROUP BY 중복 제거', '정렬 버퍼 확장' 등의 구체적 개선안을 제시한다. 결국 SORT 튜닝의 목표는 디스크로 내려가지 않는 정렬 구조, 즉 '모든 정렬을 메모리 내에서 한 번만 처리하는 실행 계획'을 만드는 것이다.

SORT 튜닝 사례

① 문제 상황 및 분석 대상

- 데이터 규모:

  T_PRODUCT (상품 테이블): 약 500만 건 (5M)

  T_CATEGORY (카테고리 테이블): 약 100건 (100)
- 목표: 특정 카테고리의 상품 목록을 조회하고, 최신 등록일 순으로 정렬하여 사용자에게 제공.
- 소요 시간: 현재 쿼리 실행에 약 15초 소요. (사용자는 1초 이내 응답을 기대)

② 문제 쿼리 및 비효율적인 실행 계획 분석

너는 튜닝 전문가야

Oracle 19c 환경에서 다음 SQL을 튜닝해줘

실행 계획의 각 단계 비용을 분석하고 병목 구간을 찾은 후 효율적인 튜닝 방안을 제시해줘

튜닝 항목과 그렇게 판단한 이유가 무엇인지에 대한 상세 설명을 함께 작성해줘

```
SELECT /*+ LEADING(P) USE_NL(C) */
       P.PROD_NAME,
       C.CATEGORY_NAME,
       P.REG_DATE
FROM T_PRODUCT P
INNER JOIN T_CATEGORY C
ON P.CATEGORY_ID = C.CATEGORY_ID
WHERE C.CATEGORY_NAME = '전자제품'
ORDER BY P.REG_DATE DESC;
```

```
-------------------------------------------------------------------------------------------
| Id | Operation              | Name       | Starts | E-Rows | A-Rows | A-Time      | Buffers |
-------------------------------------------------------------------------------------------
|  0 | SELECT STATEMENT       |            | 1      | 500K   | 500K   |00:00:15.00 | 50000   |
|* 1 |  SORT ORDER BY         |            | 1      | 500K   | 500K   |00:00:12.50 | 45000   |
|  2 |   NESTED LOOPS         |            | 1      | 500K   | 500K   |00:00:02.00 | 5000    |
|* 3 |    TABLE ACCESS FULL   | T_CATEGORY | 1      | 1      | 1      |00:00:00.01 | 3       |
|* 4 |    TABLE ACCESS FULL   | T_PRODUCT  | 1      | 500K   | 500K   |00:00:01.50 | 4500    |
-------------------------------------------------------------------------------------------
```

③ AI 기반 성능 저하 분석 및 튜닝 방안

① 실행 계획 단계별 비용 분석

Id	Operation	Buffers	주요 해석
0	SELECT STATEMENT	50,000	전체 SQL 수행의 총 비용
1	SORT ORDER BY	45,000	결과 정렬 수행 — 전체 비용의 90% 차지
2	NESTED LOOPS	5,000	조인 수행 (비교적 효율적)
3	TABLE ACCESS FULL	3	필터 조건(전자제품) — 소량 데이터
4	TABLE ACCESS FULL	4,500	제품 전체 스캔, 정렬 대상 데이터 대량

② 병목 구간 진단

병목 구간	원인	상세 분석
SORT ORDER BY	ORDER BY P.REG_DATE DESC 수행 시 정렬 메모리 초과	50만 건 이상 정렬 작업이 메모리 내에서 처리되지 못하고 TEMP 영역으로 Spill 발생
T_PRODUCT Full Scan	인덱스 부재로 인한 전량 스캔	REG_DATE 또는 CATEGORY_ID에 인덱스 부재 → 정렬 대상 데이터 과다
I/O 집중 구조	정렬 + Full Scan 중첩	Buffer 45,000 이상 → I/O 대기 시간 높음

③ 효율적인 튜닝 방안

튜닝 항목	구체적 조치	기대 효과	판단 근거
① 인덱스 설계 개선 (정렬 생략)	CREATE INDEX IDX_PRODUCT_CAT_DATE ON T_PRODUCT(CATEGORY_ID, REG_DATE DESC);	ORDER BY 정렬 제거, INDEX RANGE SCAN 사용	ORDER BY + JOIN 칼럼을 포함한 복합 인덱스 구성으로 정렬 단계 생략 가능
② 정렬 버퍼 확장 (메모리 튜닝)	ALTER SYSTEM SET pga_aggregate_target = ...;	SORT Spill 방지, TEMP 사용 감소	SORT_AREA_SIZE가 부족하여 디스크 임시 공간 접근 발생
③ 불필요한 정렬 제거	인덱스 정렬 순서와 ORDER BY 일치 시 ORDER BY 생략 가능	응답속도 향상 (CPU/IO 절감)	인덱스가 DESC 정렬이면 정렬 연산 불필요

④ 쿼리 재작성	Inline View로 ORDER BY 후 ROWNUM 제한	페이징 쿼리 시 불필요한 전체 정렬 제거	실무 보고용 화면 조회에서 전량 정렬은 낭비
⑤ 통계정보 갱신	EXEC DBMS_STATS.GATHER_TABLE_STATS('T_PRODUCT');	옵티마이저가 인덱스 사용 판단 개선	오래된 통계는 Full Scan 경로를 유도
⑥ 병렬 정렬 (대용량 배치 환경)	SELECT /*+ PARALLEL(P 4) */ ...	정렬 병렬화로 CPU 활용 극대화	19c 옵티마이저는 자동 병렬화 지원

이 SQL의 성능 저하 원인은 명확히 정렬(SORT) 병목과 Full Scan의 중첩입니다. ORDER BY P.REG_DATE DESC로 인한 대량 TEMP I/O 발생이 전체 쿼리 시간을 지배하고 있으며, 이를 해결하기 위해서는 정렬을 없애는 것이 최선입니다.

이 예시는 'ORDER BY는 쿼리에서 가장 비용이 큰 연산 중 하나'라는 사실을 다시 한 번 보여준다. 많은 개발자는 Full Scan이나 조인 방식만 튜닝 대상으로 생각하지만, 실제로는 정렬이 가장 큰 성능 저하 요인으로 작동하는 경우가 많다. 특히 아래 두 조건이 동시에 존재할 때 병목은 극적으로 심해진다.

- 결과 레코드 건수가 매우 많음(이 예제에서는 약 50만 건)
- 정렬 대상 칼럼에 적절한 인덱스가 존재하지 않을 때

이 사례에서는 인덱스 부재로 인해 '정렬을 생략할 기회' 자체가 사라졌고, 그 결과 오라클은 50만 행을 TEMP 영역에 쓰면서 정렬을 수행해야 했다. 실행 계획에서 SORT ORDER BY 단계의 Buffer 소비가 45,000인 것도 바로 그 때문이다.

이때 프롬프트 구성 없이 단순히 "이 쿼리 느린데 튜닝해줘"라고 물었다면 AI는 정렬 버퍼나 힌트 정도만 제안했을 가능성이 크다. 그러나 프롬프트에서 '병목 분석 → 원인 → 개선'이라는 사고 과정을 요구했기 때문에 AI는 각 단계별 비용을 기반으로 결론을 도출했다. 이처럼 AI 튜닝의 가치는 '정답을 알려주는 기능'이 아니라 '생각해야 할 관점과 방향을 제시해주는 기능'에 있다. 즉, AI는 구체적 해법을 제안하는 도구라기보다, 튜닝 전문가의 사고 흐름을 실시간으로 재현해주는 도구라고 이해하는 것이 훨씬 유용하다.

튜닝을 위한 실행 계획 개념

SQL 튜닝은 결국 '실행 계획을 해석할 줄 아는가'에서 갈린다. 통계 정보, 비용 기반 옵티마이저, access/filter 같은 기본 개념을 이해하지 못하면 모든 튜닝은 감에 의존할 수밖에 없다. 핵심 요소를 짧고 정확하게 점검해, SQL을 '눈으로 보는' 능력을 제대로 길러보자.

Q1 SQL 튜닝을 시작하기 전에 가장 먼저 해야 할 일은 무엇인가?

정답

실행 계획을 확인하는 것

해설

실행 계획을 분석해야 SQL이 실제로 어떤 경로로 데이터를 조회하는지 알 수 있으며 문제의 원인을 정확히 진단할 수 있다.

Q2 DBMS_XPLAN 패키지에서 DISPLAY_CURSOR 함수의 주요 역할은 무엇인가?

정답

실제 실행된 SQL의 실행 계획과 통계 정보를 조회한다.

해설

DISPLAY_CURSOR는 캐시에 저장된 SQL의 실행결과와 리소스 사용량(Buffer Gets, A-Rows, A-Time 등)을 함께 확인할 수 있는 함수이다.

Q3 옵티마이저가 실행 계획을 선택할 때 가장 중요한 판단 근거로 삼는 것은 무엇인가?

정답

통계 정보(Statistics)

해설

옵티마이저는 테이블의 행 수, 인덱스 정보, 칼럼 분포 등 통계 정보를 기반으로 비용(Cost)을 계산하고 최적의 실행 계획을 선택한다.

Q4 다음 중 STATISTICS_LEVEL 파라미터를 ALL로 설정하는 이유는?

① SQL 문법 오류를 방지하기 위해

② 실행 계획에서 더 많은 통계 정보를 수집하기 위해

③ 하드 파싱을 줄이기 위해

④ 옵티마이저 힌트를 적용하기 위해

⑤ 트랜잭션을 자동 커밋하기 위해

정답

②

해설

STATISTICS_LEVEL=ALL은 CPU, I/O, Buffer Gets 등 모든 실행 통계를 수집하여 보다 정확한 성능 분석을 가능하게 한다.

Q5 다음 실행 계획 항목 중 실제로 반환된 행(row) 수를 의미하는 것은?

① E-Rows ② Buffers ③ A-Rows ④ A-Time ⑤ Starts

정답

③

해설

A-Rows(Actual Rows)는 실제 실행 시 반환된 행 수를 의미하며 E-Rows(Estimated Rows)는 옵티마이저가 반환할 거라고 예측한 행의 수이다.

Q6 다음 중 Predicate Information의 access 조건에 대한 설명으로 옳은 것은?

① 데이터를 모두 읽은 후 조건을 걸러낸다.

② 인덱스를 사용하지 않고 전체 스캔을 수행한다.

③ 인덱스를 통해 접근 범위를 제한하는 조건이다.

④ WHERE 절과는 무관하다.

⑤ 항상 효율이 낮다.

정답

③

해설

access 조건은 인덱스를 통해 특정 데이터 범위만 접근하는 조건으로 전체 스캔을 줄여 성능을 높인다.

Q7 다음 중 하드 파싱(Hard Parsing)에 해당하는 상황은?

① 동일한 SQL을 반복 실행할 때

② 캐시에 동일한 SQL이 존재하지 않을 때

③ 바인드 변수가 동일할 때

④ 실행 계획을 재사용할 때

⑤ 권한이 동일한 경우

정답

②

해설

하드 파싱은 Shared Pool에 동일한 SQL이 없어 새로 실행 계획을 생성하는 경우 발생하며 CPU 부하가 크다.

Q8 옵티마이저 힌트(Hint)에 대한 설명으로 옳은 것은?

① 실행 계획을 임의로 변경할 수 없다.

② 반드시 오류를 발생시킨다.

③ 옵티마이저에게 특정 실행 계획을 유도하도록 지시한다.

④ 항상 성능을 개선한다.

⑤ SQL 파싱 이전 단계에서 무시된다.

정답

③

해설

힌트는 주석 형태로 작성되지만 옵티마이저가 해석하여 실행 계획에 영향을 주는 명령으로 잘못 사용하면 성능이 오히려 저하될 수 있다.

Q9 다음 중 COST 값이 낮다는 것은 어떤 의미인가?

① SQL 실행 속도가 항상 느리다.

② 옵티마이저가 예측한 자원 사용량이 적다.

③ 실행 계획의 단계가 적다.

④ 인덱스를 사용하지 않는다.

⑤ 통계 정보가 부정확하다.

정답

②

해설

COST는 옵티마이저가 계산한 상대적 리소스 사용량으로 낮을수록 효율적인 실행 계획임을 의미한다

Q10 다음 중 인덱스 스캔 방식에 대한 설명으로 옳지 않은 것은?

① INDEX RANGE SCAN은 범위 조건에 사용된다.

② INDEX UNIQUE SCAN은 PK나 UK 조건에서 사용된다.

③ INDEX FULL SCAN은 인덱스 전체를 읽는다.

④ INDEX FAST FULL SCAN은 정렬 순서를 유지한다.

⑤ INDEX SKIP SCAN은 선두 칼럼이 없어도 인덱스를 활용한다.

정답

④

해설

FAST FULL SCAN은 정렬 순서를 보장하지 않으며 병렬 처리가 가능해 전체 인덱스를 빠르게 읽는다

찾아보기

찾아보기

찾아보기

찾아보기